目　录

文博事业发展的新途径新方法

——开封市博物馆新馆建设若干思考

曾广庆

摘要： 近年来党和国家大力支持博物馆事业的发展，把发展博物馆事业作为国家文化战略，优化布局、完善功能，迄今已形成了多元化的博物馆体系。2018年开封博物馆新馆正式建成并正式对外开放。在建馆、办展的过程中，笔者总结出博物馆建设的三点规律与经验，即以"特"取胜、由"活"出彩、凭"真"聚力，使博物馆更好地承担新时代的责任，砥砺奋进，高歌前行。

关键词： 开封博物馆 新馆建设 基本陈列 八朝古都

党的十八大以来，中国传统文化受到了前所未有的高度关注，并成为增强国家软实力、实现民族伟大复兴的重要内容，2016年11月，习近平总书记向在深圳举行的国际博物馆高级别论坛亲致贺信，明确指出，"博物馆是保护和传承人类文明的重要殿堂，是连接过去、现在、未来的桥梁，在促进世界文明交流互鉴方面具有特殊作用"，"中国各类博物馆不仅是中国历史的保存者和记录者，也是当代中国人民为实现中华民族伟大复兴的中国梦而奋斗的见证者和参与者"。国务院副总理刘延东在该论坛开幕式上的致辞中指出，博物馆既是收藏、保护、研究、展示文化遗产的机构，更成为服务人类全面发展、面向未来的文化服务和教育机构，在经济社会发展中发挥了积极作用，中国把发展博物馆事业作为国家文化战略，优化布局、完善功能，迄今已形成了多元多样的博物馆体系。由此，博物馆不仅承载着历史、传承着文化，更与国家的兴旺、民族的命运息息相关，中国博物馆事业也不断蓬勃发展，目前登记注册的博物馆是1949年新中国成立时的223倍，每年办展2万余个、观众达7亿人次，可谓盛况空前。开封市地处中原腹地，历史悠久、文化丰富，在建设中原经济区、打造华夏历史文明传承创新区的过程中占据着不可或缺的重要地位，近几年为实现古城的全面复兴实施了一系列重大文化工程，开封市博物馆新馆正是在这一时代背景之下应运而生。

2018年3月5日，建于郑开大道北侧的开封市博物馆新馆正式开馆运行，迄今参观人次几近百万，已成为历史名城开封的重要文化地标和广大市民、八方游客的最佳文化休闲胜地，也使开封"文化之城、游闲之城、魅力之城"的形象日益深入人心。新馆的建成既是各级政府、各位领导、社会各界强力支持的硕果，也是全体文博人开拓创新、努力进取、迎难而上的智慧结晶。过程虽然艰辛，但是付出终得回报，今天呈现在各位尊贵来宾面前的就是我们通过齐心协力、共同劳作所取得的可喜成果。同时我们也在建馆、办展的过程中充分诠释了新时代背景下博物馆建设的规律与经验，在此愿与各位共享：

其一 建馆办展须以"特"取胜

国务院2015年3月颁行的《博物馆条例》明确指出：博物馆举办陈展应突出藏品特色，并运用适当的技术、材料、工艺和表现手法，达到形式与内容的和谐统一；习近平总书记2017年4月在参观广西合浦汉代文化博物馆时，进一步强调博物馆建设不要"千馆一面"，不要追求形式上的大而全，展出的内容要突出特色。这一对博物馆发展内在规律的深刻揭示无疑是新时期中国博物馆建设的重要指针，开封市博物馆在新馆建设的全过程牢牢把握并践行了这一规律。

开封被誉为"八朝古都"，而其鼎盛时期是在北宋，正如陈寅恪[kè]先生所言"华夏民族的文化，历数千载之演进，造极于赵宋之世"。因此，诸位可以看到，开封市博物馆新馆的建筑总体设计重在突出北宋开封三城相套的格局特点，土黄色主色调及四个高置的角楼旨在体现其曾经的皇都地位，建筑风格也是宋代建筑组群的典型特征；步入博物馆大厅，地面中轴线上的滚滚浪花以及正面墙体上的黄河与驼队雕塑，形象揭示出北宋王朝开启海上丝绸之路、造就海外商贸辉煌时代、成就汴梁无尽繁华的历史贡献；其上迎面仰视则是采用古代缂丝概念，由7.8万余米金属钢管编织而成的宋徽宗画作《瑞鹤图》，巨大艺术画面顷刻间将人带入了北宋这个"中国历史上最具魅力的时代"。

基本陈列是全面呈现、传承弘扬地域特色文化的最重要方式，是一个博物馆生存发展的根基，因此也更需在"特"字上大下功夫。开封在金代完成了其"八朝古都"的神圣使命之后，从元代直至1954年初，一直是河南省省会之所在，所以历史悠久而又历尽磨难。其中，紧邻开封的黄河既给古代开封带来了极大便利，也使开封深受其害，可谓"兴也黄河，衰也黄河"，换言之，古代开封的城市建设及其经济文化命运实则与黄河休戚与共。因此，1至6号基本陈列展厅的整体空间与主色调充分融入了黄河的概念，地面的主轴线也以黄河贯穿始终，一方面深刻反映了水与开封的密切关系，另一方面凸显了黄河孕育华夏文明以及开封历史文化的一脉相承。将辅助展品与文物标本充分结合，以一个个生动的历史故事立体、动态展示开封的历史文化是基本陈列的又一大特色，九夷来御场景复原、贤相伊尹的故事、魏迁都大梁的组合式雕塑、开凿鸿沟的场景模拟、请见夫子处碑、孟子游梁祠、孟子见梁惠王场景、《甘石星经》图版、信陵君窃符救赵、王贲灌梁、名士蔡邕、阮籍长啸、令狐熙治汴、三贤塑像与典故、柴荣筑城、街市初现等等，融合了多种艺术与技术手段，使观众通过聆听、欣赏高潮迭起的精彩故事穿越远古而至今，开封的历史文化也犹如一颗颗珍珠串联在一起而成的珍贵项链植入了心田。依据独特的历史资源做足做大重点与亮点，可谓新馆基本陈列的第三个特色，《营造法式》体现了宋代对中国古代建筑所做的重大贡献，因此展厅中以用实木制作的数朵斗拱及相关图解立体再现了这一开山之功；穿梭据实模建的馒头窑中也使观众充分领略了北宋高超的制瓷技艺，《清明上河图》当然必不可少，2010上海世博会的动态创作引起了极大轰动，而此次展览更有新的突破，不仅展厅被设计成了一艘航行的船只，多个互动触屏中也以开封话并夹以现代流行词语饶有趣味地讲解了画中人物的具体活动，画中的角店、城门也模拟重建，不同时期、不同地方收藏的《清明上河图》也以各种方

式尽收眼底，依据史料仿建的饭店、瓦子、勾栏、茶楼不仅再现了北宋汴梁的市井文化与无尽繁华，更反映了中国古代城市由里坊制向街巷制转变的重大历史节点，宋代科技成就展中，除了三大发明，高达12米、上下三层的水运仪象台整体复原模型及其各部分多种形式的解剖式展示，成为最能具吸引力的展品，元明清时期展览则将最新的明代周藩王府考古发掘成果纳入其中，民国时期展览则将中西合璧的各式商业性建筑街景按比例缩小集中呈现；非遗展示中，不仅有汴绣、摞石锁的坊肆、雕塑，也可以登临展演的室内戏楼，更有驰名中外的朱仙镇木版年画独立展厅，如此等等，每一部分、每一单元所展现的均是开封域内独特的历史文化事项。

期待、也相信今天在座的每一位来宾都能在参观过程中对此有深刻体会。

其二　建馆办展当由"活"出彩

习近平总书记在多个场合强调，"要系统梳理传统文化资源，让收藏在禁宫里的文物、陈列在广阔大地上的遗产、书写在古籍里的文字都活起来"，要以人们喜闻乐见、具有广泛参与性的方式，综合运用大众传播、群体传播、人际传播等多种手段推广开来，展示中华文化的魅力。使中国的各类文化遗产都"活起来"成为深入发挥其新时期功能最新最迫切的时代要求。博物馆作为收藏、传播历史文化的重地，更要不断盘活各类藏品资源，也唯有"用活""活用"各类资源，方能使自己"火起来"并长久"旺下去"。

开封市博物馆新馆在建设之初，即秉持"使各类资源都'活起来'"的思想，进行精心设计、审慎实施。首先主体建筑内外的一池池清水即给人以灵动之感，使整座建筑顿时拥有了某种神韵；其次，在博物馆陈列中，整体设计采用"馆藏精品走出来，馆外遗珍走进来"的宏观思路，微观陈列则采取"平面转变为立体，静态转变为动态，单向转变为双向"的技术路径。具体而言，就是一方面深入、系统挖掘博物馆自身的各类藏品资源，另一方面将散存野外的不可移动或难以移动的文物以各种形式收入展览，将收藏于外单位而与开封历史文化密切相关的文物以各种方式收入展览，适时引进、举办各具特色的临时展览；充分利用声光电、数字虚拟、移动app、增强现实等现代信息科技手段，将展览立体化、动态化、体验化，使观众充分融入其中，收获的同时不会产生审美疲劳。

开封"城摞城"的文化奇观极易使人将视野聚焦于城区本体，但是很显然，开封的历史与文化不仅仅只是开封城区的历史与文化，因此展览的视野是面向整个开封所属区域，有时甚至需要域外文化做注解，临时展览的不断引入也是开封自古即有的文化交流传统之体现。于是，尉氏县兴隆岗裴李岗文化遗址、椅圈马仰韶文化遗址、杞县竹林仰韶文化遗址，同刘龙山文化遗址、鹿台岗龙山文化遗址及同时期的石磨盘、玉璇玑、陶纺轮、石凿、石犁、石环、陶钵、陶鼎、骨器、角器、蚌器以及少量的铜器，仓颉墓及其造字台遗址等毫无悬念地进入了博物馆展示体系，古本《竹书纪年》、杞县朱岗遗址、牛角岗遗址出土的二里头文化遗物、伊尹助商汤灭夏的鸣条(今河南封丘东)之战、一系列有字甲骨、带清晰铭文的西周中姞鬲、成组的西周铜车饰、启封故城遗址、春秋云雷纹铜簠、郦道元《水经注》、阴刻小篆的大梁戈、司马迁《史记》、战国各类货币、封人请见夫子处及其碑刻、孟子游梁祠旧址、先秦兵书《尉缭子》、天文奇书《甘石星经》、汉代陶楼陶仓、彩绘陶俑、中山王墓的银首人俑灯、名士蔡邕、七步村曹植墓、阮籍啸台、李吉甫《元和郡县图志》、馆藏三彩器精品、三贤祠、柴荣墓、新郑门遗址发掘现场、卤簿钟宣德门拓片、《大驾卤簿》图书、《金明池争标图》、艮岳"留云峰"太湖石、"开封府题名记"碑、《礬楼夜市》界画、八大瓷窑精品、宋词宋诗散文名家、数十幅书画巨作、大晟编钟、太学与二体石经、白沙宋墓、《契丹使对宋朝聘图》、清源山九日山祈风石刻、西沙出水宋代瓷器、《武经总要》、静海宋船、水密隔舱技艺、《佛说观无量寿佛经》、针灸铜人、周王府发掘现场及出土古物、会馆建筑、大清银行、文庙祭器、贡院考棚、名臣治河等等也以各种形式被请进了展厅；依据馆藏优势和地域特色资源举办的《明清皇家用品展》和《朱仙镇木版年画艺术展》，以及《新疆民俗风情展》《香港城市风情展》等临时展览，进一步盘活了馆内外各类资源。从此，它们在开封市博物馆新馆内获得了新生，并时刻与各方看客对视、交流，为世人带来知识给养、精神愉悦的同时也使自己的生命得以更加鲜活并永生。可谓博采众长、共举盛宴、同奏凯歌。

名品在博物馆展厅中荟萃，可谓"活了起来"，而如何使这些展览切实走进、并长期"活在"观众心中，则需要充分借助现代艺术设计与信息技术的优势，开封市博物馆新馆对此予以了高度重视

与实践运用，夏都于老丘时九夷来御的场景复原、魏惠王立于战车之上挺进中原的雕塑、魏惠王开凿鸿沟的场景模拟、电光变换显示的开封古代水系网、济阳江氏app、3D动画开封历代水系分布网、通济渠视频短片、李白杜甫高适群雕塑像、后周街景夜市微缩模拟等的完美组合使观众仿佛全然走进了立体、动态而又波澜壮阔的历史隧道，依据《营造法式》复原建造的望火楼、水光变幻营造而成的动态清明上河图游船、点击聆听当地话对清明上河图中人物的幽默讲解触屏、由据实而造的饭店瓦子勾栏茶楼等组成的繁华街市、点击可与宋代诗词文学互动的大型虚拟触屏、仿建的大型牌楼与龙亭景画的一体组合、寻常百姓门楼、戏楼、摞石锁打铁糖画麒麟舞等的雕塑、太学与石经的实体与虚拟再现，尤其是成功复原并24小时运转的水运仪象台、迎门点击即可按需浏览的名人故居、水淹开封城的大场景虚拟再现等，无不使观众犹如置身于宋代的汴梁城内，并与其共同经历着苦痛与欢乐、沧桑与巨变。在此，也衷心希望各位来宾通过积极体验与互动，在轻松愉快、赏心悦目中切身体会古城开封的历史演变及其对中国经济社会、精神文化以及城市发展所带来的革命性变革与深远影响，当然也更能体会现代科技对博物馆展览的重大作用。

其三　建馆办展必凭"真"聚力

博物馆事业被提升为国家战略足以证明其在中国经济社会发展过程中也承担着重要角色，这与博物馆必须发挥"收藏历史文化，传播真善美，弘扬正能量"的本质功能密切相关。李长春同志提出"贴近实际、贴近生活、贴近群众"，习近平同志更强调以民为本、求真务实，都说明博物馆办好展览、巩固并提升服务社会功能的一个重要而根本的基石就在于一个"真"字。

为此，开封市博物馆新馆在场馆建设尤其是举办陈展的过程中特别坚持"文献之真、证据之实、研究之深、成果之凿"重要原则，即：收集、梳理历史文献既重视全面性多元性又重视真实可靠性，同时运用双重证据法乃至三重证据法(文献、实物、口述)发动各方力量共同开展深入系统挖掘与研究，研究成果及其在建馆办展的实际运用应为博物馆发挥"收藏历史文化，传播真善美，弘扬正能量"的本质功能提供坚实支撑，并能经得起各种质疑而愈挫弥坚。

开封建都置邑始于夏都老丘，位于今开封东

20公里陈留镇一个名叫"国都里"的地方。对此,古本《竹书纪年》有详细记载,但是因为没有经过正式考古发掘,所以物证据较少,构成陈展的一个难点,于是在展出部分二里头陶器的基础上,经过各方面专家学者的共同研究探讨之后,依据人文、建筑、自然、地理、物产的基本历史事实,以布景箱的形式设计制作了史书所载"九夷来御"的场景复原,立体展示出夏朝建都老丘期间国力强盛的情景,如此使得夏文化的展出既真实又丰富;北宋开封城市物质结构的变革不是一蹴而就的,既有历史积淀也经历了渐变过程,宋仁宗登基后下令拆除城内仅剩的坊墙,这就证明此前的里坊制依然存在,所以制作后周时期的夜市街景布景箱时,如果仅有临街市肆就与实不符,于是残存的坊墙就被布置了进去;古代开封城区并非正方形,而是一种菱形结构,于是我们在充分尊重历史并利用考古发掘的科学研究成果基础上,制成了一个全城呈菱形的城市沙盘,建筑、街道、灯光等一应俱全,纠正了此前一贯设计方正规整的城市形态,传递出了真实的历史信息;望火楼在北宋是及时发现火情并紧急应对以保障城市安全的重要设施,李诚《营造法式》以及孟元老《东京梦华录》对此均有详细记载,于是在研究相关文献并结合建筑发展历史基础上,完全按史书记载及图画所现设计建造了一座望火楼建筑实物,实践证明观展效果十分理想;清明上河图独立展厅、北宋东京城繁华街市、代表宋代科技成就的水运仪象台、中西合璧的民国建筑街区、民居门楼等等,无不经历了爬梳文献、精研资料、共同探讨、审慎制作的艰难而不失科学的过程。

开封市博物馆新馆的建设过程中,"凭'真'聚力"既是出发点也是落脚点,一方面以扎实严谨的材料系再现了开封一脉相承连绵至今的悠久深沉丰富多彩的演变轨迹及其承载的历史文化,另一方面以生动鲜活的旁白注解深刻揭示了开封人民百折不挠前赴后继勇往直前艰苦创业的精神实质和优秀传统。两条主线虚实结合、形神兼备相得益彰,使古城开封的历史文化及其精神内涵全面呈现在观众眼中,称其是一场空前豪华的视觉盛宴,当不为过。在此,我真诚期待各位以批评态度观看馆内的展览,多多提出宝贵意见和建议,促使我们更真、更实、更精彩、更具吸引力。

2017年10月党的十九大指出"中国特色社会主义进入新时代,我国社会主要矛盾已经转化为人民日益增长的美好生活需要和不平衡不充分的发展之间的矛盾",并明确要求,加强文物保护利用和文化遗产保护传承,让中华文化展现出永久魅力和时代风采;2018年10月,中共中央办公厅、国务院办公厅印发了《关于加强文物保护利用改革的若干意见》,指出:面对新时代新任务提出的新要求,文物保护利用不平衡不充分的矛盾依然存在,文物资源促进经济社会发展作用仍需加强;文物合理利用不足、传播传承不够,让文物活起来的方法途径亟需创新;依托文物资源讲好中国故事办法不多,中华文化国际传播能力亟待增强;为此,要依托价值突出、内涵丰厚的珍贵文物,推介一批国家文化地标和精神标识,增强中华民族的自豪感和凝聚力;要实施中华文物全媒体传播计划,发挥政府和市场作用,用好传统媒体和新兴媒体,广泛传播文物蕴含的文化精髓和时代价值,更好构筑中国精神、中国价值、中国力量;文物博物馆单位要强化基本公共文化服务功能,盘活用好国有文物资源,支持社会力量依法依规合理利用文物资源,提供多样化多层次的文化产品与服务;要进一步激发博物馆创新活力,发展智慧博物馆,打造博物馆网络矩阵。可见,博物馆在新时代的责任担当将更重要更神圣也更艰巨,这就要求建馆办展更要以"特"取胜、由"活"出彩、凭"真"聚力,方能行稳致远、立于不败、魅力永存。

开封古都区域文物资源保护的实践与探索

刘顺安

内容摘要：八朝古都，千载京华。古都开封的文物资源丰富，有着"文物分布集中、保护级别高、价值影响大"等显著特征。党和国家领导人十分重视对开封文物资源的保护和利用工作，时刻鼓舞着开封保护古都文物资源的信心。近年来主要采取了加强高层统筹、强化文物规划引领、坚持立法保护等措施。文物资源保护工作坚持"面、区、点"相结合，努力形成富有开封特色的文物资源保护风格、路径。此外，古都文物资源保护工作面临着展示空间少且小，影响力不强，"立体叠压"文化景观困难多、代价大等问题。针对这些问题提出相应的工作建议与解决措施，旨在更好地保护和利用古都文物，探索新的保护路径。

关键词：古都 开封 文物资源保护 "城摞城" "城套城" "立体保护"

开封，国务院首批公布的历史文化名城，是我国古都、历史等学界公认的著名的"大古都"，还是我国的夏，战国魏，五代后梁、后晋、后汉、后周，北宋和金朝的建都之地，故有"八朝古都"之称。除夏都老丘(今祥符区杜良乡"国都里"村)、战国魏都大梁(城址稍有移动)外，其余六个朝代的都城之中心均位于开封古都的核心——开封城墙以内13平方公里区域，且城墙之东、西两墙分别与唐代汴州城之东、西两墙的基址相叠压，尤其是自唐代以来，六座都城遗址没有移动，甚至连城市的中轴线沿用至今，这在我国八大古都中是独有的。由这一独有的历史地理现象而形成的垂直叠压、立体再现的文化景观世界罕见，也为今日开封地面文物建筑的保护、地下文物遗址的统筹规划，尤其是对于六座都城"垂直叠压"文化地层的划分、界定以及文物资源的综合展示利用等带来了诸多困难与挑战。

一、文物资源概况及其特点

古都开封，自夏都老丘算起已有4100多年的建都史。尤其是11世纪的北宋都城东京城人口过百万，是当时世界最大、也是最为繁华的国际性大都市。此外，它三城(也有人认为四城：宫城、皇城、里城和外城)布局之特点也开创了我国古代都城三城相套、中轴对称分布之先河，这一格局对金代的中都、元代的大都和明清时期的北京城之营建产生了重大影响。

往事越千年，而今从头迈。长期以来，开封市高度重视古都文物资源的保护工作，坚持党的"保护为主、抢救第一、合理利用、加强管理"的文物工作方针，积极申报和公布各级文物保护单位，科学划定文物保护单位的保护范围、建设控制地带，合理公布历史文化街区、不可移动文物名录，制定地下文物勘探、发掘办法，加强与《历史文化名城保护规划》相衔接，在古都文物资源的保护、展示和利用等方面都取得了积极成效。

开封古都的城垣格局始于战国魏大梁城，并在唐汴州城的基础上发展、形成。自唐至今，尽管历经唐代汴州城、五代东都城、后周至北宋东京城、金代汴京城、元代汴梁城、明代河南省城和清代开封府城等多次规划、修复乃至重建，但古都开封的城市格局和中轴线始终未变，宋都古城风貌依然彰显。从时间维度看，不同时代的古都遗址在开封层层叠压，多元城市文脉延续未断，这主要表现在文物资源丰富密集、体现重大历史事件的不可移动文物并存。现今开封城既有建于宋代的开宝寺(铁)塔、繁塔、太平兴国寺塔和北宋东京城遗址等，又有元代的延庆观，明代的开封城墙(清代修补)、于谦修筑的防洪大堤及铸造的镇河铁犀，清代的大相国寺、龙亭、禹王台和东大寺，还有辛亥革命河南十一烈士墓、河南留学欧美预备学校、冯玉祥阵亡将士纪念塔、李大钊"抗英"演讲处、中共豫陕区委旧址、抗战时期的中共河南省委旧址、国共黄河"归故谈判"周恩来居住处——红洋楼等许多与辛亥革命、北伐战争、抗日战争、解放战争有关的文物资源。全市现有各类不可移动文物1940余处，各级文物保护单位347处353项，其中全国重点文物保护单位19处22项，省级文物保护单位44处47项。有国家级历史文化名镇——祥符区朱仙镇、省级历史文化名镇——尉氏县洧川镇各一处。

开封城墙周长约14.4公里,城墙内围合起的13平方公里所组成的古都核心区域内,集中保存了全市划定保护的历史街巷、传统建筑以及众多历史文化遗产。现有划定的全部的历史文化街区3处、历史文化风貌区3处,不可移动文物200余处。其中,"国保"单位9处,"省保"单位15处,"市保"单位29处,古城区内文物保护单位数量占全市总量的16%,还有开封市博物馆包公湖馆、刘青霞故居纪念馆、刘少奇在开封陈列馆、市文物商店以及非国有博物馆等13家,占全市博物馆总量的50%多,成为开封市文物资源的重要集聚区、历史文化街区的汇集区和古都风貌的核心区域。地面不可移动文物会同地下古城遗址所构成的"文物分布集中、保护级别高、价值影响大",成为开封文物资源呈现的四大显著特征之一。其他三大特征是:

一是古城遗址的布局为"城摞城"、"城套城"。首先从其城址的剖面看是"城摞(压)城"。考古勘探表明,今开封城下沉睡着(主要有)六座城址,它们是:魏都大梁城,距今地表下大约12-14米左右;唐代汴州城,约10米以下;五代北宋东京城,大约7-10米;金元汴京(梁)城,大约6-7米;明代河南省城,大约5-6米;清代开封府城,大约3-4米。其次从其城址的平面看,是"城套(环)城"。从前面谈到的城名可知,今日开封城下面深埋藏着数道城址,若以如今开封龙亭一带为中心的话,那么从里向外的数道城依次是唐汴州城,北宋东京城之皇城、里城和外城,金代汴京城,明代河南省城(不含周王府萧墙)及魏国大梁城等。除大梁城址外,其余经过文物勘探,均已弄清了大致轮廓。以上数道城垣依次环套,构成了开封城下的一大奇观。二是古城遗址埋藏较深、界限清晰、保存完好。从上面的城址埋藏深度可看出,现地表至地下12~14米埋藏有不同时期的文化遗存,历代文化遗存分层深埋于地下,时代界限较为清晰,保存也较为完好。三是古都格局历史久远、中轴未移、传承至今。开封自唐汴州城以来,1200多年古都的城市格局没有变化,城市中轴线至今未移,甚至连唐代汴州城之曹门和宋门的名称沿用至今,这在我国八大古都中是独有的,在我国乃至世界古都建设史上都属极为罕见的历史现象。古都的中心区位没有变化,至今仍基本分布于开封明清

城墙所代表古都区域以内。如此,古都开封形成了文物资源由地上至地面再到地下,呈"立体"的分布方式,这一独有的历史地理景观,使其更具古都魅力。

"城摞城""城套城"等现象体现了古都开封文物资源的地域特点,也彰显了开封百折不挠、锲而不舍、坚韧不拔的城市精神和古都的文明精神。在该精神的激励下,古往今来的开封人众筹建造了繁塔,捐款捐物修建了龙亭大殿、恢复了大梁门城楼、修葺了阵亡将士纪念塔等,体现出了开封人民对古城的强烈热爱、对文物资源及其尊严的尊重和强烈的主人翁意识,使古都文脉得以延续,造就了丰富的文物资源,尤其是形成了地下六座都城遗址"垂直叠压"的历史地理奇观。

二、文物资源保护举措

党和国家领导人对开封古都文物资源的保护利用工作始终高度重视,时常给予指导。2017年5月,李克强总理到开封调研,指出古都保护是历史责任,要求开封"以古闻名,以新出彩"。李长春同志同年10月考察了顺天门遗址考古发掘工地和开封城墙保护展示工程,对开封的文物资源保护表达殷切期望。2018年5月7日,履新不久的河南省委书记王国生到开封调研,强调开封是八朝古都,文物资源丰富,要保护好古都整体风貌、延续历史文脉。党和国家领导人及省委领导对开封古都保护工作的教诲、期望,时刻鼓舞着开封保护古都文物资源的信心。近年来主要采取了如下措施:

(一)纳入市委、市政府议事日程,加强高层统筹

中共开封市委、市人民政府高度重视古都文物资源的保护工作,使之纳入市委常委会和政府常务会议研究内容,在城市建设、"文化+"等十大领域充分纳入文物资源这一重要因素。为保证决策的科学性,成立了由市主要领导任组长,相关政府部门负责人参加的多个领导小组等议事机构,统筹解决古城建设、文物保护、城市"双修"等领域的重大问题。尤其是今年5月,将文物资源的调查、考古勘探和发掘作为古城项目建设申报、论证的前置要件,把文物主管部门纳为我市旧城改造、城市规划、文化产业开发、旅游名城建设等议事机构的成员单位,赋予市文物主管部门拥有古城建设一票"否决权",发挥了文物保护工作在全市经济社会发展中的服务、能动作用。

在各专项领导小组统一领导下,政府各部门

分工协作，明确市城乡规划局负责历史文化名城的保护工作，市文物局负责文物资源的保护管理工作，市住建局负责古城更新中的古都风貌维护工作，宋都古城文化园区负责遗产的开发利用工作，形成了综合协调、联动发展的工作格局。

（二）强化文物规划引领，坚持一张规划蓝图绘到底

开封市编制了较为完备的古都保护规划。在历次城市总体规划修编中，均将古城文物保护作为专项规划的重要内容，先后完成了古城区控制性详细规划、宋都古城风貌保护规划、宋都古城文化园区发展规划、双龙巷历史街区保护规划等26项专题规划和19个重点区域和重点地段的城市设计。以上都以开封城墙、延庆观、龙亭、山陕甘会馆、刘青霞故居等一批国家和河南省文物主管部门批准的《文物保护规划》为前提而制定的，保持了与文物保护规划内容的衔接。2017年，省委、省政府对开封市古都保护又提出新的要求，开封市再次启动了《开封市古城保护与修缮规划》编制工作。该规划由上海同济规划院阮仪三教授主持。期待该《规划》与文物《保护规划》的衔接会更紧密，设计理念会更先进、利用更合理、展示更充分。

（三）出台规范性文件、地方法规，坚持立法保护

市委书记、市长一贯重视文物保护工作。近5年以来，除了多次对文物工作如开封城墙保护、非国有博物馆建设等给予批示以外，还指示政府多次下发文件，如于2013年印发了《开封市民办博物馆扶持办法（试行）》，2016年印发了《开封市非国有博物馆扶持办法》以外，2017年又出台了《关于进一步加强文物保护工作的实施意见》。尤其是2018年3月以来，市委书记、市长还分别主持市委常委会和市政府常务会议，专题研究了《关于加强地下文物保护工作的通知》和《开封市地下文物调查勘探及考古发掘工作管理办法》。2018年7月3日，二者分别以市人民政府名义下发。

我市还特别重视立法对文物保护工作的重要作用。早在2006年就积极准备并起草了《河南省开封城墙保护条例》，河南省人大常委会于2010年10月公布实施。2017年3月，经省人大常委会同意，开封市成功申报并启动了《开封市文物保护条例》的立法调研工作，目前已列入2018年度地方立法完成项目，将于今年底颁布执行。这是开封拥有地方立法权后的第三个立法项目。同时，我市

又成功申请将《开封市古城保护条例》列入了2019年度的地方立法项目，目前已启动前期调研工作。

这些地方法规和政府文件，结合开封文物保护工作实际，突出地域特色，坚持问题导向，寻求破解工作难题路径，对开封市新时期的文物资源保护工作进行了统筹安排部署，为开封各项工作的科学持续开展提供了重要保障。

三、文物资源“立体保护”的探索与实践

开封在古都文物资源保护工作中坚持“面、区、点”相结合。所谓“面”，是指在开封城墙13平方公里的古城圈内对地上不可移动文物修葺利用、建筑物构筑物改造控制和对地下古城遗址发掘展示的总体保护。其中对建筑物构筑物的高度、体量、色彩、风格等予以明确规定，打造与城墙及其他文物保护单位的历史风貌、周边环境相协调的“新宋风”风格，体现出“外在古典、内在时尚、宋韵彰显”的城市魅力；对于地下古城遗址如北宋东京城遗址、明代河南省城遗址的保护，已注意到地下深度、文化层的整体保护，凸显出开封风格。所谓“区”，是指在文物资源丰富的历史街区、历史风貌区划定的保护界线、保护要求和控制内容。据此，先后实施了书店街、马道街和双龙巷等历史街区的保护项目；地下遗址的保护，是要确定北宋皇城区域、里城遗址及其城门、外城遗址及其城门，明代周王府遗址及周边的重点区域。所谓“点”，即开展对文物本体的保护和周边历史环境风貌的整治。实施公布文物保护单位名单、不可移动文物名录，对前者树立保护标志、后者挂保护标识牌等保护措施；关于地下遗址的保护，是指对发现的宋代州桥、汴河遗址，明代官署、王府遗址等重要遗址点的保护，努力形成富有开封特色的文物资源保护的风格、路径。

（一）空间建筑高度控制——限高十五（米），以保护“老城”

旨在加大对城墙圈内古城风貌的保护力度。明确以“历史风貌区、文化街区、文物古迹区”三个层次构建文物资源的保护体系，同时从古城格局的保护、用地功能的调整、建筑高度的限制、历史风貌的控制等方面实施保护；搬迁单位、疏解居民，降低人口密度。自2010年以来，城墙内人口已从原27万人疏散至22万人。初步显现探索古城保护的成效。

在古都更新过程中，坚守“小式建筑、简约仿

古(宋)、灰色基调、限高15(米)"的要求,加强对开封城墙等文物保护单位周边、大街干道正面、城市中轴线两侧的建筑物构筑物高度管控。目前开封城墙圈区内仅存7栋20世纪的高层建筑,并逐步通过外立面改造融入古都宋韵风貌之中;尤其要在保留原有传统街巷肌理基础上,强化对开封市千年中轴线(御街——中山路)的保护,使之保持、延续至今。

2018年初,开展了对城市千年中轴线、古都空中视廊的管控和维护工作:严格控制中山路空间尺度、沿街建筑高度、建筑立面风格和色彩,调整沿路用地功能,加强沿线及景观节点的城市设计;确定开封城墙墙体两侧,尤其是龙亭—铁塔,龙亭—御街—中山路等两条景观视线、视廊沿线加以控制,彰显了古都的历史风貌。

(二)地面文物资源保护——构建展示体系,维护历史风貌

首先是对历史街区的保护。加大开封城墙内的历史文化街区保护与修缮,划定街区核心保护范围、建设控制地带,从整体风貌、建筑高度、保护整治模式等方面对传统街巷、传统院落、不可移动文物制定具体保护要求与措施。

其次实施文物保护重点工程。开封市积极制定《文物保护规划》、编制《保护修缮方案》,申请重点项目、争取保护经费、实施展示工程,使开封城墙、山陕甘会馆、延庆观、刘青霞故居及龙亭、东大寺等26处"国保"和"省保"单位对外开放,文物资源服务公共文化的水平、功能和发挥的社会教育作用进一步彰显。尤其是近5年来,我市在保护修缮了8.5公里的开封城墙的同时,还修建了长约9.5公里的环城墙绿地公园。通过对城墙周边环境进行绿化、美化整治,有效改善了开封城墙周围的环境质量和生态系统,为市民提供了既静享文化成果、又美化生活环境的休闲文化广场,使文物资源保护工程成为了一项实实在在的惠民工程。文物资源的保护展示,已成为开封这座古都城市不可或缺的组成部分。

再者是激活沉睡在库房里的文物。加快开封博物馆新馆建设,让库房里的文物活起来。开封博物馆是国家一级博物馆,现有馆藏文物10万余件,其中珍贵文物1万件。在保留原博物馆功能基础上,建设了总建筑面积5.4万平方米的博物馆新馆。新馆是目前河南省建成且对外开放的面积最大的博物馆,又是目前全国最大的地级市博物

馆,自今年3月5日试运行三个多月以来,参观人数近20万人次。理念先进、设施一流,已成为开封展示文物资源研究成果的全新的文化地标。同时,加大非国有博物馆、行业博物馆建设力度。加大政策扶持引导,实行财政资金引导性奖补,使非国有博物馆和行业博物馆达到26家,收藏文物近10万件(套),3万件得以展示,年举办50个专题展览,接待观众近150万人次,成为开封的又一张文化名片。

(三)地下文物遗址发掘展示,延续古代文明

首先是搞清了北宋东京城遗址格局。自20世纪80年代就开始对北宋东京城遗址开展考古研究工作。由于当时地下水位较高,且遗址埋藏又较深,不具备发掘条件,故对东京城遗址的考古工作除少量考古发掘外,多以实地调查与文物勘探为主。基本厘清了东京城遗址的三重城垣布局结构,部分城门、里城、皇城的位置,还发现了大运河(汴河段)部分河道及州桥等重要遗址。

其次,开展顺天门遗址发掘、展示工作。2012年我市启动顺天(新郑)门遗址考古发掘工作,对北宋东京城进行主动发掘。至今经过6年的努力,发掘面积3500平方米,揭露了五代、宋、金、元、明、清不同时期的文化遗存,搞清了城门结构、修筑方法,出土了大量珍贵文物。尤其是揭示出顺天门主城门的形制:五代至北宋时期,该门址由单门道发展到三门道;瓮城也从无到有(且为方城)的变化过程。是目前考古发现的中国古代都城中最早的方形瓮城遗址,填补了中国古代都城考古史的空白。目前,其《保护展示方案》已经国家文物局批准,遗址博物馆将在不久的将来建成并对外开放。

再者,重新认知明代开封城的文化内涵。2014年以来,在配合城市建设过程中,考古部门开始注意对明代开封城遗址的抢救性发掘。通过对万博广场、御龙湾小区、建业泰和府等项目的发掘(面积凡6000余平方米),发现了明周王官署、王府、民居等不同类型的文化遗址。这些遗址有个共同特点,就是保存非常完整,犹如明代生活情景再现。明代遗址的发掘,让我们对古都开封的保护有了更加全面的认知:宋都—开封,不能仅仅定位于保护宋代的文化遗产,明代的开封城也是其历史文化名城、八朝古都的重要组成部分,开封都城发展史上的链条是不能割裂、缺环的。

第四,编制《北宋东京城遗址保护规划(纲

要)》工作。2014 年 11 月,市文物部门委托中国文化遗产研究院编制《北宋东京城大遗址保护规划(纲要)》。三年多来,经过现场勘察调查、文献标本收集、考古资料整理、遗产内涵评估等工作,目前规划文本已编制完成,正在与规划、国土等部门及其相关《规划》衔接,有望年内完成。这将对地下古城遗址尤其是北宋东京城遗址的保护提供保障,对其他都城遗址的保护、发掘和展示也会起到积极作用。

第五,探索出了一条黄泛区考古钻探的路径。开封位于黄泛区,地下水位较高,遗址历史上被黄河淤泥埋藏也较深。因此,地下遗址的考古调查,采用传统的洛阳铲的勘探方法——带出土质来观察、判断文化层的办法非常困难,但这并没有阻挡开封考古对地下遗址的探索。为此,文物部门经与多家机械钻探厂家探讨、研究,最终会同江苏无锡通达探矿机械厂成功研制出 SH—30 地质工程钻机,专门用于开封城区地下文物钻探。现在技术非常成熟,取得良好效果,解决了黄泛区水位高、泥沙厚、钻探困难的历史难题,并向黄泛区推广,相邻地市兄弟单位竞相学习。

第六,尝试探索发掘、展示"城摞城"奇观的办法。开封城下沉睡着至少有六座古城遗址,距今地表大约 12 米以下。如何展示其奇特的地理景观,自 20 世纪 80 年代以来,我们一直在探索。1983年曾在龙亭湖发现了明代周王府、宋代宫殿的遗址;在北宋东京城遗址西墙、皇宫北墙等地进行试掘,发现了二者的基础;1984 年对州桥遗址进行发掘,发现了桥面、桥洞,尤其是桥的木筏基础;2013 年、2014 年,还分别在今开封城墙的南墙、东墙进行试掘,发现了清代城墙基础、疑似砌筑的明代支护墙和包含宋金瓷片的城墙基础,本希望能建成一座展示开封城墙自上而下历经明清、宋金和唐代等不同时代的建筑风格和不同文化内涵的"城墙地下遗址博物馆",遗憾的是,终因地下水位、土质直立性、交通难题等而作罢。但也有成功的尝试。除了宋城顺天(新郑)门遗址今年要启动建设"顺天门遗址博物馆",2018 年还将发掘州桥及附近的大运河(汴河)遗址并启动"州桥遗址博物馆"建设外,城墙大梁门马道遗址展示馆的建成开放,可算一个成功展示"城摞城"文化景观的尝试。

2000 年 5 月,开封城墙管理所在大梁门北侧的现马道(一层)处进行地下考古勘探时,发了一段保存完好、清晰可见约为清中、后期的马道(二层)遗迹。经过试掘,在清中、后期的马道遗址下约50 厘米深处,又发现了更早的约为清代早期之马道(三层)。由于地下出水的缘故,用考古探铲在三层古马道下钻探,发现还存在有第四层马道(推测,可能为明末时期)。如此,共发现有四层马道遗址上下叠压。为了让城墙"马道摞马道"奇观得以展现,2005 年 8 月在大梁门现存马道北侧遗址上,修建一个 150 平方米的"古马道遗址展示馆",真实展示开封城摞城、马道摞马道的文化景观。

四、古都文物资源保护的困难与建议

(一)主要问题

首先是地下文物资源展示空间少且小,影响力不大。作为历史文化名城和中国八大古都之一,开封地上文物资源丰富,已有 26 处"国保""省保"对外开放。但地下文物资源得到发掘、展示且对市民开放的遗址点极少,除城墙大梁门马道遗址、顺天门遗址(边发掘边对部分人群开放)外,北宋东京城、明代河南省(开封府)城和启封(唐代前的开封城)故城等全国知名,其知名度也很高,但展示利用程度不高。由于遗址可供考古发掘、保护展示的地点不多、投入少,展示利用的手段又单一,致使其文化影响力与社会知名度极不相符。

其次是厘清城址"立体叠压"文化景观的困难多、代价大。开封城墙内 13 平方公里的古城区,是古都风貌的核心聚集区域、文物保护单位和历史文化街区的集中区域,也是开封人口分布密度最大的区域。而北宋东京城遗址大约 58 平方公里,几乎涵盖了当今的开封市区。城市地面下,自上而下依次叠压着六七座古城遗址,若要弄清一座城市的完整布局,考古勘探或发掘势必要穿越并对上面的城址产生"打破"现象。比如,如要搞清唐代汴州城的布局,必然会穿越宋东京城遗址、明代开封府城遗址,就会对二者遗址造成"穿膛破肚"性的破坏。这是遗址调查、文献查证难以厘清城址"立体叠压"现象的困难之一;其二是,古城遗址多被现代建筑、民房所占压,难以对遗址进行全面、完整的考古调查。若如此,需要动迁等,困难多、不现实,代价也太大。

再者对丰富的"立体叠压"的古城遗址难以取舍。如在北宋东京城遗址顺天门的考古发掘过程中,自上而下依次发现了清代的院落、明代的民居、元代的房基、金代的门址、宋代的城门及墩台,还有五代后周包砖的城门等文化遗存。对于丰富的文化内涵,在召开的"专家咨询会"和"论证会议"上,众说纷纭、莫衷一是:有的主张宋城遗址,只保留宋文化遗存;也有的主张文化是连续的,其他有意义的也要保留。专家是这样,领导也如此,造成意见不一、取舍难以决断的纷争。

第四是古城建设与文物资源保护的矛盾依然突出。开封城墙内是开封老城区,人口密集,且多是本地居民。千百年来,他们祖祖辈辈在此生活,且居住条件以棚户区为主,急需就地改造住上基础设施好的楼房,这是民生工程。如若就地改造建成住宅区,按法律规定就要配套地下停车场、人防设施等。如此建地下一层,下挖深度5米,两层到8米。根据考古资料,地下5米为明代开封城;地下8米左右为宋代东京城。近年来,随着水位下降,老城区因受限高而向地下要空间的现象日益突出,已下挖到6到12米。地下6米正好破坏到明开封城遗址,地下11到12米,相当于地下古城遗址将被破坏殆尽。地下古城遗址受到严重威胁,已引起社会各界的高度关注。

(二)工作建议

一是从国家层面对古城遗址"立体叠压"的保护进行论证,指明开封古城发展方向。根据古都资源集中、遗址叠压密集、文物立体布局的现实,而古城风貌又亟待传承,地下文物遗址亟待厘清、甄别保护的实际需要,建议从国家层面邀请并组织文物保护、考古发掘、规划设计、名城建设、文化旅游等方面的专家,针对开封古城的基本建设与地下古城遗址的保护展示开展研讨论证,从国家战略的高度,明确开封古城未来的发展方向与地下古城遗址保护的方针、政策和措施,破解城市提质建设与古都文物资源保护的难题。

二是给予开封更多的文物遗址建设项目支持。希望国家有关部门在"一带一路"文化带的建设中,通过大运河等项目对开封汴河段主河道遗址及州桥的考古发掘,北宋东京城遗址东水门的"河南大运河遗址博物馆"立项,"顺天(新郑)门遗址博物馆"方案审批,开封城墙墙体保护修复及其"申遗"等项目给予支持。以此来带动开封市域文物资源内涵的挖掘,推进文物保护精品工程的打造,使开封的文物资源成为开封生态文明建设的强劲动力。

三是国家加大对开封文物资源保护资金的支持力度。近年来开封市经济社会得到了长足发展,但经济基础总体薄弱。对于城墙内13平方公里的古都区域的整体保护、文物资源的开发利用、古城遗址垂直叠压"立体"景观的发掘展示等工程,需要投入的资金是巨大的,仅靠开封市是难以解决的。建议根据开封市财政收入的实际情况,从国家层面加大资金倾斜、支持的力度,以加快构建文物资源"立体"式保护体系,让古都开封的文物资源得到完整、全面的保护,给予立体的展示。

四是建议设立国家文物保护利用示范区。针对开封古都区域内文物分布集中、保护级别高、六座城址垂直叠压这一独有的历史地理景观,建议设立开封"国家文物保护利用示范区"。设立该"示范区"具有重大的示范意义和战略意义,希望它在文物资源保护、古都风貌展示、大遗址考古发掘、城市考古方向等方面,能为全国创造出"经验",甚至探索出"模式"、做出"示范"来。总之,该"示范区"要为我国文物资源的保护工作,探索出一条符合中国特色"有效保护""合理利用"的路径来。

(刘顺安,中国古都学会副会长,开封市宣传部副部长、研究员)

《清明上河图》及世界影响的奇迹（下）

程民生

内容摘要：最早也是当时唯一记录《清明上河图》的《向氏评论图画记》一书，是北宋末期的著作。《清明上河图》创作于北宋后期的开封，是北宋时期新型城市形成的产物，靖康之难中被金军掠夺至北方。该图的创作、流传颇具传奇色彩，而其影响更是无与伦比的奇迹，产生了巨大的经济、文化、精神效益，如开创模仿热潮，成为风俗长卷的代表和市井繁华、全景式作品的形容词，衍生品成为经典的文化产业链，代表国家走向世界，成为当代和谐城市的代表等。这种《清明上河图》现象贯通古今，最大限度地弘扬了中华文明。

关键词：宋代　清明上河图　张择端　开封　《向氏评论图画记》

三、《清明上河图》的巨大影响

《清明上河图》问世以来，虽然历经坎坷，但其光芒从未被泯灭，产生的巨大影响出现了奇迹：一是随时间推移如同江河一样越来越大，二是远远超越了绘画。

1.开创模仿热潮，推进市肆风俗画发展

该图感染力强，欣赏价值高，深受世人的广泛喜爱，因而自古以来临摹该图之风大盛，形成一股《清明上河图》热。其中有摹本，有仿本，有臆造本，许多本子有所创新，把宋代开封、明清的江南市景、北京风貌等，都以《清明上河图》的形式展现，将市肆风俗画不断推向高潮，这一艺术价值的力量是无法估量的。其意义就是该图出了一个开放性的题目，供世人任意挥洒，成为市肆风俗画的源头。早在明代，沈德符就说："今《上河图》临本最多。"[1]晚明李日华提及"京师杂卖铺，每《上河图》一卷，定价一金，所作大小繁简不同"，[2]正是当时北京市场的记录，足证临摹《清明上河图》已经产业化、商业化。又如清代苏州画家黄彪，以擅长临摹《清明上河图》闻名："摹仿张择端《清明上河图》，几欲乱真。"[3]其摹本恐非一幅，当属商业行为成就的名气。

众多仿本中，最著名的有两种：一是号称"明四家"的明代著名画家仇英本，采用青绿重彩工笔，重新创作了一幅全新画卷，风格与宋本迥异，描绘了明代苏州热闹的市井生活和民俗风情，十分精美，被称作后世众仿作的鼻祖，现藏于辽宁省博物馆；二是清院本，由清宫画院的陈枚、孙祜、金昆、戴洪、程志道五位画家在乾隆元年（1736）合作画成，是清廷官方按照各朝的仿本，集各家所长之作品，现存于台北故宫博物院。

现今流传在世界各地的《清明上河图》多达数十种，仅 2000 年北京故宫博物院举办的"《清明上河图》特展"上，就有 7 件藏品同时呈现在观众面前。该题材的绘画在社会上产生的持久轰动效应可见一斑。

2.成为风俗长卷的代表和市井繁华、全景式作品的形容词

《清明上河图》热不仅表现在模仿画作，更成为风俗长卷的代表和代名词。清人阮元在欣赏王振鹏《江山胜览图》时写道："山峰多用云头细皴，墨色淡冶，勾画精细。山水云树极多，其中又多人物布景，仿佛《清明上河图》，而山水多耳。"[4]明明看的是《江山胜览图》，偏要用《清明上河图》这一代表来衡量。

《清明上河图》因其独特性和知名度，从一幅画的名称变化成为形容词。例如市井繁华景象，常用"清明上河图"来形容。如清代蒙古族人崇彝记载北京道："三月初一至初五日，为东便门内南河沿蟠桃宫庙会。沿堤摊棚林立，百戏杂陈。自崇文门以东至此三里之遥，车马喧阗，人烟杂沓，有《清明上河》风景。"[5]清代满族人震钧在北京东便门内太平宫也看到："地近河堧，了无市眹。春波泻绿，堧土铺红。百戏竞陈，大隄入曲。衣香人影，摇扬春风，凡三里余。余与续耻菴游此，辄叹曰：'一幅活《清明上河图》也。'"[6]清代苏州名胜狮子林，"每当春二三月，桃花齐放，菜花又开，合城士女出游，宛如张择端《清明上河图》也。"[7]甚至在南国

广州，也有其名气："顺德龙江，岁五六月斗龙舟……又曰大良龙凤船，舟极华丽，设轮而转，作秋千戏，仿佛《清明上河图》所有，尚为升平盛事。"[8]《清明上河图》早已不再是一幅图画的名称，而是风俗画和长卷的代称，甚至成为市井繁华的别称、形容词。 有学者指出：中国城市审美文化的真正发生是在宋代，"以《清明上河图》为代表的描摹世情的民间风俗画也创举性地登上画坛，其纯朴生动的内容、细腻写实的手法，不仅是宋代城市生活的艺术再现，而且是宋代城市审美文化物化产品的典型"。[9]由此也可以说，中国城市审美文化诞生于汴京，标志就是《清明上河图》。

到现代，作为形容词使用更为广泛。比如评价《中国当代文学编年史》的一篇文章，标题就是《在静默中构建当代文学的"清明上河图"》："就《中国当代文学编年史》而言，时间的意义不仅在于历史纵向渐进过程的呈示，而且更多表现在共时态的记述上。大量史实共时态铺排的结果，形成了一个文学时代的多维空间、一幅文学生态的全息图景，它使'复现'历史语境成为可能，并且可以帮助读者形成一种整体意义上的历史感。……读者则如置身于一片由史料构成的风景，身临其境、游目四望，那些看似'琐碎散乱'的史料间原来存在着多重关联。该书勉力追求的，正是这样一幅当代文学的'清明上河图'、一部由一个个被'复现'的历史场景勾连而成且具有某种历史动感的当代文学史。"[10]《清明上河图》又成了全景式、纪实式研究作品的形容词。

3.衍生品层出不穷，形成文化产业

《清明上河图》热在当代更加火爆。其影响超出自身的生存时空，提升到一种带有文化意义的高层面，特有的文化价值远远超越了绘画界，也远远超越了艺术界乃至文化界，衍生品层出不穷，形成文化产业。如前文所言，早在明代，绘制、销售《清明上河图》就已经产业化，现代的红火则是明代望尘莫及的。由于该图广泛、巨大的影响，早已达到妇孺皆知、人人喜爱的地步，各种材质、各种表现形式的《清明上河图》不断涌现。既有邮票、火花、电话卡、明信片、扑克牌、香烟盒等，又有瓷画、鼻烟壶画、烙铁画、漆画、拼贴画、剪纸、纸刻、沙盘、麦秸秆、钱钞等，至于雕刻如微雕、木雕、石刻、砖雕、根雕、铜雕、竹雕、骨雕、瓷雕、银雕、玉雕等，刺绣品如汴绣、苏绣、蜀绣、鲁绣、湘绣、发绣、十字绣等，壁挂如有挂毯、竹帘壁挂、大理石壁画、铜版

画等。其蕴涵的无穷魅力不断得到发掘，成为一种系统的文化产业，源源不断地创造出了巨大财富。另有以此命名的歌曲、电视连续剧、歌舞剧、大型舞蹈诗、大型中国交响音画、动画片、二胡曲、小说等文艺作品，也是层出不穷。在中国绘画史上，一幅图画能有如此众多衍生物的现象是绝无仅有的。

更为突出的是其犹如神话般地走出画面，在许多地方落地生根，再现辉煌。

最早将《清明上河图》落地建设、展示利用的是香港宋城。这是1979年以张择端的《清明上河图》为蓝本，仿照北宋首都开封建成的一座旅游城，坐落于九龙荔枝角荔园游乐场旁边，占地5500平方米。经营十余年，曾红极一时，1997年结业(拆除)。

1996年建成开园的杭州宋城旅游景区，位于西湖风景区西南，基本依据张择端的《清明上河图》画卷，按照宋代营造法工再现了宋代都市的繁华景象。由《清明上河图》再现区、艺术广场区、九龙柱群区、瀛洲仙山区和南宋皇宫区等部分组成。在号称人间天堂、自然景观、人文景观遍布的杭州，这座仿古新景点借助名画的名气很快便成为杭州极具人气的主题公园。

1998年，在《清明上河图》的原型地、创作地开封，建成一座大型宋代文化实景主题公园清明上河园。该园坐落在开封市龙亭湖西岸，严格按照张择端的写实画作《清明上河图》为蓝本建设，占地600余亩，其中水面180亩，大小古船50多艘，房屋400余间，景观建筑面积30000多平方米，形成了中原地区最大的复原宋代的建筑。是国家首批AAAAA级旅游景区和中国非物质文化遗产展演基地，国家黄河黄金旅游专线重点历史文化旅游景区。2009年，清明上河园成为中国世界纪录协会中国第一座以绘画作品为原型的仿古主题公园。

2012年，张择端的故乡山东诸城不甘落后，在诸城的城市核心区，潍河岸边建成又一座清明上河园，遂成为山东最大的水岸公园步行街。项目总规划310亩，总建筑面积20万平方米。由书画文化主题商业街和滨河主题公园两部分组成，包括张择端故居、万古塔、鎏金阁、清明上河图动画展示馆、非遗传人艺术作品馆、文化一条街、酒吧一条街、大型超市、电影院、商务酒店、餐饮美食街、娱乐城等18种业态。

在江苏无锡影视基地，中央电视台为拍摄大型电视连续剧《水浒传》投资建造的又一个影视拍摄基地水浒城，1997年正式开放。水浒城西濒太湖，占地580亩，可供拍摄的水上面积1500亩。主体景观可分为州县区、京城区、梁山区三大部分。京城区的主要建筑"清明上河街"，就是根据张择端《清明上河图》中虹桥至街市城门内外的布局建造的。

河北唐山麻龙湾的《清明上河图》泥塑文化园，始建于2007年，是一座以《清明上河图》为蓝本的大型泥塑艺术园林，占地200亩。它以精湛的泥塑艺术，把《清明上河图》中汴河两岸的繁华景象按真实比例立体、全方位地呈现在世人面前，游人穿行其间犹如身临其境。

更多的还有"清明上河街"。如广东东莞凤岗龙凤山庄投入3000多万元建造的大型古典建筑清明上河街，2011年正式对游客开放。以《清明上河图》为雏形，融入现代灯光及科幻元素打造而成，集观光、购物、美食、表演于一体。2006年北京朝阳区东郊市场建造的名为"清明上河街"的步行街，经营来自56个民族的特色商品。河南漯河东方大市场中也有清明上河街，属于商铺商业街。至于以《清明上河图》为招牌的楼盘小区就更多了，如马鞍山的清明上河城，芜湖的清明上河城等等。其卖点显然都是《清明上河图》中体现的宜居，该名称又成了舒适、和谐、典雅的代表。

总的来说，都是以《清明上河图》搭台，旅游经贸唱戏，成为经典的文化产业链。

4.代表国家走向世界

以"城市让生活更美好"为主题的2010年上海世博会，是世界上最高级别的展览活动之一。作为一个重大的世界性活动，被形容为人类文明的驿站。融合世界各国带来的新技术、新理念、新文化于一地，世博会让全世界几百万、几千万民众前来开阔眼界，进行学习交流，产生思想碰撞，从而激发新的竞争和进步。上海世博会是历史上首次由中国、也是发展中国家举办的世界博览会，总投资和参观人数是世界博览会史上的最大规模。其中的中国馆，以"城市发展中的中华智慧"为主题，在馆内最核心、也是最高的49米层展区北面，主题是"智慧长河"，整面墙赫然是长128米、高6.5米的《清明上河图》投影版，并有时间变化和人物行动，成为最热门的镇馆之宝。闭馆之后在世界各地巡展，无不引起轰动。对河南馆来说，该"特

产"更是不可或缺的元素，其镇馆之宝便是大型香樟木根雕《清明上河图》，为其引来了大批观众。

2012年1月，"中日邦交正常化40周年纪念展"之"国宝观澜——故宫博物院文物精华展"在日本东京国立博物馆举行，全部展品是以宋代为中心的254件珍贵文物，其中张择端《清明上河图》是首次在国外展出。经过日本媒体迅速深入报道、广泛宣传，《清明上河图》极大地牵动了日本参观者的好奇心，"平成馆"真迹展出期间，参观者超过10万人。真迹返还之后，观众欣赏摹本的兴趣依然不减，总计达到25万人次。这次展览会盛况空前，据闻观众参观《清明上河图》真迹时，排队等待时间长达5个小时。[11]

《清明上河图》在海外的名气并不输大陆，西方汉学家上课的第一天，常喜欢从它入手来形象地认识古代中国。[12]《清明上河图》是不需要翻译的中国城市元典，已成为中国的文化符号和历史城市符号。以上事例，实际上充分反映了北宋开封的历史地位和深远的世界影响。

5.成为当代和谐城市的代表

近年来，《清明上河图》不断被当作当代和谐城市的代表，用作不满城市管理的反衬背景。2008年4月流传于网络的热图《清明上河图"之城管来了》（又称"清明上河图遇上城管"）。发帖者先是上传了一张《清明上河图》的某个热闹的局部，接着出字幕"城管来啦！！！"然后把画面街上的人物尽数处理，只留下散落在街上的一片狼藉。网友以此来表达对城管的不满：原本繁华热闹的街市，因不文明执法变得冷漠凄凉。我的一位硕士研究生受此启发，选定了《宋代城市环境卫生初探》作为毕业论文。2014年11月，在连州第10届国际摄影展上，影像艺术家戴翔的巨制：25米长的《清明上河图·2013》展出，随即在网上迅速传播。作品用照片再现了《清明上河图》中的汴京原景，但新添了当代社会街景和人物，展现了约40个近年来的热点事件，每个都反映了社会的不同侧面。"我爸是李刚""城管打人""征爹求包养"等剧情取代了汴河两岸的自然风光和繁荣集市，还反映了城市管理暴力问题、交通管理问题、地沟油、挟尸要价、权势炫耀等问题。引发摄影圈、文化评论界、社会公众的热烈关注。所有这些都说明，《清明上河图》中的熙熙攘攘与和谐也是当代的理想，是中国梦的平民版、中国梦的城市版。

非但如此，《清明上河图》在海外成为城市发

展的榜样。著名美国城市史学家刘易斯·芒福德在《城市发展史——起源、演变和前景》一书中，特别引用了《清明上河图》作为未来城市理想的说明图，并作说明："如果生命得胜了，未来的城市将有（当然只有极少几个城市具有的）这张中国画〈清明上河图〉所显示的那种质量：各种各样的景观，各种各样的职业，各种各样的文化活动，各种各样人物的特有属性——所有这些能组成的无穷的组合、排列和变化。不是完善的蜂窝而是充满生气的城市。"[13]这种充满生气的城市就是和谐城市的代表。《清明上河图》犹如一朵永不凋谢的鲜花，千年之前的城市建制、景观氛围，居然仍是未来城市神往的模本，其生命力之强大，实在出乎意料。在越来越多的高楼空间挤压下，越来越多的浮躁中，该图仿佛是人类返璞归真的精神家园。

6.学术研究持续不断

该图的研究一直是学术界的热门话题，在美术界、史学界都有大量论著。据不完全统计，当代大陆地区以及港台、海外学者直接研究《清明上河图》的专著有28部，论文有300余篇，间接以及涉及者不计其数。《河南大学学报》在20世纪80年代还专门开辟了"《清明上河图》研究"专栏，相应的是还召开学术研讨会。如2005年10月，北京故宫博物院召开了"《清明上河图》及宋代风俗画国际学术研讨"，大陆以及港、澳、台地区和美国、日本、加拿大的37位历史学家、美术史学者、建筑学专家就该图的传承、著录、定名、作者等方面进行了广泛而深入的探讨，将《清明上河图》的研究推向高潮。周宝珠先生指出，从事《清明上河图》研究的人员早已不限于美术和历史学界，诸如有文物、历史、绘画、文学、建造技术、医药卫生、饮食服务、民俗与服饰等方面的专家学者，以及社会各界诸多爱好者，他们从不同的角度进行研究，提出了许多新课题，这是需要许多专门知识才能解决的。在这个研究热潮中，实质上形成了一个专门的学问，应该称之为"清明上河学"。[14]

结　语

最早也是当时唯一记录《清明上河图》的《向氏评论图画记》一书，是北宋末期的著作。《清明上河图》创作于北宋后期的开封，是北宋时期近代城市形成的产物，靖康之难中被金军掠夺至北方。该图的创作、流传颇具传奇色彩，而其影响更是无与伦比的奇迹，产生了巨大的经济、文化、精神效益。《清明上河图》不再是一幅画，不再是一种美术形式，早已成为一个文化符号，一种社会现象，一种精神向往。其魅力、张力，在公众与学界的影响之深广，是其他任何绘画作品所无法比拟的。对世界而言，具有名片性；对当代而言，具有元典性；对开封而言，具有标志性。

所有这些，可概称之为《清明上河图》现象。这一现象贯通古今，最大限度地弘扬了中华文明。而其根源，则是所反映的宋代开封那种自由自在的生活状态和商业的繁华。

（程民生，河南大学博士生导师）

参考文献：

[1] （明）沈德符《万历野获编》补遗卷2《伪画致祸》，中华书局1959年版第827页。
[2] （明）李日华《紫桃轩又缀》卷2，凤凰出版社2010年版第353页。
[3] （清）彭蕴璨《历代画史汇传》卷31《黄》，道光刻本第10页。
[4] （清）阮元《石渠随笔》卷4《元》，浙江人民美术出版社2011年版第81页。
[5] （清）崇彝《道咸以来朝野杂记》，北京古籍出版社1982年版第88页。
[6] （清）震钧《天咫偶闻》卷6《外城东》，北京古籍出版社1982年版第153页。
[7] （清）钱泳《履园丛话》卷20《狮子林》，中华书局1997年版第523页。
[8] （清）史澄《（光绪）广州府志》卷15《舆地略七》，中国方志丛书，成文出版社1966年版第281页。
[9] 罗药药《从宋代城市审美文化的产生看士大夫与市民艺术的不同》，《文史哲》1997年第2期。
[10] 孙妙凝《在静默中构建当代文学的"清明上河图"》，《中国社会科学报》2013年12月27日B01版。
[11] （日）伊原弘《宋代绘画的"解剖学"——从艺术史角度解读宋代都市与社会》，《河南大学学报（社会科学版）》2013年2期。
[12] 陈涛《宋画的学问，今后海外说了算？》《北京日报》2015年2月5日第17版。
[13] （美）刘易斯·芒福德著，倪文彦、宋俊岭译《城市发展史——起源、演变和前景》，中国建筑工业出版社1989年版，附图64《蜂窝还是城市》，附33页。
[14] 周宝珠《〈清明上河图〉与清明上河学》，河南大学出版社1997年版。

从《清明上河图》中的香药铺看宋代社会香药的广泛应用

唐冬冬

内容摘要：我国自古以来,就十分重视香药。汉代已有派遣使者远赴异国搜求香药。《汉书》《香谱》记载香药多为异国贡品,有药用之效。隋唐至宋,香药除用于医药外,主为宫廷、权贵、豪绅之奢侈品。然而,《清明上河图》中出现"刘家上色沉檀捡香铺""孙羊正店"两处进行香药交易的场所,在《东京梦华录》《宋史·食货志》等宋代史籍中也有相应记载,上自皇家,下抵百姓,香药使用愈加普遍,应用也更加广泛。除作药用,还可熏香,亦可参与饮食,用香成为宋人的一种社会风尚。

关键词：香药铺　香药应用　香药消费

宋代名画《清明上河图》是国之瑰宝,它以写实的手法,描绘了北宋汴京"物阜民丰"的盛况,对研究宋代社会生活、文化民俗、工商集市、水陆交通、舟桥建筑具有较高价值,其中也蕴含着中医药香药文化。

《清明上河图》作者张择端,北宋东武(今山东诸城)人,生卒年不详,主要活动于政宣年间(1111—1125)。徽宗时曾为翰林院画师,后在社会上以卖画为生。《书画传习录》中赞他"工于界画,尤嗜于舟车、市桥、郭径,别成家数也"。《清明上河图》推断是在北宋覆灭前"丰亨豫大"繁荣假象掩盖下,内忧外患的年代完成的。

《清明上河图》,绢本设色,长卷528.7厘米×24.8厘米。第一部分描绘了汴京郊外,晨曦初露,汴河两岸人们活动的情景;第二部分描绘近城地区,以汴河上的虹桥为中心,人流物流穿梭往来的繁忙景象;第三部分描绘城门内汴京一段繁华街道,至赵太丞家戛然而止。此图弥足珍贵,是中国民俗画的精品。

一、《清明上河图》中的香药铺及香药生意

我国自古以来,就十分重视香药,汉初已派使者通过海陆丝绸之路远赴异国搜求香药、珍宝异物,外国来贡者亦有之。马王堆一号汉墓女尸辛追手握香囊,棺椁内置大量茅香、良姜、桂、花椒、辛夷等香药,起着对尸体防腐的作用。《汉书》载:"武帝时月氏国贡返魂香。"唐无名氏《香谱》云"天汉三年(前98年)月氏国贡神香,后长安大疫,宫人得疾者烧之,病即差"。隋唐至宋,香药除用于医药外,主为宫廷、权贵、豪绅之奢侈品。

在《清明上河图》中,"赵太丞家"前方十字街头,有"刘家上色沉檀拣香铺",门前立招高大明显。下方"铺"字被门前一手推独轮车的所遮掩,大门上方大横匾额上有"刘家沉檀□□丸散□香铺",推测应是一个规模很大的香铺,可能既有大宗香药交易,也有零售香药生意。

孙羊正店是一个大酒店,门面高楼,门前挂着四个大栀子灯,亦有卖春处。一楼买卖,立有"丝帛""香药"两个小立招,是做丝帛、香药大生意的。推测拉骆驼出城的西亚、中亚、大食等国商人,来时带来的香药、珠宝、奇物卖完了以后,换上丝帛、瓷器等回国。

二、《东京梦华录》及史书所载香药

皇家香药库内香药库存谂门内,凡二十八库,真宗皇帝赐街诗二十八字,以为库碑,其诗曰:"每岁沉檀来远裔,累朝珠玉实皇居。今辰内府初开处,充牣尤宜史笔书。"皇家香药库有如此规模,广贮香药珍宝,看来上好必下甚。

皇家有香药库,民间亦有香药铺。"御廊西即鹿家包子、余皆羹店、分茶酒店、香药铺";《相国寺万姓交易》"殿后资圣门前,皆书籍、玩好、图画及诸路散任官员土物、香药之类"。另外据《东京梦华录》载:潘楼街南皆珍珠、匹帛、香药铺。州桥东有李家香药铺,循廊西有多家香药铺,更为集中。

香药榷易甚严,《宋史·食货志》谓:"宋之经费,茶、盐、矾之外,唯香药利博,故以官为市焉。"《宋会要》载:"北宋初,京市置榷易院,乃诏各国香

药宝货至广州、交趾、泉州、两浙,非出于官库者,不得私相市易。"太宗"雍熙四年(987),遣内侍八人持勅书各往海南诸国互通贸易,博买香药、象牙、真珠、龙脑"。《中书备对》载:"熙宁十年(1077),三州市舶司所收乳香达354449斤,其中明州(今宁波)4793斤,广州348673斤。"《游宦纪闻》载:"诸香中,龙涎香(抹香鲸肠内分泌物的结石)最贵,广州市值每两不下百千(十万两),次等亦五六十千(五六万两),是蕃中禁榷之物,出大食国。"由于香药的行时,在广州南海有专门的"香户"、"香市"。在北方,因西夏的阻扰,陆上丝绸之路不畅,宋时开辟了多条海上丝绸之路,又称"香路",大量输入南海诸国、阿拉伯、非洲的香药。有些国家则以进贡形式获免税交易。1973年,泉州后诸港出土的宋代沉船中就有大量来自东南亚的香药。至于国内也搜求甚严。《续通典·食货·赋税上》载:全国的110个州府,其中需贡麝香者15个,沿海的广南路要求贡海药、贡檀香、肉寇、丁香、寒陵香、詹糖香、甲香。这些香药多通过漕船由南方运往汴京。

三、香药的广泛应用

1.香药在医学方面的应用

《局方·卷三·治一切气》诸方面多以香药为主,苏和香丸、安息香丸、丁沉丸等均是。苏和香丸集苏和香、安息香、沉香、麝香、白檀香、丁香、荜拨、龙脑等八味香药于一方。《清明上河图》中"赵太丞家"之"集香丸"则由白豆蔻仁、砂仁、木香、姜黄等组成。《局方》书后还有《诸香》一卷,专载芬积香、衙香、降真香、清远香等熏香的制作方法。

2.熏香

宋代洪刍著《香谱》一书,载香80种,介绍熏香、衣香、怀香、啖香,以及沐浴、傅粉之法,并谓当时已有专门的"合香家"。《名香谱》载香药55种,其中有一种有"助情"作用。至于用香之奢侈更见一斑。宋·庄绰所著的《鸡肋编》载:"吴行正平仲云:'余为从官与数同列往见蔡京,坐于后阁。京谕女童使焚香,久之不至,坐客皆窃怪之,已而报香满,蔡便卷帘,则见香气从他室而出,霭若云雾,濛濛满座,几不相睹,而无烟火之烈。既归,衣冠芬馥

数日不歇,计非数十两不能如是之浓也。其奢侈大抵如此。'"坡公与章质夫云:"公会用香药,皆珍物,弥为行商坐贾之苦。……今公宴香药,别卓为盛礼,私家亦用之,作俑不可不谨。"蔡京次子蔡絛在《铁围山丛谈》中载:"沉香",沉香"其载占城国则不若真腊国,真腊国不若海南,诸黎峒则不若万安,吉阳两军之间黎母山,至是为天下冠绝之香,无能及之矣。""一星值一万"如一星为一两,则蔡京一次熏香用二十两则耗国帑二十万两白银,可谓奢靡之至。

宋代贵夫人的车里也悬挂香囊,成为一时的风尚。陆游在《老学庵笔记》中特别记下了当时的这种风尚,"京师承平时,宋室戚里岁时入禁中,妇女上犊车皆用二小鬟持香球在旁,二车中又自持两小香球,车驰过,香烟如云,数里不绝,尘土皆香"。

3.饮食果子中的香药

孟元老在《东京梦华录》中介绍北宋汴京饮食果子中有香药。如酒楼中的"厮波"专给客人换汤、斟酒、唱歌或献果、香药;平时店家摆卖有"诸般蜜煎、香药果子、罐子党梅、柿膏儿、香药小园儿";端午节卖"粽子白团、紫苏、香蒲木瓜并茸,切以香药相和,用红梅匣子盛裹";立秋,卖枣"以李和家最为有名,一裹十文,用小新荷叶包,掺以麝香,红小牵儿系之"。此为在食品中掺贵重的香药——麝香一种。

以上可见宋代用香成为一种社会风尚,宋人通过佩戴香囊、焚香熏香、香药沐浴以及香药在医学、饮食中的广泛应用,说明香药在宋人日常生活中起到了养生保健的作用。

综上所述,在宋代上层社会生活中,香药的消费,表现出消费广泛的多样性、奢侈性、雅致性,以及部分市场化特点。宋代外来香药的大量供应,香药知识文化积淀,上层社会富裕的经济条件,奢侈的生活习惯,共同促进了当时宋代社会生活中的香药消费。虽然宋代社会生活中的香药消费具有一定的消极的作用,但其巨大的消费需求,在很大程度上促进了当时香药市场贸易的繁荣,并促使当时香药消费服务业的兴起,从而成为宋代社会商品经济发展的推动力之一。

孙羊店的本名应是"香丰正店"

郭 祥

内容摘要：将《清明上河图》中的正店称为"香丰正店"是得体的，它与"孙羊店"应该是一家，"孙羊店"本名是"香丰正店"。对其门前的栀子灯及羊肉小店内的标牌，亦作了新的解读。

关键词：香丰正店 羊肉小店 栀子灯 斤两十足

《清明上河图》卷末城内部分有一座大酒楼，杭州宋城将其命名为"孙家正店"，开封清明上河园则将其命名为"孙羊正店"，但这两个名字在原图上均没有出现，地灯显示了店名。开封作家、地方文史学家杨庆化先生首先发现此问题。在这座酒楼左侧卖花小贩上方的确有一个写着"正店"二字的地灯，但许多人却忽视了酒楼右侧还有一个与此形状和规格完全相同的地灯。这个地灯第一个字是"香"字，第二个字只露出上边一小部分。2010年杨先生赴上海世博会观动态版《清明上河图》显示此处为"料"字，组成"香料正店"，杨先生认为此说不妥，缺乏考证。[1]开封作家周罗吉、周罗力在其著作《清明上河图里的故事》一书中说地灯上写的是"香醪"[2]，系指美酒而言，网上亦有此说法。网上还有将此理解为"香汤"之意，说这是公共洗浴店的招牌。但仔细观察"料"字、"醪"字和"汤"字，都和画卷中那个只有上半部的字毫无相近之处。经杨庆化先生辨认，此字应为繁体字"豐"字的上半部，因此这座酒楼的名字应该称为"香丰正店"。[3]"香丰"二字寓意酒店的饭菜香而丰盛，

不失为一个得体的店名。（图1）

在"香丰正店"的底层最左侧的柱子上还有一面斜绑在该柱子上的旗招，上写着"孙羊店"三个大字。"孙羊店"和"香丰正店"有何关系？杨先生说，"孙羊店"和"香丰正店"是两个内容和性质完全不同的店名，"孙羊店"是酒楼左邻孙姓羊肉小店，与酒楼主人同姓或许是亲戚或关系较好的近邻，因此借助酒楼的柱子绑上自家的旗招，杆子倾斜，旗招正好悬在羊肉店的房檐前、门楣旁。虽然"两家店"说颇广，但笔者认为，"孙羊店"旗招并非属羊肉店所有，它应属于"香丰正店"酒楼。卖羊肉的店是位于大酒楼左侧街坊拐角处的一间敞开门脸的小店，该店门前围着一群人似在围观一大胡子老者江湖卖艺。大酒楼左侧柱子上绑的店旗虽然斜指该小店且两屋相连，但距小店门脸尚有一个开间的距离，中间隔着两个地摊所占的位置。再者，卖肉小店处于街坊拐角处，该店本身就有柱子，如在拐角的柱子上绑旗招则更加明显（在不妨碍交通的情况下），似乎没有必要借用邻房柱子绑旗招，孙羊店的旗招与羊肉小店并无关系。（图1、图2）

图1 "香丰正店"地灯，"孙羊店"旗招

图 2　羊肉小店

对于"孙羊店"的解释，故宫研究员徐邦达先生认为是卖羊肉的店[3]，而开封文博研究员韩顺发先生则认为"孙羊"是人名，姓"孙"，名"羊"。在古代文献中叫"孙羊"的人曾有多处记载，如《古今姓氏书辩证》卷36曰："乐出自子姓，宋大司冠乐吕，吕孙喜，字子罕为宋司城，喜孙舍祁、鞾祁，一曰祁犂，字子梁，生涸字子明，涸生茂字子潞。三世为司城，鞾为大司冠。茂裔孙羊……事魏文候，封于灵寿。"文中所说的孙羊系茂之后裔，因辅佐魏文候有功而跟随魏文候封于灵寿。[4]

对"孙羊店"的解释笔者另有一种不同的解读，供诸家参考：在"正店"地灯的右后方还有一个比较隐蔽的地灯，上边有一个很清晰的繁体"孙"字的右半部，下边的字只看到右上角一个"日"字。(图3)经查新华字典，汉字中右上角是"日"的字不算太多，常见的有"唱""喝""肠""场""鲳""畅""杨""阳""扬""提""堤"等字。笔者分析，画卷中的"日"字可能是繁体字"陽"字的一部分，也就是说地灯上可能是"孙阳"两个字。在中国的姓氏中就有"孙阳"复姓，所以这种推测比较合理。旗招上的"孙羊"二字有无可能是由"孙阳"演变而来？尚待考证。但古时一些店铺喜用同义字隐喻来替代本姓者较常见，例如电视剧《那年花开月正圆》中，"古月药材行"中的"古月"就是"胡"家的代称，其他如"十八子"为"李"家代称等亦为常见。如果地灯上是"孙阳"二字，则说明此店为"孙阳"家所属，旗招上的"孙羊"可能是"孙阳"的代称，这家酒楼可能卖羊肉菜肴因而以"羊"字代替"阳"字可谓一字双关。故此"孙羊店"可理解为"孙羊(阳)家的酒店"，而"香丰正店"则是孙羊家为自己的正店起的店名。因此可以说酒楼柱子上的"孙羊店"旗招和

地灯上的"孙阳"标记共同说明这家酒楼属于同一家所有，而不是属于两家所有。香丰正店西邻的那家拐角上的小店，其实是没有标注店名的，我们只可从其店内挂着一块类似肉的东西，因其体量较小而估计它是卖羊肉的店。(图4)

"孙羊店"和"香丰正店"既然是同一家店的店名，因此它的全称应该是"孙羊家香丰正店"。按此称呼，学者们将此酒楼称为"孙羊正店"亦无不可。但按照古今称谓习惯，正店有名称之后，人们多以正店名称呼之，如《东京梦华录》[5]中的"会仙楼正店"等皆是当时人们的习惯称呼，因此这家大酒楼的正规名称应为"香丰正店"才比较合适。

"正店"在《东京梦华录》及《清明上河图》的研究文章中多解释为大酒店的意思，"脚店"则为小酒店。以笔者理解"正店"的"正"字似乎还有"正宗""正规"之意，"孙羊家香丰正店"可理解为孙羊家开的正宗酒店，或者说是本店，用现在的时髦名词来说就是旗舰店。

关于这座大酒楼，还有另外的说辞。韩顺发先生认为，孙羊正店酒楼店外有四个栀子灯，栀子灯是宋代酒店中正店的特有装饰之一。因其外形制作似栀子的果实，故名。在这四具栀子灯中，其中有一盏别具一格的栀子灯是被包裹遮盖的，这是孙羊正店酒楼的秘密标记，在向顾客暗示酒店内藏有娼妓就陪。[6]韩先生引用南宋《都城纪胜·酒肆》7记载："庵酒店，谓有娼妓在内，可以就欢，而于酒店内暗藏卧床也。门首红栀子灯上，不以晴雨，必用箬簹盖之，以为记认。其它大酒店，娼妓只伴坐而已，欲买欢，则多往其居。"[7]以此证明被遮盖的栀子灯就是孙羊正店酒楼的秘密标记。网上盛传这座酒店是提供色情服务的"红灯区"。(图5)

图3　显示出半个孙字的地灯

图4　羊肉小店内有宽厚的案板桌子,红圈内好似一块吊着的羊肉

图5　香丰正店的四个栀子灯

四个栀子灯就是图5红圈内的四盏灯,其中被遮盖的栀子灯则是酒楼左侧第二盏灯,此灯与两边红栀子灯明显不同,颜色发白,形状呈圆柱形,乍看起来的确类似被包裹遮盖的样子。但经放大后查看,似乎并非被人为遮盖,此灯的上部和下部均清晰露在外边,若是被布类物品遮盖,一般会从灯的上边或下边包住灯体而不会两头都露在外边。再者用布遮盖能显现出栀子灯上窄下宽的形体轮廓和布类的褶皱条纹,这些特征画面上均无表现。对照《都城纪胜·酒肆》记载"必用箬盖盖之,以为记认"[7]之说法,该栀子灯也不像用"箬盖"遮盖的样子。"箬"即箬竹,系生长于中国南方的一种禾本科、箬竹属植物。其叶较宽,可编制斗笠或蓑衣,其干很细亦可用于编制用具。用箬竹编制的东西比较粗糙,柔软性较差,其表面会有很多编织线条痕迹,但图中被遮盖的栀子灯外表并无编织线条显现,因在北方不可能是被"箬盖盖之"。

经笔者鉴别,此灯所谓被遮盖的部分界限模糊,栀子灯上边的空白处实际上是由于画卷残损所形成的空白模糊图像,并非人为遮盖所致。(图6)如果将这盏模糊的栀子灯复原,从其上下清晰

的轮廓来推测,它应当是和画卷中第一盏灯完全相同而没有被遮盖的栀子灯。其实酒楼第四盏灯也有一些模糊之处,其原因亦是画卷残损所致。既然这两个灯都不是秘密标记之灯,孙羊正店藏有娼妓就陪之说也就难于成立。

虽然北宋东京城当时有妓女和妓院存在,但对这座酒楼而言,以被遮盖的栀子灯为根据说该酒店有娼妓就陪,可能是被冤枉了,理当予以"平反"。但本论点旨在说以被遮盖的栀子灯来证明该酒店有娼妓就陪立论不当,鉴于当时京城酒店普遍流行娼妓就陪风俗,也不完全排除孙羊正店内有娼妓的可能性。在楼上左边的房间里有一背对着画面的红衣女子,该房间部分被彩欢支架遮挡。按当时社会风俗,一般女子是不会单独进入酒店的,若此女子仅是一人在房间等候,则似有等待接客之嫌。笔者以为此女披头散发、衣服臃肿似乎不像乔装打扮、花枝招展的妓女,该女左肩上搭有一布条,似是擦桌子抹布,其身份更像一位专职打扫卫生的服务员。当然这也是一种猜测,北宋时期有无女服务员笔者尚且不知,但此女着装平凡、面壁而立,其妓女身份的确值得怀疑。(图7)

图6　被遮盖之栀子灯实际上是画面残损所致

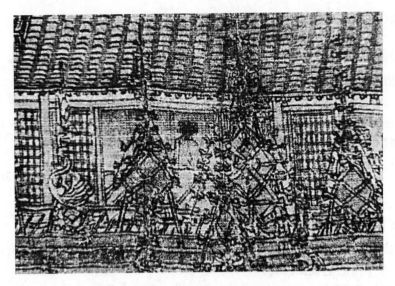

图7　香丰正店楼上的红衣女子

关于香丰正店酒楼旁边卖羊肉的小店，故宫余辉先生也认为"孙羊店"的旗招就是这个羊肉店的旗招，并且认为这个羊肉店是孙记正店(香丰正店)的一部分。[8]前文已述，说它们是归同一家所属并不确切。

在这个羊肉店的屋檐下，还有一块标牌，上面写着四个字。余辉先生认为这是"□斤六十足"，意思是说每斤羊肉六十文钱。[9]余先生引用北京大学宋史学家邓小楠的研究成果认为其中的"足"字是北宋钱贯的"足陌"之"足"，意即每一贯钱应为一千文。相对应的是"省陌"，即每一贯钱只有七百七十文。"省陌"是北宋克扣军饷后流通到市场上的钱贯通例，若按此付款一斤羊肉只需付四十多文，因此店主强调必须按"足陌"付款，支付六十文。

笔者认为，这四个字应为"斤两十足"(赵广超先生亦有此见[10])，此标牌上"斤"字后边关键的一个字应是"两"字而不是"六"字。"斤两十足"是店主向顾客标明他卖的肉是"足斤足两"，是一种诚信的许诺。从该字的框架来看，在一横下边的两点不是"八"字形，实际上是垂直的两竖划构成的一个"门"字框，这个字应是"两"字的结构，只不过是框内少两个"人"字。"斤两十足"是民间买卖比较通用的词汇，而"斤六十足"则是令人费解的词汇。"足陌"是一个完整不可分割的词，正如"足球"不能简称"足"一样，"足陌"也不能简称"足"。没有后边的"陌"字，单独写一个"足"字就变成了读不懂的语句。在"斤六十"后边只加一个"足"字，很容易使人把"十"和"足"联系起来而成为"十足"之意。从语句的构造来讲，若真要表达按"足陌"支付之意，应将"足陌"二字放在前边改为"足陌斤六十文"才比较合适，若省去"陌"字，应是"足斤六十"而不会是"斤六十足"，因此说将最后的"足"字解释为按"足陌"收费似乎有些牵强。(图8)

疑似羊肉

图8　斤两十足标牌

再者，余先生在"斤六十足"前边加了一个"□"字，似在说明，"斤"字前边还应有一个字，笔者认为这个多余的字并不存在，"斤两十足"是一个完整的词组，前边加字实属多余。

对此羊肉店，唐山常庄泥塑园将其改为卖猪肉的店，案板上明显放着半扇猪肉，旁边还有一个猪头。笔者认为画卷中案板上的肉样子和挂着的肉块体量均比较小，还是羊肉店的说法比较确切一些。

最后顺便说一下羊肉店前的一群人，有学者认为此处是一个说书场面，其实不然。说书是一种耗时很长的连贯性活动，说一本演义故事至少要数日才能讲完。尽管羊肉店老板比较大方允许其在门前开讲，说书者也不能整日赖着不走。再者听众也不可能一直站着听说书，即便是临时说书场，一般也有凉棚和凳子。这种场合多是江湖艺人临时在此卖艺或卖骨伤膏药、大力丸之类的场所，多数是打一枪换一个地方，故而店内老板方能容其聚众堵门。

参考文献：

[1] 杨庆化：《为〈清明上河图〉中一座大酒楼正名》，汴梁晚报，2015 年 7 月 11 日。
[2] 周罗吉、周罗力：《清明上河图里的故事》，内蒙古人民出版社，2011 年 2 月出版。
[3] 徐邦达：《清明上河图的初步研究》，《故宫博物院院刊》1958 年第 1 期。
[4] 博三（韩顺发）：《浅议〈清明上河图〉中的孙羊正店》，《开封文博》2014 年。
[5] 〔宋〕孟元老：东京梦华录注（邓之诚注），北京：中华书局，1982 年。
[6] 韩顺发：《〈清明上河图〉中的酒店》，《河南大学学报》1986 年第 4 期。
[7] 《南宋古迹考》，浙江人民出版社，1983 年。
[8] 余辉：《张择端〈清明上河图〉导览》，北京大学出版社，2015 年 9 月。
[9] 余晖：《隐忧与曲谏——〈清明上河图〉解码录》，北京大学出版社，2015 年 7 月。
[10] 赵广超：《笔记清明上河图》，香港生活.读书.新知 三联书店，2005 年。

（上接 57 页）

该报告呈递后中南军政委员会于 1952 年 8 月 18 日知照："同意河南省决定，从开封市迁郑州市。"并转报中央。

1952 年 9 月 19 日中央人民政府政务院复函，"同意河南省会迁址"。迁址报告前后仅有一个月又十一天，即得到中央批复，工作效率可谓神速，本该如期完成，但由于开展三反运动等一直延迟到 1954 年 10 月。据河南日报 1954 年 11 月 1 日报道："我省省会由开封迁移郑州，省级领导机关均已 10 月 30 日迁郑办公。"部分省直事业单位陆续迁移。

开封作为河南省会的时间为 1291—1954 年共为 663 年。

参考文献：

[1] 汉·蔡邕：《独断》。
[2] 《大唐元典》卷一。
[3] 《新唐书·百官志》。
[4] 许有壬：《河南省左右赞治堂记》引自（明）李濂《汴京遗迹志》。
[5] 《资治通鉴》一百八十九卷武德四年。
[6] 《金史·百官志九》。
[7] 《元史·百官志七》卷九十一，志第四十（上）。
[8] 奥鲁，蒙古语，元代官名，指专管辎重后勤事务的官。见刘正谈等编《汉语外来语词词典》，上海辞书出版社，1984 年。
[9] 《元史·地理志》。

对《清明上河图》的几点浅见（下）

苗润昌

内容摘要：《清明上河图》这幅由北宋绘画大师张择端精心创作的传世佳作，不但是我国八百多年来被公认的"中华第一神品"的艺术瑰宝，同时也是全世界文化艺术画廊中的珍品。但在对该图的研究中，出现各种不同的错误观点，直接影响对该图的正确理解，值得我们认真地深入探讨和商榷。

关键词：四个阶段　共识与分歧　视图方位　节令　城楼　扫墓归来　香□正店

门与楼

在有关《清明上河图》的研究中，对图中汴河南岸的一座高大建筑——街楼，也存在着不同的理解。不少研究者把这个"街楼"当作了"城门楼"来理解，并且还认为是"象征里城的一座城门楼"，这仍是由于对视图方位的错位，进而对"街楼"所产生的错误认识。我们仍以包先生的"图说"为例：

> 虹桥之外，全画又一重笔描绘的高大建筑，是巍峨壮观的城楼，这也是城市闹市区与一般交易区的分水岭。宋代东京城有里城（旧城、内城）、外城之分，里城建于唐代，外城建于五代后周。外城新建后，里城防御外敌的功能作用基本失去，因此不被宋廷重视，图中的城楼，应为象征里城的一座城门楼，楼下的土墙象征里城的残迹。

不难看出，"图说"之所以把这座"街楼"当作"城门楼"，就是源于"全图从东京郊外农村绘起，经过繁忙的汴河码头，进入热闹的市区街道，使人们看到城乡之间密切的生活联系"。这种由东向西、由东京城外画到东京城内的错误视图角度，直接导致对图中的"高大建筑，是巍峨壮观的城楼"出现了错误观点，特别是还果断地做出"应为象征里城的一座城门楼"的错误结论。此城门楼是里城的哪一座"城门楼"呢？"图说"者并未点明。汴河是从里城的东南门——旧宋门（丽景门）南的汴河东水门流向外城而又出外城的，从里城旧宋门东水门至外城的汴河下水门，距离不下五里，虹桥在外城东七里，这样一算从里城旧宋门至城外虹桥至少有十余里，可是图中的"城门楼"在汴河南岸仅有百米之遥，这与里城的一座城门怎能扯在一起呢？不错，艺术可以夸张，但不能凭空捏造，更不能张冠李戴，必须以现实生活为创作的前提。

对于"图说""城门楼"的观点，不论从建筑法式和其所处的位置，还是"应象征里城的一座城门楼"的看法，都是值得商榷的。一、建筑法式：凡是城门楼都应是在城墙的断开处建城门楼；城门楼的两侧，均应连接城墙；城门楼里侧两边应建有"马道"，便于卫兵上下城楼执勤，更是为文武官员乘轿骑马便于视察工作；再者，城门楼下必须有城门，而图中所绘的这座所谓"城门楼"的高大建筑：1.没有城门；2.城门楼两侧均未连接城墙，而是独立存在；3.城门楼两侧不是马道，则是层层阶梯。二、城门楼的位置：从图中我们可以清楚地知道，它位于汴河虹桥南桥头之南约百米左右的大路上，虹桥在外城以东七里，如何会有城门楼？三、里城的城门楼：里城是在外城的里面故称里城，在外城以东七里之遥的虹桥码头，怎能有里城的城门楼？四、"象征里城的残迹"的说法，更加显得牵强。《东京梦华录》卷之一·"旧京城"条有明确记载，直到北宋灭亡前，东京城的里城东、西、南、北四面有十个城门两个水门，都完整无缺并没有"不被宋廷重视"的历史文献记载。特别是在南宋初期，派往去金国办理公务的出使官员，如范成大、朱弁等人，他们不论进东京城或出东京城，都只走宋门而不走其他门。尤其是南宋文学家朱弁，以太学生擢任通问副使赴金，不屈于金人的诱迫，被扣留于开封十六载而归，离开时仍是出的宋门。这就足以证实"象征里城的残迹"的观点是错误的，把汴河虹桥以南的"街楼""应为里城的一座城门楼"的结论，是不能成立的。

究竟这个高大的街楼是个什么建筑呢？孟元老所撰的《东京梦华录》卷之三·"防火"条的记载，可以做出明确的回答：

> 每坊巷三百步许，有军巡铺屋一所，铺兵五人，夜间巡警收领公事。又于高处砖砌望火楼，楼上有人卓望，下有官屋数间，屯驻官兵百

余人。及有救火家事(什),谓如:大小桶、洒子、麻搭、斧锯、梯子、火叉、大索、铁锚儿之类。每遇有遗火去处,则有马军奔报军厢主、马步军殿前三衙、开封府、各领军级扑灭,不劳百姓。

画中所绘的高大街楼,就是画家用夸张的艺术手法所表现出来的"砖砌望火楼",在楼上的东南角栏杆旁"有人卓望"的画面,与孟元老的记载完全吻合。《东京梦华录》为《清明上河图》作了文字注解,反之,《清明上河图》也为《东京梦华录》作了具体的形象图识。前文已经说过,张择端大师选择汴河虹桥码头这一"平台",将东京城城市商业繁华市容与城外郊野民风面貌有机地组合在一起,全面立体地呈现在人们面前,这足以表明艺术大师对生活观察之细微,严格遵照生活真实场景,准确生动并高度概括的绘画技能,达到现实主义创作的意图。尤其是艺术大师将"望火楼"置于人口稠密、店铺集中、居民住户紧连的繁华街道上,是极其睿智的构思。再者,从构图的角度来审视,作者以高大建筑"望火楼"与横跨汴河的虹桥相映衬,使画图整体画面的景物高低相间、疏密有致、远近分明、上下紧凑而有序地铺展开来,充分显示出大师画技之高超,不愧为"天下第一神品"。

扫墓归来

《图说"清明上河图"》作者,为了能较清晰地对《清明上河图》作一全面、深入的解析,特意对《清明上河图》中的人物活动,共"抠"出 35 个图像加以重点解读,其中第 34 个图像,是在虹桥西北方向(卷首部位),一条小路上,前有二人抬小轿一顶,后有骑马者及其扛长杆、挑盒盘的一行人迎面走来的图像,在此画面下边有"图说"者的注释:

扫墓归来:一行人由童仆蹦跳着开路,夫人坐轿,官人骑马似是扫墓归来。

"图说"认为这一队行人是从郊外"扫墓归来"在回家的途中,这是对《清明上河图》的又一个误解,仍然是由于颠倒了视图方位所造成的。按照"图说"者面北背南的视角,这一队人是从东向西,也就是说从城外向城内走来,是在城外扫墓后返家途中。其实,恰恰相反,这一队人是从西向东刚刚出城来到郊外,这是第一;第二,在三岔路口处,队前一人正在向其左前方路边的一位路人问路,他高举右手,似在问:"向虹桥去,是往南这条路吗?"前面路人侧身举手似回答:"向南走就是虹桥。"再者,队前的问路者是个成年人,也非"童仆蹦跳着开路"。第三,所谓"夫人坐轿、官人骑马",其观点明显不当。

正如《东京梦华录》"会仙酒楼"条就有"大邸都人风俗奢侈"的记载,所谓"夫人",当是指那些居官者或富家豪贵者,以及绅士名流的妻子才被称为"夫人""太太",他(她)们都是些极讲脸面的人,时时处处都在炫耀自己的荣华富贵。图中的"夫人"乘坐的一顶仅有二人抬的小轿,在轿的前后左右连一个丫鬟或女仆都没有,这完全有失官宦、豪贵人家"夫人"出门的威仪,坐这样的二人抬小轿,充其量只能是"小康"之家的女眷。再说"官人骑马",宋代官员出外时穿戴是有严格品位等级制度的,所有大小官员凡出门都要穿戴官服,不论是骑马或坐轿,鞍前马后,轿左轿右都有警卫人员随从护卫。我们看图中的"官员",头上戴的是尖顶宽沿儿的遮阳斗笠,身穿广领宽袖布衣,其坐骑前后仅有几个随从仆人,很显然骑马者不是"官人"身份。第四,"扫墓归来",这是"图说"者关键着眼点。之所以把这一图像理解成"扫墓归来",首先,在于把《清明上河图》理解为春天的"清明节";其次,是"图说"者看到"夫人"所乘二人抬小轿顶上插有花枝,便与《东京梦华录》卷之七"清明节"条中一句"轿子即以杨柳杂花装簇顶上"文字而得到启发,方才做出的结论。我们还是看一看孟元老《东京梦华录》"清明节"条的原文是怎样记述北宋东京城"清明节"扫墓盛况的(节录):

卷之七

清明节

……寒食第三节(日),即清明日(节)矣。凡新(祖)坟皆用此日拜扫,都城人出郊。禁中前半月,发宫人车马朝陵,宗室、南班、近亲,亦分遣诣诸陵坟享祀。……亦禁中出车马,诣奉先寺道者院,祀诸宫人坟,莫非金装绀幰,锦额珠帘,绣扇双遮,纱笼前导,士庶阗塞诸门。

纸马铺皆于当街用纸衮叠成楼阁之状。四野如市。

……都城之歌儿舞女,遍满园亭,抵暮而归。各携枣𥽛固、炊饼、黄胖、掉刀、名花、异果、山亭、戏具、鸭卵、鸡雏,谓之:门外土仪。轿子,即以杨柳、杂花装簇顶上,四垂遮映。

自此三日,皆出城上坟,但一百五日最盛。……

我们再看看《清明上河图》上,在"清明节"日有"禁中出车马,诣奉先寺道者院,祀诸宫人坟"浩浩荡荡的场面吗?城内"士庶"百姓观看皇家祭祀车马队伍而"阗塞诸门"的景观吗?再者,大街两旁也没有"纸马铺"在"当街用纸滚叠成楼阁之状"的社火店铺的摊位，更看不到"清明节"出城祭祖扫墓的人群，在都城外出现前拥后挤"四野如市"的壮观画面。《清明上河图》所表现的仅有一顶插有花枝的二人抬小轿，与《东京梦华录》所记"清明节"祭扫场面无法相提并论，更没有"扫墓归来"所呈现的气氛。另外，从时间上说，《清明上河图》所展示的时间当是上午辰末巳初（上午 8~10 点钟），而非是夕阳西下的申末酉初（下午 4~6 点钟）"扫墓归来"的光景。总之，图中坐轿骑马的一队人，是从西向东走来，刚刚出城的商人或平民百姓，雇顶二人抬小轿，带着家眷和伙计到城外乡下探亲访友的举动，是较符合画的本意的。《清明上河图》是一幅反映北宋都城民间社会风俗图画，从图中所表现的人物与各个事物来看，作者并没有表现官府的意图，这正是张择端大师现实主义伟大创作的思想境界，自然会受到从古至今历朝历代各阶层人们的尊崇与爱戴。

香□正店

最近，在《开封文博》杂志上有《清明上河图》研究的专家学者，对《清明上河图》中那座酒楼——"香□正店"，进行了激烈的辩论。一方认为，在长时间的观察研究中，通过对"香"字下那个不完整的字（被图中的一个人挡住），对其笔画的局部进行研究之后，认为应是个"丰（豊）字"，为该酒店的店名"正名"为"香丰正店"。另一方则认为：图中"孙羊店"店招上的三个字，不应是姓孙的人开的羊肉店，而应是姓"孙羊"的人开的店。尽管双方争论比较激烈，但笔者认为：争论者都没有将《清明上河图》看清楚，而进行了一场"辩论"。

第一，辩论者把图的方位看颠倒了，明明虹桥是南北架于汴河之上，马路是南北走向，而改变为东西走向，"香□正店"在图中是位于街西门朝东，而说成在街北侧门朝南了。故而，就有"'孙羊店'只能是'香丰正店'西邻的那家小店，不但解释得通，语意也通"的错误表述。

第二，关于"孙羊店"的辩论，也是没有把图看清楚所引起的。"香□正店"酒楼为了宣传自己，不但在酒楼大门的门柱两侧对称地吊有"香□""正店"两块灯箱式大招牌，同时，还在酒楼的二楼走廊下的一根立柱上，捆绑上一根长杆，伸到酒楼前半空中，悬挂出又宽又长带有装饰图案的店招旗，上面大书"孙羊店"三字。如此张扬店主仍不罢休，在酒店大门里侧，又是靠左侧的楼柱上挂有只显"孙羊"二字（又有人将"店"挡住了）的招牌，它应该是与"店招"上的三个字相一致的。总之，这家酒楼正店在其店外、店内、店左、店

右，共有三块招牌一个店招，根本不涉及左邻右舍的生意门店，更与店前当街的棚摊小贩无关。

第三，关于"香□正店"酒楼所挂的三个店名标帜，也应该有所正确理解。它不能看作是姓孙的人开的羊肉店，也不应认为店主人姓孙羊，店的正名就是"香?正店"无可置疑。但为什么张择端却又故意将店名被人挡住一个字呢？这正是严谨的作画态度。在实际生活中，文献记载北宋东京城有正店大酒楼七十二家，都是设在里城中和外城以内，当时未有一家开在城东七里，一年只有二百天左右生意繁忙日子的虹桥码头之上，该画藉助于虹桥码头这个"平台"，展示出东京城的繁华盛景，在画中特意将东京城内高大的正店酒楼，在画图中突出地显示出来，以充实画的内容无可厚非。如果把当时七十二家正店的任何一家店名写上，绝对有失生活的真实而被人所诉；但如果画上写成假店名，也会招来无中生有杜撰涂鸦而遭人齿冷。故而，采用既符合生活真实又符合艺术表现手法的绘画技巧，显示出其高超的智慧。

第四，对于一店双名的问题。一店双名在宋代的东京城内屡见不鲜。《东京梦华录》记载一店双名的酒楼就有多家，如卷之二·"潘楼东街巷"条中，就有"土市子北去，乃马行街也。……近北，街曰：杨楼街。东曰：庄楼，今改作和乐楼，楼下乃马市也。近北，曰：任店，今改作欣乐楼，对门马铛家羹店。"尤其是该卷之"酒楼"条中，对马行街西，大货行街内的"白矾楼后改为丰乐楼"，作了重点记载："宣和间更修三层相高，五楼相向，各有飞桥栏槛，明暗相通，珠帘绣额，灯烛晃耀。……不以风雨寒暑，白昼通夜，骈阗如此。"由此可见不少大酒楼正店，都是一店双名，况且，其店的正名还没有当初开小饭店时的俗名更有影响力。比如丰乐楼的店主，就曾是卖白矾起家，在宣和年间才建起了"三层相高，五楼相向"的"丰乐楼"，但人们仍称呼它为"白矾楼"。更值得一提的是，现在开封市仿建的宋代"御街"中，在街北端路西有一座仿古建筑，就是按照《东京梦华录》的记载所仿建的"丰乐楼"，可是在其新建的"丰乐楼"正面顶端，确悬有蓝底金字的"礬楼"二字招牌，并未见有"丰乐楼"的牌匾。由此可见八百多年后的开封人，还是把"丰乐楼"叫作"礬楼"，这就是"俗名"所具有的影响力和生命力。《清明上河图》中"香□正店"之所以在店内、店外高悬"孙羊店"的招牌和店招，反映出民风民俗现实主义写真手法，是完全可以理解的，无需为古人的艺术作品劳心费力搞"正名"。

包公家训与孝肃家风

李良学

内容摘要：在我国优秀的传统文化中，家训、家风一枝独秀，影响深远。本文对历史名人包拯的《家训》以及"孝肃家风"予以论述，旨在弘扬中华民族的传统美德，为现代社会的优良家风建设提供借鉴。

关键词：家训　孝肃家风　反贪倡廉

包公，名拯，字希仁，谥号"孝肃"，是我国北宋时期著名的政治经济改革家和清官。他在京师开封做官15年，曾担任开封府尹、御史中丞、知谏院、三司使和枢密副使等重要官职。包公刚正不阿、铁面无私，五弹国丈张尧佐、七弹大贪官王逵，震动朝野。同时，包公还特立独行，订立了一则反贪倡廉的《家训》，严厉训诫其子孙，从政须廉洁奉公，绝对不许贪赃枉法，否则将开除族籍。其后代子孙以孝为本，恪守《家训》，身体力行，逐渐形成了名闻遐迩的"孝肃家风"，至今仍为人们所传颂。

一、反贪倡廉

包公居官最突出的特点是廉政与反贪。宋仁宗皇祐三年（1051年），包公53岁，仍在朝廷担任谏院长官，负有向皇帝进谏和纠察百官过失之职责。他给皇帝上了一道奏章，即《乞不用赃吏疏》。其中名句是："廉者，民之表也；贪者，民之贼也"。[1]其大意是：一个官员廉洁奉公，就是百姓的表率，就能造福一方，为国家赢得民心。反之，如果贪赃枉法，他就是独夫民贼，使国家丧失民心，导致败亡。包公在此疏中要求朝廷从重从快惩罚贪官，决不轻贷。即"此辈既犯赃滥，祇可放令逐便，不可复以官爵"。他还强调，即使遇到朝廷大赦，也不要启用这种害民贼，即"永不录用"。可见，包公对贪官污吏是何等深恶痛绝，其反贪倡廉的决心又是何等坚定。

俗语云"正人先正己"，"打铁还需自身硬"。那么，包公如此大张旗鼓地反贪倡廉，他本人能否以身作则，率先垂范呢？其实，他早已为自己做人做官安排好了"座右铭"。

宋仁宗景祐四年（1037），包公在家尽孝10年之后赴京复官前，写了一首《明志诗》，开篇两句就是"清心为治本，直道是身谋"。[2]他要清心寡欲以修身，正道直行以处世，做一个好人和清官。包公

一生都在践行自己的诺言。如，他任知端州（今广东肇庆市）三年，奉公守法，为百姓挖井、办书院，做了许多好事。端州出产端砚，极为名贵，每年向朝廷进贡一定数额。从前的端州长官往往多征收几十倍的砚台，以馈赠权贵，希图升官发财，砚工苦不堪言。而包公知端州后，只按贡砚数额征收，任何单位和个人均不得加码多收一方砚台，减轻了百姓负担。包公三年任满返京复命时，自己仍无一方端砚。史称其"岁满不持一砚归"，[3]朝野交口称赞。

再如，宋仁宗嘉祐二年（1057），包公权知开封府。旧制，百姓告状不准进大门，只能将状纸交给府吏，听候通知，叫作"牌司"。其间，府吏往往从中营私舞弊，甚至敲诈勒索钱财。包公坚决取缔了"牌司"，彻底改革了诉讼制度，以杜绝府吏从中玩弄手脚，影响公正断案。包公在坐堂日，大开正门，允许百姓直接走向大堂亲自将状纸交给最高长官府尹，并可"面陈冤屈"。[4]当时，京师谚语云："关节不到，有阎罗包老。"[5]他断案公正，"号为明察"，[6]人称"包青天"。这就是包公，一个清正廉明、一心为国为民的真包公。公生廉，廉生威，包公当然敢于大胆反贪倡廉了。

二、订立《家训》

包公不仅自己立朝刚毅，铁面无私，大力反贪倡廉，依法治国，致使"贵戚宦官为之敛手，闻者皆惮之"。[7]而且，他还对其子孙要求十分严格，严得惊世骇俗，严得令人生畏。这就是他订立了一则世所罕见的反贪《家训》。

宋仁宗皇祐三年（1052），包公怒弹国丈张尧佐和两弹宰相宋庠"窃位素餐"[8]之后，认为宋仁宗打击贪官污吏不力，即"忠良介特之士在下既不能进，奸猾苟暴之人居职又不能退"。[9]他一气之下，连上七道奏章，要求辞职外任，史称"七求外

任"。宋仁宗比较开明,包公赌气要走,倒也不生气,还以任期不到为由,一再挽留。然而,包公去意已决,仁宗见留不住了,只好放行,任命包公为龙图阁直学士、河北都转运使(相当于省长)兼高阳关路安抚使(军区司令),特赐三品服。这种封疆大吏,仍然位高权重。此前一段时间,包公反贪十分猛烈,刚直不阿,屡与皇帝面对面论争,几次弄得宋仁宗下不来台。尤其是弹劾国丈张尧佐,包公怒不可遏,指责仁宗"私昵后宫",[10]即用人唯亲,说到激愤时,竟将唾沫星子喷了皇帝一脸。那么,宋仁宗为什么不处分包公,反而还要重用呢?因为他认为朝廷离不了包公。我们看宋仁宗对包公的评价:"卿风力峻明,气怀端量。伏谏于陛之忠;秉宪于朝,一屏奸邪之气。"[11]

原来,宋仁宗以为包公直言敢谏是忠于朝廷,正气凛然,可以"一屏奸邪之气",肃正朝纲。

包公要出京赴任了,临行之前又做了一件振聋发聩之事,这就是订立《家训》。他借此再次表明了自己反贪倡廉的决心,以及与贪官污吏泾渭分明、势不两立的态度。

包公的《家训》内容如下:

> 后世子孙仕宦有犯赃滥者,不得放归本家;亡殁之后,不得葬于大茔之中。不从吾志,非吾子孙。[12]

这则《家训》的大意是:包公的后世子孙做官,若有贪赃枉法者,不准其再回家来,等于扫地出门了;死亡之后,也不能葬于包家坟茔之中,即不准其入葬祖坟,等于开除了族籍。不按《家训》行事,包公就不承认其为自己的子孙。这在古代可以说是最严厉不过的家训了。包公真是疾恶如仇,治家之严由此可见。

在我国古代,非常重视家教,名门望族或者社会贤达人士大都订有家训、家规及戒子孙书。其内容多为修身养性、行善积德,如忠孝传家、耕读传家、勤俭持家、乐善好施等,形成了一种家族文化,内容积极向上,纯系正能量。它是我国传统文化中的一枝奇葩,是整个社会文明的组成部分。如,三国诸葛亮的《诫子书》云"非淡泊无以明志,非宁静无以致远"。宋代司马光的《温公家训》中"积金以遗子孙,子孙未必能守。不如积德于冥冥之间,以为子孙长久之计"。再如,北宋名相范仲淹的《家训百字铭》中"立身莫歪,子孙看样。耕读莫懒,起家之本","积德深厚,子孙昌隆"等等。范仲淹不但忧国忧民,而且还是其家训中"积德行善"、"乐善好施"的表率。

他在苏州有一处宅院,有高人看后说是风水宝地,后代子孙可以昌盛。范仲淹便将其改建为一所学校,让百姓子弟上学深造,将来共同昌盛。这些家训对我国古代的文明建设起到了积极有益的作用,无疑是一笔宝贵的精神财富。

再说包公《家训》,它独特就独特在训诫子孙如何做官上,重点是反贪,而反贪必倡廉。所以,有人说它是反贪倡廉《家训》。这在古今众多家训中,的确是别树一帜。同时,它也更加证明历史上的包公,确是一个治国理政的清官、好官,在政治上颇有远见卓识,非同凡响。反贪倡廉是一种廉政文化,即以"廉政从政或廉洁政治"为内涵的文化。反贪倡廉关系到一个国家的生死存亡,所以古今中外的所有国家政权都非常重视,无不大力倡导,旨在遏制官员腐败而希望国家长治久安。所谓"国无德不兴,人无德不立","廉则兴,腐则败","治国先治吏"等,很有道理,它反映了一条国家兴亡的历史规律。包公的《家训》之所以光芒四射、历久弥新,其深刻意义就在这里。

包公做事十分严肃认真,从不轻描淡写。他立《家训》不止于写在纸上,而且还"仰珙刊石,竖于堂屋东壁,以诏后世"。[13]即立碑刻石,竖于正房的东墙上,永远警示后人。包公在开封做官,其宅院在大相国寺西侧同里巷附近,恰好处在隋、唐和北宋时期的大运河开封段北岸。包公的《家训》影响巨大,在宋代就已经传扬天下,令官员望而生畏。同时,其子孙也都是好后代,始终恪守《家训》,为官清廉,爱国爱民,形成了传颂千载的孝肃家风,影响深远。

三、孝肃家风

包公于宋仁宗嘉祐七年(1062)在开封逝世。仁宗皇帝辍视朝一日,亲至其家吊唁,"惨怆(chuang)久之,谕左右曰:'包拯公而忘私,不邀阴幸也'[14]"。包拯的灵柩先陪葬于巩县宋陵,次年八月迁葬于故乡合肥。包家是名门望族,现在其家乡合肥包公镇大小包村尚有后裔600余人,加上先后迁移浙江宁波、河南、江苏以及海外的包氏余脉,大约有1000人。包氏有家谱,一直传承有序。孝肃家风的内涵非常丰富,现摘要加以论述。

1.仁孝之家

包公去世之后,朝廷谥号"孝肃",说明孝是包公第一个优良品德。文坛领袖欧阳修曾赞扬包公"少有孝行,闻于乡里;晚有直节,著在朝廷"。[15]

那么，包公是如何孝亲而为子孙做出榜样的呢？

包公以孝为本，认为孝义高于一切，不孝之人禽兽不如，更无以为国。他有个理论"先尽孝后尽忠"。即先在家为父母尽孝而后为国家尽忠，其本人就是这样做的。他品学兼优，为了照顾父母，迟迟不参加科举考试，29岁才中进士，已经晚了大约十年。包公是甲科进士，朝廷授官建昌知县，后应其请求改为距合肥较近的和州监税（仍为县级长官）。后因父母不愿离开故土，包公毅然弃官尽孝，"屏居乡里，侍养双亲"，长达十年之久。待父母相继宾天，他又庐墓终丧，即在墓旁搭个小屋，守孝三年，人称"墓旁孝子"。包公是天圣五年（1027）进士，此时已到景祐四年（1037），他已经39岁，才进京复官，开始为国家尽忠效力。史称包公"竭力于亲，尽瘁于君"，[16] 是北宋忠孝双全的典范。

上行下效，包公的后代子孙也都贤良仁孝，好评如潮。同时，包公还有个孝顺的儿媳妇崔氏，史称"节妇"。后来阴差阳错地传说为包公的"嫂娘"了，真是大错特错。原来包公的长子包繶英年早逝，其妻崔氏21岁而寡，宁死不再嫁人，"尽志于孝养"[17]公婆（即包公夫妇）。后来包公的媵妾孙氏生下次子包绶，是由崔氏一手抚养长大的。故包绶一直称其大嫂崔氏为"嫂娘"，"以母礼视之"，而不是包公的什么"嫂娘"。崔氏因此几次受到朝廷表彰，封为永嘉郡君。其诏书是翰林学士苏轼所写。其中讲到"使我嘉祐名臣（指包公）之后，有立于世，惟尔之功"。[18]包绶对其生母孙氏和"嫂娘"都极尽孝道，勤于奉养，守孝终丧，人称其孝。

包公之孙包永年，字延之，是包繶之妻崔氏过继的族子。他对养母崔氏、生母萧氏皆"朝昏侍奉"，待其先后去世，又都"居丧如礼"，守孝三年，"乡间称其孝"。[19]包公其他孙子，如包康年、包耆年、包彭年、包景年，"皆有学问"，仁孝传家，深受好评。

2.廉政之家

包公一生勤俭持家，廉洁奉公，爱民恤民，堪称楷模。他去世后，皇帝驾幸其家吊唁，发现"衣服、器用、饮食如布衣时"，[20]跟普通百姓家一样，史称其"居家俭约"。[21]

包公之子包绶，初任濠州团练判官，"奉公守法，卓有盛誉"，"秩满解官，人称廉洁，思惠爱，异口一词"。[22]包绶后来官至潭州（长沙）通判，乘船上任到黄州时，得病十余日去世。随从打开其行李箱，除了"诰轴著述外，无毫发积为后日计者"，即没有积攒一点儿钱财。时人评曰："盖知公（指包

绶）生平清苦守节，廉白是务，罕有伦比。孝肃以清白劲正光于青史，公可谓能克家者，孝肃之风至于公而益炽也。"[23]就是说，包公的廉政家风由包绶发扬光大了。

包公之孙包永年，曾先后担任开封府咸平（今通许县）主簿和鄂州崇阳县令。他"廉勤自守，蔚有政声，吏民爱思"。人称"包公之后信乎有是贤孙也"。[24]

3.民本思想

孝肃家风还有个突出的特点就是浓厚的民本思想，即"以民为本，宽民利国"。包公做官将"民为国本"[25]看得极其重要，多次上书要求朝廷恤民爱民，复苏民力，以期国泰民安。这也是他受到百姓爱戴的重要原因。包公当地方官也好，在朝廷当三司使也好，在制订和推行政策方面，非常强调利国利民和减税救灾，提高百姓的生产积极性，早日实现国富民强。包公将这种爱国爱民的民本思想也遗传给了后代子孙，成为孝肃家风的一项重要内容。

因篇幅所限，包公其他历代子孙就不一一介绍了。本节专门讲述"孝肃家风"的守卫者与躬身力行者，近代相当有影响的风云人物之一包玉刚。

据宁波天一阁藏《镇海横河堰包氏宗谱》记载，包玉刚系包拯29代孙。包玉刚是香港巨富，还有英国籍，号称世界船王，拥有数亿资产。但他与父亲包兆龙身上仍有包公"孝亲"和"民本思想"的基因。中国人有个传统，叫"叶落归根"。包兆龙父子没有数典忘祖。中国是他的根，宁波是他的故乡，合肥是他的祖籍。他们仍是包公的后代。包兆龙也写有一则《家训》，共12个字，即"叶落归根，热爱祖国，建设家乡"，刻石立于合肥包兆龙铜像旁。包玉刚非常仁孝、廉洁和爱国爱民，酷似其先祖包公。几十年来，包玉刚回国探亲和祭祖，慷慨捐资，做了许多利国利民的好事，亲自谱写了"孝肃家风"的新篇章。

在包公后裔中，包玉刚属于迁移到宁波的一支。他是宁波钟包村人。1984年回故乡探亲祭祖，看到自己读书的小学校仍无起色，宁波教育还相当落后，便捐资为村里建了一所小学，一座医院，修了一条公路。后来，他还先后捐资2000万美元建了一所综合性宁波大学，捐资600万元人民币建宁波大学图书馆，捐资500万元人民币建宁波大学体育中心，还捐资1000万元人民币兴建宁波第二人民医院住院大楼。

（下转第42页）

试论五代时期里坊制度的崩溃

李合群

内容摘要：五代时期，由于城市发展、战争破坏等因素，里坊制度走向崩溃，主要以开封、长安、洛阳及南方部分城市为代表。并且，出现了以"厢"来划分城市，开创了宋代城市厢坊制的先河。北宋时期，宋廷在都城开封城曾试图恢复唐代典型的里坊制，为此与"侵街"行为进行了多年斗争，最终无力回天。而以往"北宋里坊制崩溃"诸说，无视北宋初年开封已不存在里坊制之史实，误将当时政府制止"侵街"行为视作为了维护这种制度。

关键词：里坊制度 五代时期 侵街 坊墙 夜禁

唐宋时期，城市由坊市分离的里坊制（或称坊市制）走出开放的街市制，致使城市形态、市民生活等方面发生了历史性变革，堪称一场城市革命。对于里坊制崩溃的进程及时间，中外学者曾从经济史、城市发展史等角度进行过探讨，提出了北宋初年、末年、仁宗庆历、景祐年间诸说。如中国学者贺业钜认为："北宋中叶以来古典市坊规划制度彻底崩溃。"[1] 还有学者认为是在仁宗景祐年间，东京"市坊制度彻底崩溃"。[2] 日本学者加藤繁又认为："唐代的坊制至宋初时也仍在沿用，可以证实在真宗天禧年间还存在，到神宗熙宁年间才开始衰落，直到北宋末年最后崩溃了。"[3] 与上述北宋里坊制崩溃诸说不同的是日本学者梅原郁，他在论述北宋开封城市制度时提出："唐代的坊制，至少其社会风气在五代初期就已经不存在了，宋代的开封，当然从一开始就是不存在这种框子的城市。"[4] 此言只是在文中提及，并未展开论证，亦未引起学术界的重视。通过搜集与研读大量史料，笔者发现，唐代典型的里坊制度在五代时期已经崩溃或消失，北宋初年，政府在都城开封曾试图大力恢复里坊制，并与"侵街"行为大战数个回合，但是终归失败，街市制的洪流已不可逆转。

一、五代后周时期开封里坊制度的崩溃

中国古代里坊制，作为一种城市管理制度，它包含了坊市分离制、坊（市）门昼启夜闭以及宵禁制度等，准确地讲，应称为坊市制度。这是以确保都城（地方城市虽然普遍划分有里坊，但是作为制度执行得并不严格）治安为目的，以牺牲市民的活动自由与生活方便为代价，因此制度的推行需依赖于强有力的政府。在唐代都城长安，借助其统一而强大的王朝力量，里坊制度趋于完备。而五代时期，战乱不断，朝代更替频繁，加之城市经济发展等因素，里坊制度走向崩溃或消亡。

首先看五代时期的开封城。随着大运河的开通，早在隋代，汴州城（今河南开封市）已经向里坊制度提出了挑战。如隋文帝在开皇十五年（595）东封泰山途中经过汴州城，"恶其殷盛，多有奸侠。于是以熙为刺史，下车，禁游食，抑工商。民有向街开门者杜之"。[5] 文中所述的向街开门，正是里坊制度所禁止的，因此遭到打压。至唐代，借助发达的汴河漕运，沿河而立的汴州城的商业十分繁荣，出现了夜市与桥市，如唐诗中即有"水门向晚茶商闹，桥市通宵酒客行"[6]"草市迎江货，津桥税海商"[6] 之句。

后梁、后晋、后汉与后周皆定都开封，因此是探讨五代时期里坊制崩溃的重要代表。后梁时期里坊制还应存在，如梁开平三年（909）"正月敕：兵革方偃，久废燃灯，属在上春，务达阳气，宜于正月上元前后三昼夜，开坊、市门，一任公私燃灯祈福"，[7] 这条诏书是颁布天下的，它允许上元节（元宵节）三夜开放都城开封及地方城市的坊门、市门，让市民观灯，说明平时是夜闭的。并且，在后梁"乾化二年（912）正月，宣：'上元夜，任诸市及坊市各点彩灯，金吾不用禁夜。'近年以来，以都下聚兵太广，未尝令坊市点灯故也"，[8] 可见平时连上元夜亦实行夜禁。这两则史料表明后梁时期，里坊制度仍然存在。

后唐、后晋、后汉时期，有关开封里坊制之状况，目前因史料缺乏而无从探讨。后周时期，经过隋唐以来的不断发展，开封经济已十分繁荣，"而都城因旧，制度未恢，诸卫军营，或多窄隘，百司公署，无处兴修。加以坊市之中，邸店有限，工商外至，络绎无

穷,僦赁之资,添增不定,贫乏之户,供办实艰。而又屋宇交连,街衢湫隘,入夏有暑湿之苦,居常多烟火之忧"。[7]可见城市已拥挤不堪,为此,显德二年(955)四月下诏"宜令所司于京城四面别筑罗城",[7]以扩展城区。并且,在罗城(即外城)之内,明确规定"基标帜内,候官中擘画,定街巷军营、仓场、诸司公廨院,了务,百姓即任营造",[7]表明此新城区是按街巷而非里坊进行规划与建造的。失去坊墙的限定,侵街行为无法阻止。为此,显德三年(956)六月,周世宗再次下诏,规定"其京城内街道阔五十步者,许两边人户各于五步内便种树掘井,修盖凉棚。其三十步以下至二十五步者,各与三步,其次有差"。[7]允许在整个京城大街上种树掘井、修盖凉棚,这是公开认可百姓临街而建,坊墙(如果旧城区还有的话)自然也会失去界定里坊的功能。这种行为若在唐代里坊制度下是明令禁止的,如当时法律即有"诸侵巷街阡陌者,杖七十,若种植垦食者,笞五十"[9]之规定。进而推之,失去了坊墙的约束,后周开封夜禁亦难实行。并且,从上文"加以坊市之中,邸店有限"这句话来看,商业店铺不但开在市内,亦扩展到里坊中,从而冲破了旧有市制的禁锢。

不仅如此,后周世宗还"许京城民环汴栽榆柳,起台榭,以为都会之壮",尤其是大将周景在"距汴流中要起巨楼十二间。方运斤,世宗辇辂过,因问之,知景所造,颇喜,赐酒犒其工,不悟其规利也。景后邀钜货于楼,山积波委,岁入数万计"。[10]宋人王辟之记载为"建楼十三间"。[11]大将周景竟然在临汴河处建造十二(三)间高楼以从事商业活动,并得到皇帝的嘉奖,说明政府对街市制取代旧有市制的认可与鼓励。

五代后周时期的都城开封,经济发展、人口膨胀,客观上要求打破里坊制的枷锁,政府亦顺势而为,促成其崩溃,并开创了街市制之先河。而宋人朱熹无视这种历史必然性,仅仅从治安的角度出发,褒唐而贬五代及宋。他说:"唐……官街皆用墙,居民在墙内,民出入处皆有坊门,坊中甚安。……本朝宫殿街巷京城制度,五代皆因陋就简,所以不佳。"[12]鉴于朱熹在宋代的知名度,此言应有一定的影响力,也应代表了部分宋人的心声。

另外,五代时期开封"厢"的出现,亦值得关注。它始于唐代军队驻地之划分,正如宋人王应麟所说:"左右厢起于唐,本用李靖兵法,诸军各分左右厢统之。"[13]至五代"朱梁以方镇建国,遂以镇兵之制用之京师(开封),京师兵有四厢,而诸军两厢,其

厢使掌城廓烟火之事,而军旅渐有厢军之名",[13]镇兵已开始管理城市烟火之事。后周广顺三年(953)七月丁酉条的一条勅文亦说:"盗贼烟火元系巡镇之司。"[14]为了便于管理,军队随以"厢"作为城区地盘的划分。并且,从后唐明宗天成三年(928)"勅金吾每奏左、右厢内并平安"[7]来看,当时的都城洛阳,其治安亦分属左、右厢进行管理。后唐长兴三年(932)三月又下诏,将改名后的左右羽林,"置四十立为一军,每一军,置都指挥使一人,兼分为左右厢",[7]"厢"的建制进一步完善。后晋都城开封又出现了左厢排阵使、马步军右左厢都指挥使、马步军右厢都指挥使、步军左厢排阵使、马军右厢都指挥使等武官名称,[8]表明以"厢"为单位划分军队的细化。"厢"不仅出现于五代都城,史书中亦有"北京(今河南大名)右厢马军指挥使"[8]之武官名,表明此地武力亦是以"厢"划分。

"厢"的出现,应是五代社会大动乱的产物。因为当时武力决定一切,正如时人所说"天子宁有种耶?兵强马壮者为之尔!"[8]加之,里坊制度崩溃后,市民的活动范围及时间大为增加,相应的治安、诉讼、烟火等事件频发,仅靠赤县难于应对,所以军队管理城市(尤其是都城)当为现实之必然。为了方便管理,将城区以"厢"为单位进行划片,从而为北宋时期普遍推行的厢坊制奠定了基础。

二、五代时期长安、洛阳里坊制度的崩溃

与开封里坊制的崩溃形式不同,长安主要是因城市破坏而消亡的。史料表明,早在唐朝末年,长安即因战火而"宫阙萧条,鞠为茂草矣"。[15]如唐昭宗乾宁三年(896)七月,凤翔节度使李茂真率军攻入长安,"自中和以来所葺宫室、市肆,燔烧俱尽"。[16]元祐元年(904)正月,唐昭宗被劫持到洛阳,"令长安居人按籍迁居",并"毁长安宫室、百司、民间庐舍,取其材,浮渭沿河而下,长安自此遂丘墟矣"。[16]之后,京兆尹韩建"遂去宫城,又去外郭城,重修子城"。[17]可以想见,随着外郭城的毁坏,郭城内原有的坊、市亦会随之消亡。这里用"消亡"二字,只是表达原先的里坊制之不存在,并未让位于街市制,当然,这也可视作广义上的崩溃。

五代时期,国都东移开封与洛阳,长安从此失去国都地位,处于废弃状态,故很少见诸史料记载。但其荒凉景象,后唐诗人张泌在《题华严寺木塔》诗中有所描述:"六街晴色动秋光,雨霁凭高只自伤……回顾汉宫楼阁暮,数声钟楼自微茫。"[6]

北宋时期,关中一带,"民亡储蓄,十室九空"。[18]

而长安更是一蹶不振，十分荒凉，这从北宋人张礼游览长安城的记述中可见一斑。例如他曾站在慈恩寺塔上，"倚塔下瞰曲江宫殿，乐游燕喜之地，皆为野草，不觉有黍离麦秀之感"，[19]又说"因思唐人之居城南者，往往旧迹湮没，无所考求，岂胜遗恨哉！"[19]其荒凉景象，亦促发了一些北宋诗人的黍离之悲，如惠崇《游长安》诗中即有"人游曲江少，草入未央深"[20]之句。如此一座荒城，很难想像还会再推行里坊制度。

再看洛阳，它与长安城相似，唐代末年亦遭到战争破坏，"仅存坏垣而已，全义初至，白骨蔽地，荆棘弥望，居民不满百户"。[16]五代初期，洛阳城"荒凉至甚，才通行径，遍是荆榛"。[21]并且，后唐时期，作为都城的洛阳，夜禁已被破坏。如同光二年(924)八月，"有司上言：'八月二十二日夜，荧惑犯星二度，星周分也，请依法禳之。于京城四门悬东流水一罂，兼令都市严备盗火，止绝夜行'从之"。[8]只有在这种星象出现预示着灾难来临之时，才下令禁止夜行，可见京城洛阳平时不禁。另外，后唐洛阳城还曾进行过改造。如庄宗同光二年(924)八月下诏："在京应有空闲地，任诸色人请射盖造"，结果不久即出现了"诸厢界内，多有人户侵占官街及坊曲内田地，盖造舍屋"[7]的侵街造屋之现象。为此，天成元年(926)四月，又下诏"宜令河南府先分劈出旧日街巷，其城壕许人占射平填，便任盖屋。其城基内旧有巷道处，便为巷道，不得因循，妄有侵射"。[7]诏令允许百姓填埋城池，自行建房，可以想象是难以按照里坊模式的。城内亦有侵街造屋之现象，甚至侵占到天街(御街)之上，对此，后唐明宗长兴二年(931)，左右军巡使上奏提出，"京城应天街内有人户见盖造得屋宇外，此后并不得更有盖造。其诸坊巷道两边，常须通得牛车"，[7]事实上默认了既有侵街之事实，只是要求能通过牛车。不仅如此，政府还允许在洛阳城内空闲田规划营屋，具体做法是"其未曾有盖造处，宜令御史台、两街使、河南府依已前街坊田地，分劈画出大街及逐坊界分，各立坊门，兼挂名额"。[7]在此新规划的居民区里，坊只是作为区域的划分，并特意说要立坊门、书坊名，可见已无坊墙(如果有坊墙，自然要有坊门与坊名)。

五代洛阳里坊制破坏之后，直至北宋亦未恢复。如仁宗皇祐年间，张奎知河南府事，曾对"河南宫阙岁久颇摧圮，奎大加兴葺，又按唐街陌，分榜诸坊"。[18]这也只是将城区以坊来划分，而史料中再未见到坊墙、夜禁的影子。

不仅是里坊，洛阳城墙在北宋也曾处于荒废

状态。如仁宗景祐元年(1034)九月，宰相王曾说："西京水南地理阔远，居民甚多，并无城池，望令渐次修筑。"[22]但是修复效果并不理想，至神宗元丰八年(1085)，司马光仍说洛阳城"卑薄颓缺，犬豕可逾"。[23]

三、五代时期地方城市里坊制度的不复存在

唐代末年的藩镇割据与混战，在摧毁了都城长安与洛阳的同时，地方亦遭破坏，即使是富庶的江淮之间，"及经秦、毕、孙、杨兵火之余"，"东西千里，扫地尽矣"。[16]加之在战乱的大背景下，地方政府应更无力、无暇有效管理城市。因此，五代时期地方城市(上文中的长安，尽管不是五代定都之地，但鉴于其曾作为唐代都城，又是里坊制的代表，故被放入上述都城类探讨)里坊应更难存在。但是，这方面的史料很缺乏，目前能见到的，多是关于南方城市开放市场方面的，不过从中亦可见里坊制的消失。如扬州，早在唐代兴元年间，即出现了"侨寄衣冠及工商等，多侵衢造宅，行旅拥弊"[15]之现象。但是夜禁还是实行的，如诗人温庭筠曾在城中，"醉而犯夜，为虞候所系，败面折齿"。[24]而五代后唐时期的扬州城，已是"都城周围六十余里，四面十八门。南北一连，十字江水穿过。东西十桥，南北六桥。凡一桥上，并是市井。林园地宅连翼甍，战桥楼船窥霅渚"。[25]桥上出现了市井，宣告了旧日封闭的"坊"与"市"的结束，也应是当地唐代"侵衢造宅"的延伸。而至后周显德五年(985)，因"扬州焚荡之后，居民南渡"，[8]遂"筑故城(唐罗城)之东南隅为小城以治之"，[16]城区大为缩小。并且，又进一步"故塞河道，平丘阜，成街市，如开明桥之类，皆因旧徙置"，[26]将河道、山丘也变成了街市空间，可以想见里坊之不存在。

又如紧临长江的润州，南唐时即已出现"淮船分蚁点，江市聚蝇声"[27]之现象，表明市场已外扩至江边，形成"江市"。徐知谔在润州任团练使时，又"作列肆于牙城西，躬自贸易"，[16]市场已扩展到城外。还有南唐寿春城(今安徽寿县)，有位官员姚景曾登上城墙，"见其长子导从甚盛过市，市人废业辟路，景召其子杖之"，[28]可见街市已开在城墙脚下。后汉时期，"兖州有盗者，诈为大官从人，跨驴于衢中，市罗十余匹，价值既定，引物主诣一宅门……"[29]这又是街上开门市(街市)之证。街市的出现，可视为里坊制崩溃的重要表现，因为其直接宣告了坊墙之消失(即使坊墙仍在，也失去了界定里坊之功能)。在开放夜禁方面，有则史料亦值得关注，据《新五代史》记载，南汉刘玢在其父高祖刘龑殡中，还

"衣墨缞与倡女夜行,出入民家",[30]说明南汉都城广州已无夜行之禁。

再看,五代十国中的南平国都城江陵城(今湖北荆州市)。"后梁时高季兴筑(江陵)外郭增广之,后又建八门,环以敌楼六十"[31]"乃增筑西面罗城,备御敌之具",[8]可见,江陵筑罗城,主要用于防御。但是城内却很荒凉,据五代时期敦煌名僧范海印在《诸山圣迹志》中记载:"北行五百里,(至)荆南,城周廿余里,寺院廿余所,僧千余人。街廓严净,坊市清虚,马、猪、犬、牛等坊,并居城外。"[32]从文中的"坊市清虚"来看,旧有的坊、市,已经废弃。

上述的润州、江陵分别提到了城外建市与迁民之现象。这亦见于其他城市,如"宿州自唐以来,罗城狭小,居民多在城外"。[33]城内居民迁往城外,是当时社会战乱的产物,也应是里坊制崩溃的一个因素。因为五代时期,"时天下兵争,凡民居在城外,率居草屋,以成市里,以其价廉功省,猝遇兵火,不至甚伤财,以害其生也",[16]史书又称其为"草市"。这种草市屡见于五代敕令中,且往往与城郭并提。如在后唐天成三年(928)七月的一次有关百姓造曲酿酒的诏令中,即提到"其京都及诸道州府县镇坊界及关城草市"。[7]又如后周广顺二年(952)的敕令:"诸州镇郭,下及草市,见管属省店宅、水硙,委本处常切管勾,其徵纳课利不得亏失。"[7]周世宗显德三年(956)又下诏,"漳河已北州府管界,元是官场粜盐,今后除城郭、草市内仍旧禁法,其乡村……"[7]可见在五代时期城乡分治体制中,草市已经划入城市范围,这主要是政府出于征税的考量。这些城外之区域应是推行街市制,而非封闭的里坊制。但是,囿于史料缺乏,目前尚难对此问题作进一步的探讨。

四、北宋年间宋廷曾力图恢复都城开封里坊制,但终究无力回天

北宋定都开封,沿袭了五代时期的城市格局。但是,面对业已崩溃的里坊制,宋廷并不认可,却要试图大力恢复到像唐长安城那样。首先从法律条文上看,在北宋建立伊始的建隆四年(963)颁布的宋代官方法律《宋刑统》中,有关里坊的规定多是抄袭《唐律疏议》的。诸如"越官府廨垣及坊市垣篱者,杖七十,侵坏者亦如之"[34]"诸犯夜者,笞二十,有故者不坐",[34]以及"诸部内容止他界逃亡、浮浪者,一人里正笞四十,谓经十五日以上者,坊正、村正同里正之罪"。[34]社会上,亦有推崇唐代里坊制的,如宋人名相吕大防,他曾说隋文帝建大

兴城,"虽不能尽循先王之法,然畦分棋布,闾巷皆中绳墨,坊有墉,墉有门,逾亡奸伪,无所容足,而朝廷宫寺,门居市区不复相参,亦一代之精制也。唐人蒙之以治,更数百年不能有改,其功亦岂小哉!"[35]其所赞誉的唐长安街巷整齐划一、里坊安全、官府与坊市互不侵扰,这些优点正是北宋东京城所缺少的。

在现实中,宋廷更是大力制止"侵街"与整顿里坊制度。如早在开宝九年(976)四月,宋太祖"宴从臣于会节园,还经通利坊,以道狭,撤侵街民舍益之"。[36]太宗太平兴国五年(980)七月,"八作使段仁诲部修天驷监,筑垣墙侵景阳门街,上怒令毁之"。[36]同时,宋太宗还大力整顿里坊,如至道元年(995),"诏参知政事张洎改撰京城内外坊名八十余,由是分定布列,始有雍、洛之制云"。[36]宋人宋敏求亦说:"京师街衢,置鼓于小楼上,以警昏晓。太宗时,命张公洎制坊名,列牌于楼上,按唐马周始建议,置冬冬鼓,惟两京有之。"[37]冬冬鼓,在唐代主要是配合坊市门的昼启夜闭制度而设立的。

尽管排列了里坊,设置了冬冬鼓,但是并未阻止住侵街的浪潮,官民斗争还在继续。如宋真宗咸平五年(1002)二月,"京城衢巷狭隘,诏右侍禁阁门祗侯谢德权广之。德权即受诏,则先毁贵要邸舍,群议纷然。有诏止之"。对此,谢德权表达了宁死不奉诏之决心,真宗不得已而从之,接着"德权因条上衢巷广袤及禁鼓昏晓之制,皆复长安旧制,乃诏开封府街司,约远近,置籍立表,令民自今无得侵占"。[36]谢德权所建议的"衢巷广袤及禁鼓昏晓之制"是否实施,不见下文,但是政府确实在京城大街两侧竖立了表木,以作为制止侵街的"红线"。如仁宗天圣二年(1024)六月,"京城民舍侵占街衢者,令开封府榜示,限一岁,依元立表木毁拆"。[36]此后,在仁宗景祐元年(1034)十一月,又"诏:京旧城内侵街民舍在表柱外者,皆毁撤之"。[36]第二年三月丁酉,"又诏开封府,自今旧城内民舍,复有侵街者,令左右军巡街司觉察,仍许人告之"。[36]宋廷的屡次颁诏,正表明侵街浪潮的屡禁不止。于是,最终在徽宗时期,开征"侵街房廊钱",[38]等于承认了其合法性,至此政府试图恢复里坊制的努力宣告彻底失败。宋画《清明上河图》中所描绘的北宋末年开封城繁华的街市,也许正是多年来侵街行为的产物。

这里需要说明的是,"侵街"作为里坊制度崩

溃后的结果,在北宋并非京城开封之个案,尚具有一定的普遍性。如宋太宗淳化年间,柴成务知河中府"府城街陌颇隘狭。……奏撤民庐以广之"。[18]又如大中祥符元年(1008)十一月,真宗在封禅泰山途中经过郓州,问及城中街道狭窄之原因,得到答复是:"徙城之始,衢路显敞。其后守吏增市廊以收课",随即下诏拆除市廊。[36]还有宋仁宗景祐年间,右谏议大夫周湛知襄州,"襄人不善陶瓦,率为竹屋,岁久,侵据官道,檐庑相逼,故火数为害,湛至,度其所侵,悉毁彻之,自是无火患"。[36]而神宗年间李稷任陕西转运使期间,"秦民作舍道傍者,创使纳'侵街钱',一路扰怨"。[18]可见,对于地方城市的侵街行为,或制止或听任其发展以收税,这也是里坊制崩溃后城市管理失控之表现,亦是当时街市制面临的一大难题,值得专门研究。

五、小结

唐代封闭的里坊制度是与市民生活、社会发展背道而驰的,其为街市制所取代乃历史之必然。正好唐之后的五代时期,战乱不断,城市遭到破坏,以及城市经济的发展等因素,促使其迅速走向坟墓。北宋政府试图让其起死回生,但是因为其逆历史潮流而动,难免以失败告终。尽管北宋初年因袭唐代,制定了保护坊市的相关法律,但无异于一纸空文,因为百姓已沿街而居,街市亦普遍出现。政府所为主要是制止侵街行为,至于重新界定里坊名称,恐怕也只是改名及建造报时鼓而已,应是未建坊墙,否则侵街行为不会屡禁不止。

而以往持北宋里坊制崩溃诸位论者,无视北宋建立伊始都城开封已无里坊制度可言这一史实,误将北宋时期官民围绕侵街行为所进行的斗争视作为了维护与破坏里坊制。事实上,这是一种试图恢复旧日的里坊制与继续扩大街市制的斗争,因为侵街本身已经宣告了里坊制的灭亡。

当然,里坊制的推行是需要成本的。例如坊墙,由于为土筑,易被雨水冲倒或者人为破坏,因此需要时常维护。这在史料中有诸多记载,更有为此而诉讼的,如《全唐文》中即有对洛阳县城倒塌的坊墙做出了"垣高不可及肩,版筑何妨当面?"[21]之判决。此外,里坊与夜禁本身也需要大量的管理人员。这些,在统一强大的唐王朝尚可,而在分裂、战乱的五代时期整个城市疏于管理的大背景下,里坊制度自然难以推行。

参考文献:

[1] 贺业钜:《唐宋市坊规划制度演变探讨》,中国建筑工业出版社,1986年。

[2] 吴涛:《北宋都城东京》,河南人民出版社,1984年。

[3] (日本)加藤繁:《中国经济史考证》,台北华世出版社,1981。李合群:《论中国古代里坊制的崩溃——以唐长安与宋东京为例》,《社会科学》,2007(12)。

[4] (日本)梅原郁:《宋代的开封与城市制度》,《鹰陵史学》,1977(3、4合刊)。

[5] 魏徵:《隋书》,中华书局,1973年。

[6] 彭定求:《全唐诗》,中州古籍出版社,2008年。

[7] 王溥:《五代会要》,中华书局,1985年。

[8] 薛居正:《旧五代史》,中华书局,1976年。

[9] 长孙无忌:《唐律疏议》,中华书局,1983年。

[10] 文莹:《玉壶清话》,中华书局,1984年。

[11] 王辟之:《渑水燕谈录》,上海书店出版社,1990年。

[12] 朱熹:《朱子语类》,中华书局,1986年。

[13] 王应麟:《玉海》,上海古籍出版社,2003年。

[14] 王钦若:《册府元龟》,中华书局,1960年。

[15] 刘昫:《旧唐书》,中华书局,1975年。

[16] 司马光:《资治通鉴》,中华书局,1956年。

[17] 赵廷瑞:《陕西通志上》,三秦出版社,2006年。

[18] 脱脱:《宋史》,中华书局,1977年。

[19] 张礼:《游城南记》,中华书局,1985年。

[20] 江休复:《江邻几杂志》,中华书局,1991年。

[21] 董诰:《全唐文》,中华书局,1983年。

[22] 徐松:《宋会要辑稿》,中华书局,1957年。

[23] 司马光:《司马温公集编年笺注》,巴蜀书社,2009年。

[24] 李昉:《太平广记》,中华书局,1961年。

[25] 中国社会科学院历史研究所:《英藏敦煌文献(汉文佛经以外部分)》,四川人民出版社,1990。

[26] 盛如梓:《庶斋老学丛谈》,中华书局,1985年。

[27] 郑文宝:《江表志》,中华书局,1991年。

[28] 吴任臣:《十国春秋》,中华书局,1983年。

[29] 陶岳:《五代史补》,上海古籍出版社,2007年。

[30] 欧阳修:《新五代史》,中华书局,1974年。

[31] 马蓉:《永乐大典方志辑佚》,中华书局,2004年。

[32] 郝春文:《英藏敦煌社会历史文献释录》,社会科学文献出版社,2003年。

[33] 苏轼:《苏轼全集下》,中国文史出版社,1999年。

[34] 窦仪:《宋刑统》,中华书局,1984年。长孙无忌:《唐律疏议》,中华书局,1983年。

[35] 李好文:《长安志图》,中华书局,1990年。

[36] 李焘:《续资治通鉴长编》,上海古籍出版社,1986年。

[37] 宋敏求:《春明退朝录》,台湾商务印书馆,1983年。

[38] 马端临:《文献通考》,浙江古籍出版社,1988年。

宋代地方建设危机及其应对方法研究(下)

祁琛云

内容摘要:意大利具有独特的地缘优势,历来就是欧洲政治、经济、文化和宗教的中心,是孕育欧洲历史文化的摇篮之一。该国在世界历史文化遗产保存和保护工作中发挥了重要作用,并取得了诸多值得赞许的成果。此次赴意大利参加国际文化遗产保护培训班主要分为培训学习和实地考察两个部分。中意两国在文化遗产保护方面有共同点,也有较大的差异。意大利文化遗产保护工作对开封市的文物保护事业具有很大的启示作用。

关键词:意大利文化遗产保护　国际文化遗产保护培训班　对开封市的启示　开封市文物保护

三、地方政府应对建设滞后的措施

面对地方建设危机,各级地方官积极采取应对措施,以解决建设经费短缺、工程建设监管不力及劳动力不足等问题,努力推动地方建设事业的发展,应对建设落后所引发的种种社会危机。

(一)多途集资以应对建设资金不足的难题

南宋人周必大在谈到地方公益性建设时称,地方建设的发展主要依靠三种力量,即所谓“郡邑以势,道释以心,富家以赀。然势者或病于扰而其成也苟,心者必藉于众而其成也缓,赀高者又丰入而啬出,瘠彼而肥己,能推惠者几何人哉?”[1]可见,调动各方力量致力于公益事业,难度可想而知,然而要应对建设危机,地方官员不得不绞尽脑汁以劝诱官民致力其间,这一点在建设经费的筹集中表现得尤为突出。为解决建设中资金短缺的难题,宋代官方构建起多元化筹资途径,通过多种方式筹措地方建设经费。

一是向上级政府申请建设经费。如湖州武康县学设于文宣王殿内,年久失修,徽宗即位之初,诏天下“祠庙损者以系省钱修之”,知县毛滂应诏上书监司,乞请经费。于是“提点刑狱使者檄县曰:当出转运司钱如诏意。他日又奉转运判官檄曰,给八万钱”,县学赖此以成。[2]孝宗淳熙四年(1177),知鄞县姚枱请重开东湖,并向朝廷及明州知州申请兴工之费,后朝廷与当地政府共同筹资,其中朝廷出“内帑会子五万贯、义仓米一万硕”作为开湖专项经费,其所用“竹木、支犒赏、般运茭葑,并用本州钱以佐其费”。[3]淳熙十四年(1187),江阴县尉袁燮为修建本县弓手营舍,向路、州两级政府祈请经费,其中常平司拨款“千七百余缗”,州府也以钱、米及木材等“佐其费”。[4]在路、州政府的共同支持下,江阴县弓手营舍得以建成。理宗淳祐三年(1243),建宁府突发洪水,境内十座主要桥梁被冲垮,严重威胁民众的出行安全。在财政极其困难的情况下,当地政府除了积极筹资外,还向转运司、提举常平司等上级财政主管部门申请修桥费用,并得到大力支持,其“费出于郡者为钱五千缗。转运副使项公寅孙闻之,出钱三千缗、盐万斤。提举蔡公钥以千缗佐其费”。[5]在各方共同努力下,桥得以重建,道得以通畅。

二是节缩日常开支以筹措建设经费。除了向上级政府申请经费外,压缩日常开支,节省经费搞建设也是地方官筹集建设资金的重要手段。如光宗绍熙年间,王木叔知绩溪县,面对连年频发的旱情,决心兴修水利一解民于倒悬,为筹集经费,“治县节缩,稍得余钱,遂请于监司,买民田使为之,古迹之废并修之”。两年间,兴建塘堨70余处,而“绩溪之田无不得水”。[6]理宗宝庆间,永嘉人周果出任兴化县令,目睹“屋朽且压”的县衙官舍,“取财于节缩之余,役工于间隙之日”,“因旧基鼎新之”。[7]绍定四年(1231),在绵竹县修建湖桥的工程中,共享钱“钱五百一十九万有奇”,皆为知县宇文峒“节缩浮蠹以营之”。[8]至六年(1233),知汀州李某为筹重修谯楼之费用,“益务节缩,得镪二万缗”。[9]淳祐间淳安县重建县狱,县令虞某除“亟请于郡,求捐金谷给费”外,在县衙范围内“节缩浮费,以县余财佐之”。[10]虽然地方政府积极筹资以应对地方建设资金严重不足的难题,但在整个国家财政状况不断恶化及地方财政中央化的背景下,政府对建设的投入是有限的,更多的经费需要地方官员自行解决。于是,一些有作为的地方官或出于对民生的关注,或为政绩所驱使,在财力允许的前提下,纷纷解囊捐资,以解燃眉之急。地方官捐资搞建设,从一个侧面体现了宋代士大夫经世致用的政治抱负。

三是地方官捐资捐俸搞建设。在政府财力不足的情况下,官员捐资成为宋代地方建设经费的重要来源。如仙居县尉厅重建的资金就来自于当地官员的捐助。史载其尉厅始建于北宋宣和年间,至宁宗嘉泰年间,近百年未曾大修,屋宇损毁,"挠敝欲压",后在县尉钱子立的倡议下进行修缮,由于资金紧缺,知县"率先捐钱五万佐费,子立复捐俸继焉"。[11]临海县狱修复的费用,同样来自官员的捐献,据《临海县狱记》载:钱温伯任临海县令,"顾县狱岁久,库陋倾侧,……恻然兴念,捐金五十余万,鸠工度材,撤而新之"。[12]另如南宋赵汝瀁为奉新县丞,"丞无厅事已三十年,公捐俸一新之"。[13]地方官员除了捐建官署及公共房舍外,对于事关教化的孔庙及学校的建设,也多有捐助。南宋初,仁和县先圣庙毁于战火,至宁宗开禧初,知县谢庭玉"捐己之公租钱二十万"以复建。[14]理宗宝祐年间,连江县知县陈某谋修县学,"时公帑赤立,侯勇为之,悉出己俸"。[15]安溪县孔庙久废不修,度宗初知县钟某"捐金为倡,授匠指画,僚佐邑属暨职事员秩,致助有差"。[16]由地方官员解囊援建的公共设施还包括桥道与水利等,如温州径川镇交通发达,向为江南"万商之渊薮,浦有桥三间……陵谷既迁,亭毁桥圮,涉者病之"。巡检秦梓倡议重建桥道,"凡糜钱文若千万,米若千石,大半出己帑"。[17]徽宗大观初年,名宦钱通致仕乡居,乡有东湖,其"族人环湖皆有田,赖以灌溉",然由于得不到有效维护,以致"淀淤颓圮",通"于是捐余俸以旁市滨湖之地而增益之"。[18]南宋时新安境内有碣曰"清陂","溉田千余亩,碣久废,田不治",宁宗时新安籍官员黄何捐资,"率众筑之。是春旱,种不入土,而碣下之田秧独以时,秋倍入,人欢戴之"。[19]由官员捐资援建的工程主要限于官署、学校等投入少、收效快、对政绩有重要影响的工程项目,对于像水利、桥道等耗资巨大、公益性更强、建设周期更长的公共设施,官员个人捐资相对较少。

四是动员民众捐钱支持建设。地方建设往往耗资巨大,仅靠政府拨款和官员捐金显然难以保证建设事业的顺利开展,于是地方政府频繁地向民间募资以支持基础建设。由民众出资兴建的多

为学校、水利及桥道等基础设施,且大多是在地方官员劝诱下捐献的。如南宋初乐清县欲重修县学,时值宋金鏖战之际,县尉吴苇请迁址重建,并向民间募捐,"邑人义其为,争出力,捐金佐之,不数年学成"。[20]孝宗淳熙八年(1181),宁德县令赵善悉为重修儒学,多方筹资,"斥公帑,捐己俸,令其乡大姓劝相输力,以佐其费"。[21]淳熙十三年(1186),慈溪县兴修水利,主簿赵汝积劝募于民,并"捐金钱为之倡",于是"父老训率子弟,莫不劝趋,凡田于西者亩出钱三百"以助役。[22]南宋中期以后,随着地方财政持续恶化,建设经费更加依赖于民间财富,尤其在宁宗时期,地方政府多次向民众募筹建设经费,如庆元二年(1196),昌国县重建主簿厅,主簿杨某"捐资调度",在他的倡导下,"邑人相与分材效力,不劝而集"。[23]嘉定间,南浦县致仕乡居的官员黄克宽等谋建漳浦桥,为筹经费,"或拉耆艾捐金以倡始,或命浮屠作偈以劝施,铢积寸累,前规后画,以迄于成"。[24]北宋理学大师周敦颐曾任经桂阳县令,后人为其立祠纪念,至南宋后期,饱经战火风雨侵蚀的濂溪祠损毁严重,"独存大成殿,其门庑遗址尽没于蒿莱"。嘉定中,主簿萧允恭谋划重修,劝士民捐资助役,"好义者捐金为之助"。[25]正是在地方官员的积极劝募下,南宋中期以后民间资金纷纷进入建设领域,并在很大程度上有效地化解了建设经费不足的难题。

北宋前期,地方财政状况较好,官方对地方建设投入较多,大部分工程建设由政府出资兴建。从熙宁变法起,随着朝廷加大对地方财赋的征调力度,地方财政日益困难,政府对公共建设的财政性支持逐渐转变为政策性支持。在此背景下,地方官员个人捐资及向民间募资逐渐成为应对建设经费不足的重要手段。尤其是南宋中期以后,在地方财政极度恶化的形势下,向民间募捐成为地方建设资金筹集的主要途径。

综上,宋代地方建设经费的筹集方式,经历了由北宋前期官方主筹,到北宋后期及南宋前期官民共筹,再到南宋中后期民间募资为主的演变过程,这背后折射的是在财政日益恶化的形势下地方政府被迫向民间势力让渡地方事务主导权的发展趋势。这一趋势不仅体现在建设经费筹集方面,也反映在工程建设的管理上。

(二)委托民间人士加强工程管理

宋代地方建设出现危机的原因之一是基层政权设官精简,地方官员对建设疏于管理,多由胥吏

出面经营,而胥吏趁机上下其手,截留经费、克扣工钱,严重影响了工程建设的进度与质量。为了有效防范建设中的贪腐与不法行为,加大建设的监管力度,地方政府有意识地委托民间人士参与工程管理,充分发挥民间力量在地方建设中的作用。参与工程管理的民间人士有富民乡绅、耆老长者及僧侣等宗教界人士,也就是学术界所谓的民间精英力量。[26]

宋高宗时安福县重修县学,知县向子贲不用吏人,而是"推择诸儒有行业者六人,董而作之"。[27]孝宗乾道间,处州创建平政桥,知州范成大为杜绝吏人从中取利,将经费"授州民豪长者四人,使董役,吏毋得有所与"。[28]淳熙四年(1177),明州重开东湖,虽然因为工程浩大而主要由官方督办,但为加强监管,"复选择土人有心力者,相与办集"。[29]淳熙八年(1181),宁德县重修儒学,完全依靠民间力量进行管理,史载县令赵善悉"命士之勉强可任者何升之、姚德懋、陈经、林大春、林昱、庄童董役事"。[30]光宗绍熙二年(1191),桐庐县重建政惠桥,所筹经费"入出不付吏,使其豪长者自治"。在官府的鼓励下,民间人士参与的积极性很高,不仅豪长主管工程,而且90%以上的经费均出自"民财"。[31]

宁宗以后,越来越多的工程项目委托民间人士代管,如庆元二年(1196),青田县重建永济桥,县令黄某因为政务缠身,不能亲自督办,便将募集到的数百万经费交付乡官赵希恺、刘陟管理,由他们"首任其事"。[32]嘉定十四年(1221),明州重建乌金碣,为防止吏人上下其手,"委里士为人信服、有计知者督其役,出给调度,皆不属吏,民以不扰而咸劝趋"。[33]理宗淳祐三年(1243),建宁府重建被洪水冲垮的桥梁,"选郡人新兴化判官周杆、将仕郎吴壮礼董其役,僧智仁、大澧任其责。"[34]这里提到的兴化判官周杆、将仕郎吴壮礼并不是当地在职官员,而是寓居该地的士人,让他们与僧侣一起主持建设,更有利于加强监督。同时期,长泰县重修虎渡桥,为防吏人为奸,知县"命僧董役"。[35]而湘阴县重建黄陵庙,同样"命邑士才而能者戴邦用以董其役"。[36]民间人士参与工程管理的效果是明显的,如雷州府学的建设,因为官方"推乡间宿学老儒者以董其事",使得建设成本得到节约,工程效率也大大提高,以致"不费公家一金,不调编户一民,……不踰时而告成"。[37]

南宋以后之所以有越来越多的建设项目由民间人士参与管理,一方面固然是因为吏治腐败导致建设工程监管不力,严重阻碍了地方建设事业的发展,另一方面也是民间力量逐渐壮大的体现。随着民间力量在地方事务中的影响日益增大,他们已经不满足于建设经费捐献者的身份,而是要求更多的分享工程管理权。因此,将民间人士引入工程管理,表面上看是地方政府因人力不足而主动让贤,实际上是在资金投入方面越来越依靠民间的背景下,官方被动地向民间进行权力让渡的一种表现。

(三)以工代赈应对劳力不足的问题

宋代地方政府为解决工程建设中劳动力不足的问题,同时也是为了更好地安置受灾民众,有意识地在灾情爆发之际,兴建一些工程项目,招募灾民从事建设,暂时解决他们的温饱问题,这种做法被称为以工代赈。由于能够收到一举两得的效果,因此在宋代广泛使用,尤其是王安石变法期间,广兴农田水利工程,凡有灾情发生,政府即招募灾流之民充作劳动力。

神宗熙宁五年(1072),浙西发生特大水灾,民众受灾严重,为安置灾民,朝廷命浙西各"州军仍募贫民兴修水利"。[38]同年十二月,陕西缘边出现灾情,诏令"相度乘人力未至饥乏,募阙食汉蕃人修近便城寨及诸工役"。[39]熙宁六年(1073)九月,淮南、两浙等均报旱情严重,灾民无食,朝廷诏"各拨常平司粮三万石,募饥民兴修农田水利"。[40]熙宁七年(1074)二月,河阳地方官上报灾情,朝廷"赐常平谷万石兴修水利及赈济饥民"。[41]从上述史料可以看出,以工代赈的主要目的是为了赈济灾民,开工营建只是安置灾民的一种手段。不过,在农田水利法普遍实施以后,由于多处兴工,劳动力严重短缺,募民的目的也从赈济向兴利转变。如熙宁八年(1075)十二月,判都水监侯叔献言:"相度淮南合兴修水利仅十万余顷,皆临运河,乞候开运河毕工,以水利司钱募民,……修筑圩埠。又昨疏浚汴河,……乞以安抚司赈济米募民开修。"朝廷准其奏。[42]高宗绍兴间,吕颐浩镇荆湖,出资修筑潭州城东的水利工程,时值战乱,劳力短缺,因"募饥民补筑之"。[43]孝宗淳熙五年(1178),朱熹知南康军,欲筑大堤以防潮水,苦于劳力不足,适逢境内大旱,民食不继,"因募饥民筑堤捍舟"。[44]南宋后期人李谌知黄州,黄州靠近长江,"贾舶至,困于重征而舟无所泊,多以风涛坏",李谌"以官钱募饥民开内澳六百丈,民不告病而商客以济"。[45]这些都是通过以工代赈调集劳动力的史例。

在宋代，以工代赈是灾年政府惯用的赈济措施，一方面可以有效地安置和控制因灾而产生的大批流民，另一方面也可以为基础工程建设提供廉价充足的劳动力。宋神宗以前，以工代赈重在赈灾与灾民安置，熙宁年间在天下大兴水利、劳动力紧缺的情况下，逐渐由以赈灾为主向以募工为主转变。南宋以来，地方政府普遍乘灾年兴役，在很大程度上解决了地方建设中劳动力不足的问题，有效推动了地方建设事业的发展。

结语

传统帝制时代，财政中央化作为王朝统治者控制地方的重要手段，不仅长期存在，而且随着时代的推移不断强化，这一趋势在惩五代之弊而建立的宋代格外醒目。受此影响，宋代地方财政持续紧张，用于地方建设的资金非常有限。缺乏政府财政支持的地方建设发展迟缓，并引发了严重的危机。面对地方建设危机，各级政府积极应对，其核心措施就是向民间筹钱、募工，利用民间资源弥补官方管理的不足，而民间势力也乘机索取对地方事务的管理权，这从一个侧面反映了宋代地方事务管理权限的多元化与基层社会权力结构变迁的基本趋势。

参考文献：

[1] 周必大：《省斋文稿》卷 28《邹公桥记》，文渊阁四库全书本。

[2] 毛滂：《东堂集》卷 9《湖州武康县学记》，文渊阁四库全书本。

[3] 《宝庆四明志》卷 12 赵恺《开东湖事宜状》。

[4] 《絜斋集》卷 9《江阴尉司新建营记》。

[5] 康熙《建宁府志》卷 42 王遂《重造十桥记》。

[6] 叶适：《水心先生文集》卷 9《绩溪县新开塘记》，四部丛刊初编本。

[7] 陈宓：《复斋集》卷 9《兴化县重建厅事记》。

[8] 魏了翁：《鹤山集》卷 44《绵竹县湖桥记》，文渊阁四库全书本。

[9] 刘克庄：《后村集》卷 21《汀州重建谯楼记》，文渊阁四库全书本。

[10] 高斯得：《耻堂存稿》卷 4《淳安县修狱记》，丛书集成新编本。

[11] 林表民辑：《赤城集》卷 4 俞建《仙居县重修尉厅记》，丛书集成续编本。

[12] 《赤城集》卷 7 王谦之《临海县狱记》。

[13] 黄震：《黄氏日抄》卷 97《赵奉议墓志铭》，文渊阁四库全书本。

[14] 陆游：《渭南文集》卷 21《仁和县重修圣庙记》，文渊阁四库全书本。

[15] 民国《连江县志》卷 21 常挺《鳖泮池记》，中国地方志集成本。

[16] 嘉靖《安溪县志》卷 7 梁椿选《重修大成殿记》，天一阁藏明代地方志选刊本。

[17] 林千之《寿安桥记》，转引自《全宋文》第 356 册，第 263 页。

[18] 乾隆《浦江县志》卷 15 钱通《东湖塘记》，道光二十三年补刻本。

[19] 程敏政辑：《新安文献志》卷 84 汪泳《黄公何行状》，文渊阁四库全书本。

[20] 林季仲：《竹轩杂著》卷 6《温州乐清县学记》，天一阁藏明代地方志选刊本。

[21] 乾隆《宁德县志》卷 2 张瀚《重建宁德县儒学记》，乾隆四十六年刻本。

[22] 楼玥：《攻媿集》卷 59《慈溪县兴修水利记》，四部丛刊初编本。

[23] 《攻媿集》卷 58《昌国县主簿厅壁记》。

[24] 许应龙：《东涧集》卷 13《漳浦桥记》，文渊阁四库全书本。

[25] 周思诚《濂溪祠记》，转引自《全宋文》第 318 册，第 407 页。

[26] 参见刁培俊《宋代乡村精英与社会控制》，《社会科学辑刊》2004 年第 2 期。

[27] 王庭珪：《卢溪集》卷 35《安福县重修学记》，文渊阁四库全书本。

[28] 雍正《浙江通志》卷 38 范成大《平政桥记》。

[29] 《宝庆四明志》卷 12 赵恺《开东湖事宜状》。

[30] 乾隆《宁德县志》卷 2 张瀚《重建宁德县儒学记》。

[31] 孙应时：《烛湖集》卷 9《桐庐县重作政惠桥记》文渊阁四库全书本。

[32] 雍正《浙江通志》卷 38 郑汝谐《永济桥记》。

[33] 雍正《浙江通志》卷 56 魏岘《四明重建乌金碣记》。

[34] 康熙《建宁府志》卷 42 王遂《重造十桥记》。

[35] 乾隆《长泰县志》卷 11 杨炎午《长泰虎渡桥记》，民国二十年重刊本。

[36] 易袚《重建黄陵庙记》，转引自《全宋文》第 284 册，第 68 页。

[37] 道光《广东通志》141 贾洋《雷州府修学记》。

[38] 《长编》卷 230，熙宁五年二月壬子，第 5586 页。

[39] 《长编》卷 241，熙宁五年十二月壬寅，第 5887 页。

[40] 《长编》卷 247，熙宁六年九月戊申，第 6011 页。

[41] 《长编》卷 250，熙宁七年二月辛未，第 6082 页。

[42] 《长编》卷 271，熙宁八年十二月甲寅，第 6652 页。

[43] 《系年要录》卷 109，绍兴七年三月辛巳，第 2054 页。

[44] 黄榦：《勉斋集》卷 36《谥文朱先生行状》，文渊阁四库全书本。

[45] 《西山先生真文忠公文集》卷 42《李公墓志铭》。

再论《东京梦华录》"羊生果实"

杨庆化

内容摘要：清代李于潢在《汴宋竹枝词》中引用的《东京梦华录》，是早于元刊本而更接近宋本的一个古本，也可能就是今已失传的宋本。元本中原来疑误的"羊生果实"，此本显示为"象生果实"，使其得到合理解释。本文的考论和对相关问题的疏证，有助于《东京梦华录》研究健康深入发展。

关键词：《汴宋竹枝词》 《东京梦华录》 羊生果实 象生果实 象生花果

一、引论

以元刊本为底本的多种《东京梦华录》注本，对于卷五《育子》一节中"羊生果实"一词，多疑有误，或注释错误，莫衷一是。清代河南诗人李于潢，以《东京梦华录》等史籍为参考，精心创作了描写汴京风土方物的《汴宋竹枝词》100首，可以说是诗化的《东京梦华录》。该书卷下在描写"育子"的诗中注释，引用了《东京梦华录》卷五《育子》中的那段文字，但却是一个未见过的版本，其中的"羊生果实"为"象生果实"，意思很明白，即人工制作的象形物。这里的"果实"是广义的，"象生果实"，就是将馒头做成眠羊、卧鹿样的花馍，这是孕妇父母送给女儿的具有深刻含意的礼物。宋室南迁，这种习俗亦传到杭州，但名称略有改变，称"象生花果"，使用范围更广。《梦粱录》卷十三《夜市》一节记载：

> 大街关扑，如糖蜜糕、灌藕、时新果子、像生花果（"像"通"象"）、鱼鲜猪羊蹄肉……[1]

该书卷十九《四司六局筵会假赁》一节记载：

> 果子局，掌装簇钉盘看果、时新水果、海腊肥脯、离切、像生花果、劝酒品件……[1]

由此可知，南宋杭州官民均常用"象生花果"，而"果子局"，也是由北宋东京的相应机构转化而来的。宋史专家周宝珠对北宋东京的官营作坊有一个统计：

> 列举东西作坊、文思院、后苑造作所、东西八作司、广备指挥五个单位，就有204作。[2]

"象生花果"正是流传至今、中国许多地方蒸制的动物花馍，虽习俗称谓有变却同为一物。这些花馍也是祭祀时常用的"供果"，开封方言本来就把最常用的祭品糕点叫作"果"，低档糕点叫作"杂果"，对于各种形状的花馍则称之为"花糕"或"花

果"。河南省地方史志编纂委员会要籍集成《东京风情》，专门记录了开封春节蒸花糕的情景：

> 花糕却有些讲究：主妇巧手可以蒸出许许多多的花样来，虽然同是面粉和红枣砌合的，因为在新年的正堂上要陈列和初二闺女回娘家要搬枣山，所以都争奇斗巧，做的又大又好，蒸时也格外谨慎。除这以外，巧妇们如有余力，同时还要做一些面龙、面虎、刺猬、兔子、面搬藏（即田鼠）、鲤鱼、桃、梨、佛手、八仙过海、戏剧人物等多达几十种，兴之所至，为所欲为，琳琅满目，逗人喜爱。蒸的数量要"多多益善"，因为明年第一次蒸的馒头愈晚，愈可以表示富有。[3]

李于潢于清道光乙酉年（1825）拔贡，诗人在那个时代引用了什么样版本的《东京梦华录》？应该是早于元刊本而更接近宋本的一个古本，也可能就是今已失传的宋本。

笔者以此为立论依据而撰写的《〈东京梦华录〉"羊生果实"解误》（以下简称《解误》）一文，自1992年12月在《古都开封》第四辑和2016年8月16日《开封日报》发表后，已被广泛传播和认同。而苗润昌先生发表在2013年《开封文博》的《〈东京梦华录〉"羊生"一词的拙见》（以下简称《拙见》），同期《开封文博》亦转载了《解误》）一文，无立论依据，主观臆断明显失当，行文亦出现多处失实。事关学术，很有必要进行考论和疏证。

二、《拙见》观点失当

对于《东京梦华录》卷五《育子》中的"羊生果实"一词，苗先生极有把握的说：

> "羊"字应为"花"字之误，这段文字应断句、标点为：并作眠羊、卧鹿，花生果实，取其眠卧之义。[4]

这一断语存在三个问题：

第一，苗先生段句、标点的不是“这段文字”的全部，而是“这段文字”的后半部。“并作眠羊、卧鹿”一句，上不接下不联，完全解释不通。关键在“并作”，“并”在此处作连词，说明前面还有与此相关联的内容，前面是“用盘合装送馒头，谓之‘分痛’”，然后“并作眠羊、卧鹿”，明显的断章取义而避开前句的“馒头”，所以形成解释不通的上不接。其后是“花生果实，取其眠卧之义”，“花生果实”不是“作”出来的，怎能在“作”字之后的同句中出现？而且“花生果实”和“取其眠卧之义”也并不相干，所以形成解释不通的下不联。整段联在一起即：“用盘合装送馒头，谓之“分痛”。并作眠羊、卧鹿，花生果实，取其眠卧之义。”这是讲不通的，所附会的理由也站不住脚。已形成的文字无法改变，而语法就是语言文字的法律。

第二，苗先生认为“‘羊’字应为‘花’”字之误”，这是造成上述问题根源。《汴宋竹枝词》引用的古本《东京梦华录》告诉我们，“羊”字应为“象”字之误(图 1)。

即：

> 用盘合装送馒头，谓之“分痛”。并作眠羊、卧鹿象生果实，取其眠卧之义。[5](邓注标点)

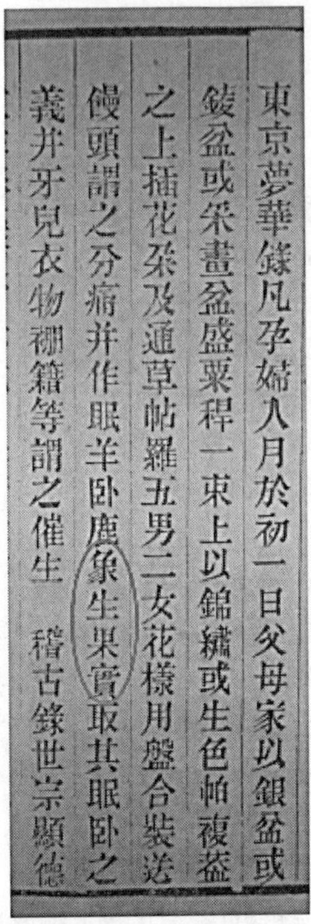
東京夢華錄凡孕婦入月於初一日父母家以銀盆或
錽盆或采畫盆盛粟稈一束上以錦繡或生色帕複蓋
之上插花朵及通草帖羅五男二女花樣用盤合裝送
饅頭謂之分痛并作眠羊卧鹿象生果實取其眠卧之
義并牙兒衣物繃籍等謂之催生　稽古錄世宗顯德

图 1　选自清代李于潢《汴宋竹枝词》

我们在理解这段话时，要注意原文中前后贯通的几个关键词：“馒头”“并作”“眠卧之义”，前提是“用盘合装送馒头”。这样才能译得通：

> 用盘合装着馒头送来，叫“分痛”。并将馒头做成眠羊、卧鹿样的象生花果，取其眠卧的意思。

第三，苗先生创造的“花生果实”这一词语，从古至今都不存在。就全国范围讲，花生别名很多，比如：落花生、落生、长生果、长寿果、长果、番豆无花果、地果、唐人豆、花生豆、金豆、花生米等，不过还是“花生”两字最常用，别名用的比较少，但从来没人使用过“花生果实”这一称谓。花生是外来物种，不如现在普及，古代民间并不多见。《水浒传》中梁山好汉们喝酒吃肉时就没有花生，直到清代乾隆末年花生仍然是豪门权贵筵席上的珍贵之物，寻常人很难吃到。时至今日，我们看到、听到的基本上都是简单明了的“花生”之称。

三、对《解误》评说失实

显然，苗先生没有仔细研读《解误》，以至出现与《解误》原文大相径庭、无中生有的评说。

第一，《拙见》中说：

> 未见杨先生对该段文字的段句和标点。[4]

对于该段文字，《解误》清楚的表明了态度：

> 最早的《东京梦华录》校注本，邓之诚的《东京梦华录注》断句正确。[6]

《解误》还在文中展示了邓注本该段文字的段句和标点，并在翻译该段文字时又展示了一遍与邓注本相同的段句和标点。既然和邓之诚的意见一样，并且已展示了两遍，还有必要再展示吗？

第二，《解误》有证据的观点是：

> 《东京梦华录》中无法解释的“羊生果实”就是“象生果实”。[6]

《拙见》却说：

> 传抄者或刻板师傅如何粗心大意，均不可能无中生有地将“像生花果”四个字错抄、错刻为“羊生果实”。[4](其中“刻板”应为“刻版”)

虽说‘象’和‘像’古今都有相通之处，但清代《汴宋竹枝词》中刻印的是“象生果实”(见图 1)，《解误》文中说的也是“象生果实”，苗先生将其改为“像生花果”，四个字错了仨。讲述自己的观点，一般都不去涉及他人，如需要提及，则一定要引用人家的原话，不能擅改，这是基本常识。

第三，《拙见》中说：

> 《梦粱录》卷之二十亦没有“育子”条，却被杨先生忽略了。[4](其中“没有”应为“设

有")

《解误》文中明明写道：

《东京梦华录》卷五《育子》中和《梦梁录》卷二十《育子》中都有"五男二女"之说和"眠羊卧鹿"等相同的记载。[6]

这里，《解误》与《拙见》引述的内容是一致的，并没有忽略《梦梁录》卷二十《育子》。而由以上所述可知，苗先生忽略的地方实在不少。还有，《拙见》摘录《东京梦华录》亦出现错误，"于初一日父母家以银盆，或绫或彩画盆"，其中的"绫"应为"锭"。绫为有花纹的丝织品，怎能为盆？此外，除上节引《拙见》文中的"刻板师傅"外，另一处"故在抄写或刻板时"，这一处"刻板"，亦应为"刻版"。其他此不赘述。

四、结语

通过对《东京梦华录》"羊生果实"的考论和对《拙见》一文的疏证可知，该文"'羊'字应为'花'"字之误"的说法，没有立论依据，脱离实际，所组成的"花生果实"一词不存在，文意也解释不通，故不能成立。而《解误》"'羊'字应为'象'字之误"的观点，则有确凿据证和历史传承依据，所组成的文理通顺的词语和文字，使长期疑误得到合理解释，因而广为流传。

古刻本《东京梦华录》中"象生果实"的准确记载，证明了元刊本《东京梦华录》中多年来无法解释的"羊生果实"，就是"象生果实"。因"象"字的出现，"羊生果实"冻解冰释，"羊"为"象"之误无疑。习俗随时代而变，北宋育子有"象生果实"，南宋风行称"象生花果"，明代之后育子已无此俗。其后演变为年俗并称之为"花糕"等，流传久远，至今仍存。

参考文献：

[1] 宋.吴自牧：《梦梁录》(符均、张社国注)，三秦出版社，2004年。

[2] 周宝珠：《宋代东京研究》，河南大学出版社，1992年。

[3] 天风：《东京风情》，中州古籍出版社，1997年。

[4] 苗润昌：《东京梦华录》"羊生"一词的拙见，《开封文博》(2013年)。

[5] 清·李于潢：《汴宋竹枝词》，河南官书局，1922年。

[6] 杨庆化：《东京梦华录》"羊生果实"解误，古都开封第四辑(2012年)。

(上接第30页)

包玉刚生活节俭是出了名的。"包玉刚是一个悭俭的人，不会乱花一分钱。但他也不是一个吝啬的人，该花的钱绝对不会手软"。[26]他有钱，也会用钱，从其捐资建设家乡看，果真如此。包玉刚还先后在全国各地捐资做了不少好事、善事。因为他非常孝顺，捐资筹建的许多设施都以父亲包兆龙的名字来命名。如，北京包兆龙饭店、上海交通大学包兆龙图书馆、合肥第三人民医院包兆龙住院大楼等。1993年，包玉刚听到浙江省遭了水灾，立即捐赠500万港元，救济灾民。包玉刚不忘祖根，爱国爱民，热心公益，建设家乡，乐善好施，赈灾救民，将其先祖包公的"孝亲"和"民本思想"体现得淋漓尽致。他进一步弘扬了孝肃家风，惠及民生，为现代的家训、家风建设提供了有益的借鉴。

参考文献：

[1] 《包拯集》卷3《乞不用赃吏疏》。

[2] 宋·张田：《孝肃包公奏议集·附录》。

[3][20][21] 元·脱脱：《宋史·包拯传》。

[4][7] 宋·朱熹：《五朝名臣言行录》卷8。

[5] 宋·江少虞：《宋朝事实类苑》卷23。

[6] 宋·沈括：《梦溪笔谈》卷22。

[8] 《包拯集》卷6《弹宋庠》。

[9] 《包拯集》卷10《求外任一》。

[10] 《包拯集》补遗《弹张尧佐》。

[11] 宋·王珪：《华阳集》卷15。

[12] 宋·吴曾：《能改斋漫录》卷14。

[13] 包公：《家训》下面的押字。

[14][16] 宋·吴奎：《包拯墓志铭》。

[15] 宋·欧阳修：《论包拯除三司使上书》。

[17] 宋·钱勰：《宋故永嘉郡君崔氏墓志铭》。

[18] 宋·苏轼：《东坡全集·故枢密副使包拯男繶妻崔氏封永嘉郡君制》。

[19][24] 宋·牛际可：《包永年墓志铭》。

[22][23] 宋·王磐：《包绶墓志铭》。

[25] 《包拯集·请罢天下科率》。

[26] 香港·冷夏晓笛《世界船王包玉刚传》。

（李学良，开封包公研究会会长、宋文化研究员）

孟元老是何许人

丰　田

内容摘要：对《东京梦华录》的作者孟元老身世的研究，有助于我们对该经典著作思想内涵的深入理解，更加清晰地了解作者撰写的核心意图，驱散八个多世纪以来，作者为读者所布下的迷雾。

关键词：宦游　习按　教坊使　马术　裴将军

宋人幽兰居士孟元老，所撰写的《梦华录》（后人加"东京"二字，以区别于南宋吴自牧《梦粱录》，及明无名氏《如梦录》，而习称《东京梦华录》），由于该回忆录是作者的生活实录，语言朴素不作文字雕饰，并叙述真实、具体、生动，故八百多年来一直为学习研究北宋历史的读者及专家学者所重视，成为必读之经典著作。但是，对于作者的家庭出身以及社会身份，在历史古籍中，只有明代无名氏所著《如梦录》"关厢记第七卷"中："（南是金梁桥，）桥西是宋孟元老故宅遗址。"11个字，其他均无记载。故此，直到清同治年间，开封人常茂徕（1788—1873）在其《读东京梦华录跋》一文中："艮岳之筑，专其事者为户部侍郎孟揆。揆非异人，即元老也。"（见《怡古堂文钞稿本》），对"孟元老其人"这一研究命题，首先作了"认定"，把孟元老"认定"为"户部侍郎孟揆"。其观点受到20世纪五十年代宋史研究专家邓之诚先生的斥责，谓常："异想天开……胸无黑白。"（见邓之诚《东京梦华录注》"自序"）

其后，20世纪80年代开封人孔宪易先生，在其《孟元老考》一文中，确定孟元老即"开封府仪曹孟钺"。孔先生的这一观点，也受到了2004年出版的《东京梦华录笺注》作者伊永文先生的批评。伊先生在其"前言"中说："孔宪易先生沿袭常茂徕之思路，考据孟元老为北宋末年供职于开封府的孟钺，孔氏证据揣测成分较多，成立较难。"而伊先生则说："余以为不必坐实孟元老为孟钺，疑元老取宋人常见名字为托名，其人或为孟姓贵胄子弟，或为浪迹京城出上入下书会先生。"对于伊永文先生的这种大胆"猜测"能否成立，也是值得商榷的。

对《东京梦华录》作者孟元老身世的研究，有助于我们对该经典著作思想内涵的深入理解，更加清晰地了解作者撰写的核心意图，驱散八个多世纪以来作者所布下的迷雾，搞清楚孟元老是何许人，将其真实身份公诸于世，是有其研究价值的。常、孔两位开封前人，由于都将孟元老与孟昌龄家族联系在一起，其观点受到质疑和批评。但是，他们敢于提出这一研究命题，在历史学术研究中，勇于探索的治学精神还是值得称赞的。为此，作为开封的后人有责任、有义务、有担当，把这一研究命题深入地加以探讨，还是很有必要的。由于笔者才疏学浅，只能谈一点粗鄙之见，还有望得到热爱祖国历史文化的广大读者，以及从事文学历史研究的专家学者的指教。

二十三年"辉煌"史　如实记载留后人

孟元老所撰写的这部回忆录，上起"崇宁癸未到京师"，下止"一旦兵火，靖康丙午之明年，出京南来，避地江左"。也就是说，他从宋徽宗崇宁二年（1103）来到东京城，直到宋钦宗靖康二年（1127）北宋灭亡离开东京城，前后共计二十三年的生活阅历，这正是他从十六七岁的少年时期进入京城至四十岁左右的壮年时期，这段时间恰恰是他年富力强、风华正茂、事业有成的黄金时期。掐头去尾，至于此前的十六七年的景况一字未提，此后的二三十年的活动更绝口不谈。他在京城的二十三年间，上自皇宫大殿，下至街巷市井、酒楼饭店、寺庙园观、勾栏妓院，到处都有他的足迹身影，正是他如鱼得水、纵横捭阖，风华正茂的"辉煌"时期。天不遂人愿，国破家亡，戛然而止。对这一生中最"辉煌"的历史，一直是他念念不忘、耿耿于怀的心结，直到二十年后"渐入桑榆、暗想当年、节物风流"，更加心情悲伤。于是乎，就下定决心呕心沥血地写出这段"辉煌"史告诉后人，故执笔记之以共赏。这就是孟元老撰写《梦华录》的中心意图。

隐藏真身巧设"局" 满口假言充"看客"

我们从书中可以看出，孟元老在撰写这部回忆录时，是怀着忐忑不安的心情来写的。他既想炫耀自己在北宋都城这段"辉煌"史，但又自知其家庭出身和社会职业身份，是当时社会上被人们所蔑视的人群，是"不体面"的行当。写，还是不写？经过激烈的思想斗争之后，终于下定决心还是要写出来。为了掩盖其"不体面"的职业身份不被蔑视，除了落款不署真名外，便在书中序言和卷尾一头一尾，瞒天过海故意设下两个"局"，这两个"局"只用了四个字，就把广大读者和研究者置于十里云雾之中。

孟元老设的第一个"局"，就是该书"序言"的第一句话："仆从先人宦游南北"中的"宦游"二字。他在全书张卷明义的第一句话，就"清楚明白"地告诉读者，他出身于社会地位极高的达官显宦之家。就是因为这两个字，常茂徕、孔宪易两位先生，便把他与当时权倾一时的孟昌龄家族联系在了一起，而被斥责和批评。说实在话，受其蒙蔽的何止常、孔二人，八百多年来成千上万的读者，成百上千的研究历史的专家学者，对孟元老家族是北宋时政府的高级官员这一思想认识何曾产生过怀疑？所以，便把孟元老的身份当做了"户部侍郎"、"开封府仪曹"或"为孟姓贵胄子弟"，一句话，孟元老用"宦游"二字把自己的出身和社会身份"包"得严严实实。

孟元老设的第二个"局"，就是该书第十卷尾："凡大礼与禁中节次，但尝见习按，又不知果为如何"一句"谦词"中的"习按"二字。所谓"习按"，这是一个倒装语，孟元老的本意是说：对于在皇宫中举行的大型礼仪活动，或是各种节令情况，都是他按照提前进行预习演练时，在一旁所看到的，但实际现场演出情况如何并不知晓。用"习按"二字把自己完全当做了一名"看客"，把他本人"择"得干干净净。总之，作者挖空心思想方设法，为自己炫耀其"辉煌"史扫清"障碍"，也是后人之所以对他的真实身份产生误解的症结之所在。

书中重点有"提示" 记述详略是"线索"

对于孟元老的身世，不论官方正史或是稗官野史，甚至私家笔记都无任何记载，再加之他为自己"包"得严严实实，"择"得干干净净。俗语说得好："卖啥吆喝啥，干啥说啥，三句话不离本行。"其实通过仔细阅读原著，答案就在书中。

孟元老的回忆录具有两个特点。第一，是真实性，它完全符合撰写回忆录所必须遵守的"三亲"原创——亲为、亲历、亲闻。书中所记的活动，可以说都是作者亲自经历、亲身所为的内容，特别是作者限于文化水平，在书中使用了不少当时东京城的方言俗语，以白描的记述方法撰写出来，具有较高的真实性和生动性。第二，是繁简分明，有话则长，无话则短。凡是作者熟悉的，记忆深刻的，最能显示出个人身价的内容，就详述；反之，对于自己未曾参与或是耳闻的，就简略一笔带过。比如：卷九"宰执亲王宗室百官入内上寿"条，就用了多达1900余字，而卷六"十五日驾诣上清宫"条，只有15个字。

《东京梦华录》的作者，所要记述的就是以教坊活动为核心，充分围绕教坊的人及其活动状况，作为该书的重心来记述。粗略统计一下，不包括"序言"部分，全书共分十卷次，设计了八十六个条目。除了第一卷六个条目是记述东京城的城池（外城、内城、宫城）、河道（蔡河、汴河、金水河、五丈河）和政府机关（内诸司、外诸司），与作者在京城的活动无甚牵连外，从第二卷至第十卷的九卷中，记述涉及教坊活动的内容，就有七卷十三个条目。全书十卷计有29000字，这十三个条目就记述有9600余字。为此，我们有必要首先弄清什么是教坊？它是一个什么组织？它的功能是什么？《辞海》（2009年版）作了精辟的阐释：

> **教坊** 古代管理宫廷音乐的官署。唐始设置。专管雅乐以外的音乐、歌唱、舞蹈、百戏的教习、演出等事务。唐高祖（李渊）时置内教坊于禁中，其官隶属太常；武则天改称"云韶府"。（唐中宗李显）神龙年间恢复旧称。（唐玄宗李隆基）开元二年（714年）置内教坊于蓬莱宫侧，洛阳、长安又各设左右教坊二所，以中官为教坊使，从此不隶属太常；宋元亦有教坊；明有教坊司，隶属礼部。至清雍正时废。
>
> （为方便阅读，（）内的字为笔者所加）

该书的前五卷，是对东京城的城池、河道、街巷、店铺、民俗作了简略介绍。其书的重点是后五卷的活动内容，充分表现教坊的才艺绝技，是全书最为引人入胜和极大兴趣的关键部分，这也是给我们的一个重要提示。卷之二"朱雀门外街巷"条："朱雀门外，西通新门瓦子，以南杀猪巷，亦妓馆。以南，东、西两教坊，余皆民居或茶坊。"作者就首先告诉我们东京城的教坊在何处。接着，卷二"东角楼街巷"条，就迫不及待地告诉我们东京城的勾栏瓦肆在哪里："东去则徐家瓠羹店。街南桑家瓦子，近北则中瓦、次里瓦，其中大小勾栏五十余座，内中瓦子莲花棚、牡丹棚、里瓦子夜叉棚、象棚最大，可容数千人。"随即，在卷五"京瓦伎艺"条，就将北宋东京管理教坊的两名乐官——张廷叟和孟子书介绍出来。就是在该条目中，把教坊中当时的著名演员和"角儿"一一作以表述。如：枝头傀儡任小三、药发傀儡李外宁，表演小唱的李师师、徐婆惜，叫果子文八娘等多达73人，其伎艺表演项目就有27种之多。紧随其后的卷六"元宵"条，又不厌其烦地记述赵野人倒吃冷淘、张九奇吞铁剑、猴呈百戏、鱼跳刀门等19人，表演出22种伎艺项目和各种奇术异能、歌舞百戏，都记述得一清二楚。试想，如果作者与教坊中的艺人不朝夕相处，相互十分了解，那么二十年后还能如此记忆清晰，如数家珍般地记述出来，是完全不可能的。因此说，作者清楚地告诉我们，他是教坊中人，主动地亮出了他所从事的职业，为我们弄清楚孟元老是何许人，提供了重要线索。

炫耀"辉煌"六现身　直言无忌露真名

孟元老认为自己已"包装"妥当，不会有什么纰漏，于是乎为炫耀自己的"辉煌"人生，在记述中竟然达到了忘乎所以毫无顾忌的地步。孔宪易在其遗作《东京梦华录补注》卷四"食店"条目："吾辈入店，则用一等琉璃浅棱椀，谓之碧椀，亦谓之'造羹'。""吾辈入店"四字加了按语："著作者在全书中只此一次出现。"其实，非也。按照作者在书中所提供的线索，仔细查阅，作者在书中，包括"食店"条中以第一人称出现在内，前后共有六次现身。尤其是第二次至第六次的五次出现，都是在高规格高层次的环境中"露面"的。更为突出的是，其中有三次都是用作者的真名出现的，以具体而高大雄伟的姿态，充分显示出自己的"光辉"形象。

我们在前面已知道作者是官方教坊中人，那么在教坊中是什么身份呢？卷九"宰执亲王宗室百官入内上寿"条中："教坊杂剧色鳖膨、刘乔、侯伯朝、孟景初、王颜喜，而下皆使副也。"原来孟元老就是教坊正使孟景初。孟景初不但是教坊正使，而且还是深受皇帝恩宠者。接着，还是在该条中，有这样一段记述："教坊色长二人，在殿上栏干边，皆诨裹宽紫袍、金带义襕，看盏斟御酒。看盏者举其袖，引唱曰：'绥御酒！'声绝，拂双袖于栏干而止。宰臣酒，则曰：'绥酒！'如前。"酒宴上的"看盏者"，

作者清楚地交待是由两名"教坊色长"来担任，也就是前面鳖膨等五名色长中的两人来充当，但书中却故意不提其名，两名"看盏者"中，其中一位就是身材魁伟声音洪亮的孟景初。

教坊正使孟景初，为什么能够得到皇帝的恩宠呢？是有其原因的。在卷七"驾登宝津楼诸军呈百戏"条目中，有一大段马术表演的精彩文字：

又有以十余小旗，遍装轮上而背之出马，谓之："旋风旗"；又有执旗挺立鞍上，谓之："立马"；或以身下马，以于攀鞍而复上，谓之："镦马"；或用手握定镫袴，以身从后鞦来往，谓之："跳马"；忽以身离鞍，屈右脚挂马鬃，左脚在镫，左手把鬃，谓之："献鞍"，又曰："弃鬃背坐"；或以两手握镫袴，以肩着鞍桥，双脚直上，谓之："倒立"；忽掷脚着地，倒拖顺马而走，复跳上马，谓之："拖马"；或留左脚着镫，右脚出镫，离鞍横身，在鞍一边，右手捉鞍，左手把鬃存身，直一脚顺马而走，谓之："飞仙膊马"；又存身拳曲在鞍一边，谓之："镫里藏身"；或右臂挟鞍，足着地顺马而走，谓之："赶马"；或出一镫，坠身着鞦，以手向下绰地，谓之："绰尘"；或放令马先走，以身追及，握马尾而上，谓之："豹子马"。或横身鞍上，或轮弄利刃，或重物、大刀、双刀，百端讫。

以上大段精彩文字，记述之清晰，细节描写之生动，马术"套路"连贯之熟练，语言表达之流利，是全书任何一个条目文字无法比拟的，可以说是该部著作的"点睛"之笔。作为一般观众，能在二十年后，还能记忆得如此清晰、准确、生动，是绝对不可能的。只有表演者自己才能回忆记载出来，说穿了，表演者就是身怀马术绝技深受皇帝恩宠的教坊使孟景初。

作者在书中的第五次现身，就是卷六。"收灯都人出城探春"条："州南，则玉津园、外学、方池亭榭、玉仙观。转龙湾西去，一丈佛园子、王太尉园、奉圣寺前孟景初园……园馆尤多。"这个"奉圣寺"，明李濂《汴京遗迹志》卷九"凤城岗"条有记载："在城西南三里许。旧有奉圣寺，号奉圣寺岗。后金兵犯汴，毁其寺。金章宗时有二凤凰率诸鸟飞落于此，人随称为凤城岗，亦曰凤凰岗。"新中国成立后已将凤城岗村更名为丰收岗村，属开封市鼓楼区南苑街道办事处管辖。该村紧靠城南护城堤，我们可以知道当年的孟景初园，所处位置之偏僻，园的规模之狭小可想而知。但是，这确是孟景

初依附于皇亲国戚高官显宦之骥尾，作为炫耀身价的标志。

作者的第六次现身，就是在第十卷的最后一个条目，"除夕"条，作了一个最彻底、也是他认为最光彩的亮相："至除日，禁中呈大傩仪，并用皇城亲事官，诸班直戴假面，绣画色衣、执金枪、龙旗。教坊使孟景初身品魁伟，贯全副金镀铜甲装将军。用镇殿将军二人，亦介胄，装门神。"到此，孟元老的"辉煌"人生全部表述完毕。郑重其事地告诉后人，孟元老就是当年深受皇恩红极一时的中官教坊使孟景初，这也就一扫八个多世纪以来的历史迷雾，而大白于天下。

为了进一步了解孟元老其人，书中还为我们提供了作者的许多生活素材。他在回忆录中，除了大力宣扬其"辉煌"的一面，另外还大量介绍了东京城的酒楼和妓院。书中记正店、酒楼就有：矾楼、潘楼、杨楼、班楼、刘楼、八仙楼、会仙楼、长庆楼、清风楼、欣乐楼、和乐楼、铁屑楼、看牛楼、熙熙楼、高阳正店、姜店、药张四店、蛮王家、乳酪张家、张四家、郑门河王家、李七家等二十五余座。记述妓院的街巷就有十七处之多。由此可知，孟景初是酒楼饭店的老主顾，也是眠花宿柳妓院常客的声色犬马之徒！这正符合治国无能、奢侈腐化在行皇帝的"口味"。孟景初之所以有此"辉煌"的阅历，也是时代的机遇。

南北环游杂剧班 "二孟"悬殊非同流

从孟元老的记述中，我们就可以清楚地知道，他出生于一个以表演杂剧为营生的家庭，其"先人"就是这个私人组织的孟家杂剧班的班主。班主为了一家老小和班里的演员、学员以及服务人员的吃饭穿衣，不得不走府串县"拉场子"，成年累月忙于逢庙会、赶更集"摆地"挣钱糊口，环游于大河、大江南北。直到孟元老长到十六七岁时，孟家班才来到京城。开始，他们只能在京城中各个勾栏瓦肆中演出。随着年龄"渐次长立"娶妻生子，凭着魁伟身材，又身怀高超技艺，被官方吸收到教坊当演员，由于能得到风流皇帝的恩宠，被提拔当上了教坊中层小官教坊使，由此便在京城混得风生水起，成为他一生中最为"辉煌"的时期。孟元老的家族与孟昌龄家族并没有任何瓜葛，孟昌龄父子是高官显宦，孟元老父子仅是教坊中的"戏子"，二者

天壤之别不可同日而语。因此，书中的"宦游"二字应是环游无疑。再者，书中有关宫中表演场景，孟元老都是亲身参加者和表演者，所谓"习按"而是作者有意设置的迷人之"局"罢了。

"元老"二字有深意 "避地江左"随驾臣

孟景初之所以用"元老"作字署名，一是因"景初"而演化，初则，元也。"景初"之时何等"辉煌"，今已暮年"晚景"，老矣。二是作者有更深层含义。北宋王朝于靖康二年(1127)四月被金灭亡，徽、钦二帝被掳往北国。五月，宋徽宗第九子康王赵构，在前往金国做人质的半途中，闻京城陷落父兄遭劫，便仓惶逃往宋州(今河南商丘县南)自立为帝，史称高宗。作为备受皇帝恩宠的孟景初，在得到赵构称帝的音信之后，他最迟不会超过当年的七月，便带着家眷追赶高宗离开东京城。先后随赵构在扬州、镇江、建康(今南京)一带"避地江左"，一直到建炎三年(1129)才到杭州(后改称临安)定都，建立南宋政权。孟元老自以为生为大宋人，死做大宋鬼，决不屈膝金人足下当亡国奴。与此相反，教坊乐官孟子书，当金人攻进东京城后，就当了汉奸。宋人陶宣干在其《汴都记》中记载："内官蓝䜣、医官周道隆、乐官孟子书等，经元帅投状，称有金银在家窖藏，乞取未遂致元帅怪怒，差人赍锄镵入城劚取内侍邓珪、及教坊所窖金银。"二人相比，孟元老的高尚气节还是应当肯定的。于是，便自诩为护驾有功南宋开国之"元老之臣"。

私家笔记成经典 历史功绩不可没

尽管孟元老撰写此书，是为了炫耀自己的"辉煌"人生，但在客观上，确为后人留下一部记载北宋都城较为详尽的历史文献"资料"，被称之为经典著作。为后人研究北宋都城历史文化提供了准确而形象生动的蓝本。我在十多年前就有一个想法，如果能将《东京梦华录》改编成电视连续剧，将北宋东京城的城池、河道、街巷、店铺、千行百业、民风民俗、寺庙园观、四季节令以及宫廷礼仪，一一用具体的故事情节形象生动地表现出来，再加之画外音、荧屏字幕予以解说，将会是一部很好的学习和了解北宋历史文化知识的生动教材，向广大人民群众传播历史正能量的唯物主义价值观。我们的结语是：孟元老对传承历史文化的贡献功不可没。

宋都开封：中国"文艺复兴"的中心

翟宏魁　李天富

内容摘要：法国汉学家谢和耐经大量资料科学考证分析后得出"宋代是中国文艺复兴时代"。这主要是指北宋，开封则是此次"文艺复兴"的中心城市。中华文明遭受六次重大打击仍在世界文明之林中熠熠生辉，而宋朝，则是中国历史上的盛世绝代。宋朝的"文艺复兴"首先得益于思解上的解放，此外，主政者的推动力亦不可忽视。宋词更是这一时期文化的重要代表，此外，宋都的书画、建筑等都为人称道。宋朝的"文艺复兴"随金兵南下戛然而止，虽仅数十年，但其在人们心灵烙上的创造和自由的痕迹却历久弥新。

关键词：文艺复兴　六大厄运　宋代文化　开封

说到"文艺复兴"，我们马上会想到欧洲的"文艺复兴"，想到佛罗伦萨这个"文艺复兴"的中心城市，想到米开朗基罗、达芬奇和拉斐尔三杰。其实，中国历史上也有一次"文艺复兴"，而且是唯一的一次，以后，因为种种影响中华民族文明的厄运，文艺再也没有复兴过。

法国汉学家谢和耐经过大量资料科学考证分析后得出一惊人结论：宋代是中国第一次"文艺复兴"时代。这主要是指北宋，开封乃是这次"文艺复兴"的中心城市。

历史学家陈寅恪也曾说过："华夏民族之文化数千载之演进，造极于天水一朝。"

历史上，中华文明曾遭受六次重大打击，这极大地影响了中国社会的发展进程和文明的进化程度。如果没有这六次厄运，中国古代灿烂的文明有可能以自己的加速度，极大地增强和带动科技、经济、政治制度、文化教育及意识形态的发展进程，而先于欧洲迎来近代文明。

这六大厄运第一次是秦始皇的"焚书坑儒"，一把火把春秋战国几百年积累下来的诸子百家成果毁于一旦。第二次是汉朝董仲舒提出的"罢黜百家，独尊儒术"，这种唯孔儒学，废它学说使得以后的知识分子只能学习儒家一门学说，造成如此重的精神枷锁，使得中国近代科学举步维艰。

第三是金元时期，草原民族入主中原，野蛮的大屠杀和民族歧视政策，使文明大倒退。第四次在明初朱元璋钦定的"八股文"，要求科考中按这种文体作文，连字数且有限制。这种格求死板，内容空洞的文体极大束缚人的思路。顾炎武说："八股之害甚于焚书"。

第五次是明朝的"海禁"政策，此时陆上丝绸之路久已废，现加之海禁，中国完全进入闭关锁国的状态，而此时正是欧洲文明和科技大发展时期，中国失去了获得最新国外科技知识和优秀文明成果的机会。

第六次是"文化大革命"时期，按照历史的定格，那是"一场浩劫"。

宋朝是中国历史上经济、科技、文化最辉煌的时代，中华文明的盛世绝代。两宋320年，在其全盛时期，GDP总量比同期世界一半还多，官员的收入是汉朝的6倍，是清朝的10倍，汴梁宋城门的卫兵都比欧洲的一个市长收入高。

宋代的科技和文化是最发达的时代，四大发明中除造纸是在洛阳发明的外，其余的三大发明——火药、活字印刷术和指南针，都诞生于这个时期，都是在宋都开封发明、试验和完成的，而且最终用于社会实践。

在宋都开创的第一次"文艺复兴"，首先得益于思想上的解放。宋之前的朝代汉唐奉行的明儒暗法的统治理念，而宋推崇的是"存天理，灭人欲"的理学，更多的是遵循规律，不推行强权暴政，对个人干预较少，自由度大，有利于个人创造力的发挥。

宋朝的"文艺复兴"与主政者的兴趣有很大关系。北宋的太宗、真宗、徽宗都是典型的"文艺皇帝"，喜爱书画，尤其是徽宗赵佶，不仅是"文艺复兴"的推动者、组织者，而且也是著名的代表人物。

艺术分八大类型，音乐、电影、戏剧、文学为时间艺术,舞蹈、绘画、雕塑、建筑为空间艺术。宋代的"文艺复兴"在当时的条件下,尤绘画、文学和建筑方面更卓有成效。

北宋初年,山水传统画以李成、范宽、关仝三大家为宗。继而又有王士元、王端、燕文贵、许道宁、高克明、郭熙、李宗成、丘纳、王诜等人,水墨淡彩,精致典雅,都无不体现"宋画惟理"的单纯、质朴的美学特征。虽极简,不炫技,但表现仍精湛无比,令人回味无穷,观之难返。

公元1104年,宋又设画院,把绘画列入科考制度和学校制度。这是自"武考"纳入科考后对科举的又一大突破和贡献。当时的美术科考在京城汴梁举行。分为佛道、人物、山水、鸟兽、花竹、屋木六科。宋徽宗亲任主考,以文人诗句来命题,要求考生画出诗的意境,主看谁构思巧妙,不落俗套。

宋徽宗这个中国历史上最有文才的皇帝,本人诗书画无不精通堪称大家。他出的题目有"野水无人渡,孤舟尽日横""乱山藏古寺""踏花归来马蹄香""蝴蝶梦中家万里""子规枝上月三更"等。李唐以巧妙构思曾夺得画科状元,被录为图画院,后成为著名画家。

画院当时有画家300多人,是一支庞大的创作群体。山东人张择端到汴梁科考后,即选择学习界画,这位天才画师马上脱颖而出。他画的描述市井生活的大型画卷《清明上河图》描绘了从市郊到汴河再到都城的汴梁街境,高处鸟瞰,移步换景,全卷人物810多个,牲畜94头,树170棵,船只车轿各20多处。今虽经千年战乱,四次出宫,又五次进宫,现已入藏故宫博物院,成为第一镇馆之宝,世界上仿品30多幅,虽是仿摹,却也大多是历代高手所为,价值亦不菲。

中国第一长卷古画《千里江山图》,长1116厘米,比《清明上河图》长卷长一倍。《千里江山图》乃河南开封原阳(宋时原阳归开封府)人王希孟所作。他受徽宗亲授技艺所作,创作此画时年龄才18岁。宋徽宗将此画赐给了蔡京,蔡京爱不释手,曾写下70个字的题跋,可惜他英年早逝。后人从蔡京的题跋中才看到他的生平资料。现画作为中国十大名画入藏故宫博物院,与《清明上河图》同为一个档次。目前,中国邮政已继《长江》《黄河》《长城》之后,它和《清明上河图》都发行长卷邮票纪念,成为世上收藏珍品。

宋徽宗亦是出色的花鸟画大家,他的《瑞鹤图》和《柳鸦芦雁图》现收藏于辽宁博物馆和上海博物馆,都是国宝级名作。台湾作家蒋勋戏颂"宋徽宗是故宫精神上的第一任院长"。

宋画当推李公麟为杰出代表,他是宫廷画师,又精于书法和古物鉴赏。代表作为《五百应真图》《维摩演教图》《西园雅集图》,对后世影响较大。苏轼和米芾也是著名的画家。

宋词也是中华文化宝库中最璀璨的明珠,它是继诗以后更令人神往的文学形式。因为字数不等又称长短句,又有曲可唱,令无数人为之倾倒。宋词分豪放派和婉约派两类,前者以苏轼和辛弃疾为首,后者以李清照和柳永为领袖。东京开封乃是词大家的故乡和集结地,在这里留下许多千古绝句。

宋代词人还有名家黄庭坚、秦观、王安石、欧阳修、范仲淹、贺铸、周邦彦、晏殊、晏几道。南宋时期还有岳飞、陆游、朱淑真、杨万里、范成大、张孝祥、刘克庄、吴文英、周密、姜夔、蒋婕。可谓群星共聚,齐创辉煌,成为中国文艺中最大的群体队伍,可惜只留下词,未留下曲,令今人遗恨万分,百感交集。尤其婉约宗主李清照,有专家说一千年前若有诺贝尔文学奖,非她莫属。

宋代的书法也是中华书法史上一朵奇葩,宋初四大家苏轼、黄庭坚、米芾、蔡襄,尽显风流,各有千秋。宋代奸相蔡京和秦桧,其书法水平尤其不得了,过去我们因其人品劣而不宣传,然二人的书法艺术真乃卓绝天造,我们现在的宋体字就是秦桧所书,不过不以他命名为秦体,而改称宋体避之。

宋书法家留下的真迹不多。黄庭坚的一幅《砥柱铭》乃公元1095年所书,在2015年保利春季拍卖会上曾拍出3.9亿元天价,加上佣金,总交易额高达4.368亿。全文共407个字,可谓字字百万还多。宋代大散文家曾巩是唐宋八大家之一,本不是书法家,可其一尺多的小幅作品《局事帖》真迹也在2005年北京保利中国绘画夜场中拍出1.08亿元高价,可见,人们对宋代书法的珍爱程度。

宋徽宗独创的瘦金体书体,更是中国书法史上的一个创举。就连宋徽宗在北宋亡后押在黑龙江五国城时,人们常去探视他,送他礼物,但要有收条,把收条的字组编印成帖书卖之,购者如云。但见喜爱程度。

宋代的建筑风格改变了隋唐时期的宏伟规模和奔放气势,表现出虽体量小,然绚烂而富于变化,呈现出细微致柔的风格,出现了各种复杂形式的殿、台、楼、阁。

(下转第55页)

大力传承包公廉政文化 努力打造新时代包公文化品牌

——2018 肇庆包公廉政文化研讨会学习、考察报告

李树友

4月19日、20日，为期两天的 2018 包公廉政文化研讨会在广东省肇庆市举行。此次研讨会是 2015 年开封市纪委举办首届包公廉政文化研讨会的接力和延续。来自全国各地研究包公文化的专家学者、包氏后人以及来自开封、合肥、肇庆三市的纪委干部，齐聚包公"青天之名"发端地——肇庆端州，为在新时代携手打造包公廉政文化品牌建言献策。两天内，与会的领导和专家联手打造了一场包公文化的盛宴。

作为包公扬名地的古都开封，此次应邀出席活动的有市纪委和鼓楼区纪委领导，还有开封府董事长段朝现，开封博物馆馆长曾广庆，开封府副总经理修振明，开封包公研究会会长李良学、副会长张锡凤、顾问李树友、常务副秘书长刘秋生，包公祠办公室主任王惠珍，开封博物馆副研究员焦惠园等。此外，合肥市、肇庆市、池州市、马鞍山市、天长县、邯郸大名县等地的纪委干部、包公文化研究机构代表参加了活动。

一

研讨会全面贯彻党的十九大精神，以习近平新时代中国特色社会主义思想为指导，深入挖掘传承包公廉政文化，加强实践应用研究，扩大沟通交流合作，进一步提升包公廉政文化影响力辐射力，为推进党风廉政建设和反腐败斗争提供有益借鉴和启示。

与会人员紧紧围绕"包公廉政思想的历史影响"这个主题，坚持以习近平新时代中国特色社会主义思想为指导，深入挖掘包公精神在新时代的价值和意义，共同研讨包公廉政文化在新时代的传承和实践。这次文化的交流、观点的共享，将进一步提升包公廉政文化的影响力和辐射力，为推进新时代党风廉政建设和反腐败斗争提供有益借鉴和启示。

研讨会上，合肥、开封、肇庆市纪委作包公廉政文化建设经验交流发言。市纪委副书记、市监察委副主任侯豪以《清风颂包公 廉洁永传承》为题做了交流发言。他认为，包公文化是中华文化一座不朽丰碑，是古都开封一张靓丽名片。包公承载着人们对司法公正的期盼和寄托，承载着百姓对美好生活的热切向往，其精神直到今天仍影响着人们的意识和社会的价值判断，既是中华文明精神气节的精华，也是世界文化传承的宝贵财富。包公文化不仅具有深远的历史意义，也具有非常重要的现实意义。

北京联合大学应用文理学院原院长孔繁敏认为，包公"清官文化"值得在新时期大力弘扬。包公历经千年传颂，已成为公众崇敬的清官代表，包公的廉政事迹是值得积极借鉴的宝贵历史文化遗产之一。他表示，包公所处的宋仁宗时代是一个发展、改革与危机并存的时代。作为改革者之一，包公从政时期的廉政事迹突出表现在用人、监察、法纪、自律四方面。包公的廉政事迹在宋代早已受到广泛赞扬，反映人民追求公平正义、廉洁奉公、敬业为民的进步价值观，是中华民族优秀传统文化重要组成部分。随着后世历代的发展需要，包公思想被不断升华。在新时期，人们尤其需要继承和发扬包公廉政文化。

开封包公文化研究专家、开封包公研究会会长李良学在发言时从三个方面讲述包公的廉政思想与廉政文化建设以及依法断案。他认为，包公的廉洁思想，既体现在他遵纪守法、爱国爱民上，还体现在他对子孙后代的严格要求上。包公家训流传至今，对包氏后人产生了深远的影响，便是一个很好的见证。"廉洁和贪腐，水火不容。包公的廉政，还体现在他与贪官污吏的斗争上。"李良学说，包公心里时刻想着国家和百姓，主张对贪官污吏从严惩处，任何官员只要做了于国于民不利的事情，他都敢于大胆斗争。"公生明，廉生威。只有

像包公这样的两袖清风、一身正气，才能如此无惧无畏。"

开封博物馆馆长曾广庆在发言时，从依法治国的角度，论述了包公廉洁从政思想。

合肥市包公精神传承研究会会长、包公后人包训安认为包公是千百年来为官者的行为标杆。包公文化不仅体现在 "以廉为重""以民为本""以孝为先" 的思想上，更体现在"执法严明""为民请命"的实际行动上，因此，"忠、孝、廉、爱"应当说是包公精神较为完整的诠释。

合肥学院教授何丰论文的题目是《从历史包公到文学包公——包公的文学传播与社会影响》。

此外，由开封府等单位联合创作的 9 集 3D 廉政动画片《铁面包公》预告片及其《端州掷砚》剧集，还在此次研讨会上作了展示推介。

作为包公的扬名地、出生地和成名地，开封、合肥、肇庆三市纪委还在会上签订了《合汴肇三地包公廉政文化研究和文化交流合作框架协议》，从加强学术研讨、交流分享经验、推动成果共享、促进人才交流、共创文化品牌等方面，将交流合作具体化、制度化，推动三地包公廉政文化研究与文化交流合作向更高水平、更深层次、更宽领域发展。

研讨会筹备期间，组织方在全国范围内征集了包公廉政文化研究论文 58 篇，从中遴选出 34 篇作为参会论文，并将在会后结集出版。开封包公研究会有 3 篇论文入选，分别是李良学的《包公的廉政思想与依法断案》、李树友的《包公勤政爱民思想根源及其深远影响》和张锡凤的《浅议包公文化的弘扬与传承》。

二

肇庆是包公"青天之名"的发端地。包拯在端州(今肇庆)任知军州事三年，在任期间，他兴学教化、只征贡数、排沥垦荒、挖井除疾、归顺僚族、建设新城;他惩奸除恶、勤政、爱民、清正廉明，形成了以民为本、清正廉洁的治政理念。

《宋史·包拯传》中"包拯不持一砚归"的故事就发生在端州。肇庆至今仍保留着包公祠、包公楼、包公井等包公文化遗迹。

近年来，肇庆市积极保护修缮包拯在端州的遗址遗迹，并进行优化提升，精心打造包公廉政文化旅游路线。比如，对留存至今的龙顶岗包公井和米仓巷包公井进行保护修复，建成包公文化广场，供市民游客休憩和了解包公文化;在包公创办的星岩书院遗址上复原书院牌楼，星岩书院于 2017

年 5 月 20 日揭牌重兴;对砚洲岛包公楼进行重新修葺，生动再现包拯当年治端印迹和不朽功绩。

2015 年 5 月 27 日，集中展示和弘扬包公清官文化的包公文化园正式开园迎客。

此次研讨会举办期间，肇庆市在包公文化园广场举行了包公知端州铜像揭幕仪式。包公铜像高 3 米，座高 1 米。包公铜像以北京故宫博物院珍藏的包公画像为依据，利用科技手段倒推出 42 岁时包公的脸谱，力求展现包公坚持正义、不偏不倚、亲民爱民、刚正威严的形象。

研讨会期间，与会人员循着包公在肇庆的足迹，参观了包公文化园、宋城墙、府城遗址、包公井、星岩书院以及砚洲岛包公楼等，倾听包公治端历史，领略岭南古郡的深厚文化底蕴。

4 月 19 日下午，参加包公廉政文化研讨会的嘉宾坐船登上砚洲岛，实地探访传说中的包公"掷砚成洲"处，了解包公精神带给当地群众的影响。

在砚洲岛包公楼前，恰逢岛上包公巡游，宾客与当地群众纷纷驻足观看。只见包公扮演者在展昭、公孙策、张龙、赵虎、王朝、马汉的簇拥下出场，人物精神抖擞，昂首向前，向宾客和群众派发福米，引来阵阵掌声。

"包公离任不持一砚归"，虽为传说，砚洲人却仍以此为荣，世代感恩包公恩德。巡游将包公铁面无私的形象展现得淋漓尽致;群众簇拥着包公巡游，可以看出他们发自内心对包公的爱戴。

晚上，与会人员在肇庆学院观看了全国首部全景式"包公"题材大型原创廉政音乐剧《青天之端》。

三

肇庆市对包公治端遗迹(包括宋城墙、府衙的保护)投入力度大，效果显著。在包公文化建设上下了很大功夫，给与会人员留下深刻印象。

开封市包公研究会会长李良学接受《西江日报》记者采访时说，肇庆在包公文化建设上有特色。包公文化园刚开始建的时候他曾到过肇庆，这次看到建成的包公文化园后，觉得肇庆对保护包公遗迹付出很大的努力。肇庆在研究和宣传包公文化，传承和弘扬包公精神上很有特色，尤其是把包公文化融入廉政文化当中，让包公文化的内涵更加丰富和深刻。

参观完肇庆多处包公历史遗迹后，开封府副总经理修振明认为，在包公文化传承和保护上，肇庆一直是兢兢业业、尽心尽力，花费大量心血和工夫，特别是看到肇庆投入大量精力去谋划包公廉政文化研讨会，办得非常成功，相信通过举办此次研讨会，对包公文化全国性的展示具有借鉴意义。

修振明说，目前广东肇庆、安徽合肥、河南开封都在大力推广宣传包公文化，三地各有特色，又一直互相联系、紧密交流合作，对包公文化的弘扬和传承无疑有积极的推动作用。

四

通过研讨，与会人员形成共识。无论是历史上的包公，还是文学上的包公都是社会公平正义的化身。包公的美名之所以能够千古流传，其形象赢得人民群众的敬仰，是因为包公的事迹和思想凝聚了优秀的中国传统文化元素，契合了人民群众对更加美好生活的期盼，顺应了新时代社会发展更加公平正义的历史潮流；包公文化、包公思想、包公精神是我国优秀传统文化的重要组成部分，加强对包公文化的研究、总结和概括，并不断弘扬和传承，有利于增强中国特色社会主义的文化自信。

在新时代，如何继承和光大包公文化这一我们民族宝贵的文化遗产，服务于社会主精神文明建设，为新时代中国特色社会主义建设做出更大贡献，将是包公研究的一个新的课题。

全国政协委员、广东省委原常委、省纪委原书记黄先耀认为，要以习近平新时代中国特色社会主义思想为指导，把握好研究的政治方向，继续深入研究和弘扬包公文化。深入研究和弘扬包公文化，要与弘扬社会主义核心价值观紧密结合；深入研究和弘扬包公文化，要为党和国家培养为民务实清廉、忠诚干净担当的高素质干部队伍服务，为构建风清气正的政治生态、营造公平正义的社会环境、建设社会主义法治国家、建设社会主义现代化强国服务。

肇庆市委书记、市人大常委会主任赖泽华说，弘扬包公廉政文化，就是要弘扬他爱民亲民的赤子情怀，始终保持和人民群众的血肉联系，常思百姓疾苦，常谋富民之策，真正做到为官一任造福一方；弘扬包公廉政文化，就是要弘扬他清心直道的廉洁本色，始终坚守廉洁从政底线，一心为公、坦荡做人、谨慎用权，始终保持共产党人的政治本色，争当"青天"廉官；弘扬包公廉政文化，就是要弘扬他秉公执法的浩然正气，坚持厉行法治，带头尊法学法守法用法，努力营造公平公正的法治环境。

开封府董事长段朝现认为，包公是一面旗帜、一面镜子、一把尺子，包公精神是中华民族历史长河里的一座丰碑，包公文化是八朝古都开封的一张闪亮名片。作为开封包公文化的重要载体，开封府是开封当之无愧的名片。这张名片，不仅得到了全国的认可，也得到了全世界的认可。我们也更有责任在新时代传承、弘扬好包公文化。

开封府于2001年动工复建，2003年正式运营，目前是河南省廉政教育基地和兰考焦裕禄干部学院现场教学点。其所拥有的包公廉政文化正被赋予新的时代意义，包公廉政文化的挖掘和展示还有更大的提升空间，在这样一个背景下，提出了开封府二期发展开发项目规划。这个项目，不仅是提升开封府景区、包公湖风景区文化品质，拓展开封府文化发展空间的一项重要工程，更是落实市委、市政府文化旅游发展战略，打造开封国际文化旅游名城的一个"文、商、旅"综合性旅游产业开发项目。

五

2018包公廉政文化研讨会的成功召开，对挖掘提升包公廉政文化内涵，弘扬包公勤政廉政精神，深入推进新时代党风廉政建设和反腐败工作具有积极的意义。

此次研讨会形成了一批包公廉政文化理论研究成果，建立了一个包公廉政文化交流合作机制，修复了一批包公文化历史遗迹遗址，成果丰硕、意义深远。

如何用好这次研讨会成果，推进包公廉政思想研究和文化交流合作，会议要求：一是进一步挖掘包公廉政文化根源；二是进一步丰富包公廉政文化载体；三是进一步加大交流合作力度，四是进一步加强研究成果运用。

（李树友，开封包公研究会顾问、研究员）

汴河对古代开封城的影响

刘春迎

内容摘要：开封作为"八朝古都"，其荣辱兴衰的历史与汴河密切相关。汴河，又名通济渠、汴渠。作为隋大运河最重要的中段部分，通济渠西通河洛，南达江淮，使开封在作为魏大梁城被毁之后再次走向了复兴；汴河带来的水运交通的便利奠定了开封中华帝都的历史地位；由于汴河的影响，唐代汴州城逐步突破了传统的坊市制度，为宋东京城乃至以后中国历史城市格局的变化奠定了基础；汴河还深刻影响了开封城的格局及方向，其影响一直延续到今天。

关键词：汴河　古代开封　中华帝都　城市格局

古代的开封是一个和运河特别有缘的城市。公元前365年，魏惠王将国都由安邑（今山西夏县）迁至大梁（今河南开封），并在此开凿开封城市史上第一条人工运河——鸿沟，从"荥阳下引河东南为鸿沟，以通宋、郑、陈、蔡、曹、卫，与济、汝、淮、泗会"。鸿沟把黄河水系和淮河水系连接起来，使千里中原变成水陆通道，促进了大梁乃至魏国的繁荣，掀开了开封城市发展史上第一页光辉的篇章。秦王政二十二年（前225），秦派大将"王贲攻魏，引（黄）河（鸿）沟灌大梁，大梁城坏"，大梁城遂在滔滔黄水中化为废墟一片，进入了长期衰沉期。之后，古城开封的再度兴衰便和隋唐大运河结下了不解之缘。

一、汴河在开封城中的位置

大业元年（605），文帝的第二个儿子杨广弑父篡位，是为隋炀帝。隋炀帝继位之后，为大规模发展漕运，于公元605至610年之间，开凿了举世闻名的京杭大运河。运河以洛阳为中心，北起涿郡（今北京市），南达余杭（今杭州），全长4000余里，成为了我国古代贯通南北的交通大动脉。

大运河可分作四段，其中段名通济渠，是利用古代的汴水改造而来，又因濒临汴州，亦称汴渠、汴河。它西通河洛，南达江淮，是大运河中最主要的河段。"汴渠，在县（指浚仪县）南二百五十步，亦名莨荡渠，禹塞荥泽，开渠以通淮、泗。……自宋武北征之后，复皆埋塞。炀帝大业元年更令开导，名通济渠，自洛阳西苑引谷、洛水达于河，自板渚引河入汴口，又从大梁之东引汴水入于泗，达于淮，自江都宫入于海。亦谓之御河。……公家运漕，私家商旅，舳舻相继。"

唐宋汴河即"由板渚（今荥阳汜水镇东北）引河东南流，经汴州（今开封）、陈留、雍丘（今杞县）、襄邑（今睢县）、宁陵、宋州（今商丘县）、谷熟、永城、宿州、灵璧、虹县（今泗县）至泗州入淮的运道"。汴河自隋朝开凿，历唐、五代、北宋至金朝初年埋废，先后通航五百余年，自唐朝中叶起，曾是维系中原王朝政治中心和江南经济重心联系的大动脉。大运河的开通，使开封成为了名副其实的运河城市，为其发展创造了极为有利的条件。当时的汴州城就坐落在汴河北岸，其西距洛阳、西安之地较近，成为了隋朝东部沟通江淮的东大门户，较运河岸边的其他城市发展更为迅速，很快便成为了南北物资和人才的会聚之地，为唐代的大发展奠定了基础。

唐德宗建中二年（781），时任汴州刺史的李勉便开始扩筑汴州城，历史上也称"筑罗城"。扩筑前汴州城的情况因文献记载很少而不明了，"汴渠，在县（指浚仪县）南二百五十步"。李勉所筑的汴州城是抛开原城新筑的一道城池，规模宏大，坚固宽广，据《北道勘误志》等文献记载，周长二十里一百五十五步，面积较今日之开封城略小。共设城门7座，其中南面一门为正门，名尉氏门；东面二门，南为宋门，北为曹门；西面二门，南为郑门，北为梁门；北面二门，西为酸枣门，东为封丘门。李勉在扩筑汴州城的同时，还在汴河与汴州城南北中心大道的交会处，修建了一座桥梁，"以在州之南门"，故名汴州桥。

后至德宗贞元十四年（798）董晋任宣武军节度使时，又在汴州城的东、西墙上修建了汴河东、西水门。据《汴京遗迹志》记载："贞元十四年正月戊子,陇西公(董晋)命作东西水门。越三月,辛巳朔,水门成。三日癸未,大合乐,设水嬉。会监军、军司马、宾佐、僚属、将校、熊罴之士,肃四方之宾客,以落之。士女和会,阗郭溢郛。"当时为董晋幕僚的大文学家韩愈曾作《汴州东西水门记》以记其功。

汴河入城,无论是对汴河还是对汴州城来说,都有着划时代的重大意义,一方面,汴州城对汴河漕运的通畅,起到了保驾护航的作用;而另一方面,汴河漕运的通畅,也极大地促进了汴州城的经济发展和商贸繁荣。

汴河由西北方向自今开封西郊土城村南的西水门入东京外城,然后向东偏南方向分别流经开封大学东北角、汽车三运公司搬运总站南侧、中药厂厂区南部、针织内衣厂西分厂东北角、开封衡器厂院内、纺织器材厂北部、消防队西环路支队院内,至二建综合加工厂,再由小西门北侧的汴河西水门入东京内城,向东沿向阳路北侧、包公祠北侧、包公西湖中部、市供销社、电影公司、后河街、三毛时代购物广场沿线至中山路的州桥遗址,再向东经鼓楼区文教局、胭脂河生活小区北部至宋门南部的汴河东角门子出东京内城;再折向东南流向东郊煤厂,至殡仪馆大门西侧的东水门出东京外城,最后沿今惠济河的北岸流向陈留、杞县等地。

北宋时期的东京,不仅以宏伟的皇家宫殿著称于世,华美的佛教寺院和道家宫观名扬中外,幽美的皇家园林流芳千古,而且纵横交错、屈曲回绕的河流也使这座风流无尽的一代都城颇具江南水乡的特色。当时穿城而过的河道主要有汴河、蔡河、金水河、五丈河四条,而其中汴河、蔡河、五丈河三河皆通漕运,当年京城的河道之上,常年是舟船如织,商旅不绝,把全国各地的物资源源不断地运抵京都。太祖赵匡胤曾将其风趣地比喻为"京都三带"。宋代范镇在《东斋记事》中记载其原因:"钱俶(当时割据两浙的吴越王)进犀带于太祖,太祖却之,曰:'朕有三条带,与此不同。'俶求宣示,太祖笑曰:'汴河一条,惠民河(蔡河)一条,五丈河一条。'俶大愧服。"如果我们把汴河、蔡河、五丈河、金水河比喻作东京城内的四条翠绿色的玉带的话,那么,横跨于四河之上的一座座桥梁,更像是镶嵌在这四条玉带之上的一颗颗璀璨的明珠,给京城平添了几分点缀,使其在宏伟之中不失秀丽,颇具几分江南水乡的神韵,这在古今的北方城市中都是十分罕见的。

北宋东京城是当之无愧的北方水城。千年之后的今天,开封仍然享有北方水城的美誉,如此看来,是有其深刻历史渊源的。

二、汴河对古代开封城的影响

1.推动开封再次走上复兴之路

秦灭魏后,大梁城由于大水淹没和战火毁坏,名城大都的繁荣景象变成了满目凄凉,城市地位急剧下降。开封的再次复兴始于隋炀帝时期大运河的开通。大运河北起涿郡(今北京),南达余杭(今杭州),全长4000余里,成为贯通南北的交通大动脉。运河中段通济渠西通河洛,南达江淮,是运河最主要的河段。开封在隋代称汴州,就坐落在汴河北岸,系隋东、西两都(洛阳、西安)沟通江淮的东大门户,很快成为了南北物资的汇聚之地,驶入了发展的快车道。

唐初,通济渠更名广济渠,开封一带仍称汴河,系南来北往商旅漕船的必经之地,"汴水通淮利最多,生人为害亦相和。东南四十三州地,取尽脂膏是此河",日益成为大唐王朝的生命航线。唐代开封仍居汴河要冲,"当天下之要,总舟车之繁,控河朔之咽喉,通淮湖之运漕";"左淮右河,抱负齐楚,浊流浩浩,舟车所同",交通枢纽地位愈加突显,城市日趋复兴,被誉为大唐王朝的"王室藩屏",是两京之外规模最大的城池,也是文人墨客的趋游之地。玄宗天宝三年(744),诗仙李白、诗圣杜甫曾相邀同游汴州,在汴又恰逢高适,三人结伴游览,同登吹台,怀古赋诗,成为一时盛事,更成了千古佳话。《新唐书·杜甫传》对此记载曰"甫少与白齐名,时号李杜,尝从白及高适过汴州,酒酣登吹台,慷慨怀古,人莫测也"。

唐德宗建中二年(781),时任汴州刺史李勉扩筑的汴州城,把汴河圈入了城内,从此,运河和开封城的关系更加亲密,对开封的经济发展和商贸繁荣有划时代的意义。唐代诗人王建在《汴州纪事》一诗中曾这样写道:"天涯同此路,人语各殊方。草市迎江货,津桥税海商。"诗中"津桥"即指汴河上的州桥,位于当时汴州城的正中心,这首诗描写的就是州桥附近汴河两岸商业贸易的一派繁荣景象。

2.奠定了开封中华帝都的历史地位

周、秦、汉、隋、唐等代,我国封建社会的都城长期在关中地区的西安和伊洛地区的洛阳徘徊,但自唐"安史之乱"后,随着我国经济重心向江南转移,逐渐形成"军国费用,取资江淮"、"今天下以江淮为国命"的局面,大运河开通后,西安、洛阳作为政治中心的优势逐渐丧失,而地处运河要塞的汴州,借助漕运枢纽地位最终取而代之,成为了五代、北宋和金的定都之地,奠定了开封中华帝都的历史地位。

汴河漕运的便利决定了开封成为五代、北宋统治者择都的首选之地。自东南沿海至开封,皆一马平川,江南物资通过运河到开封相对方便,而自开封以西至洛阳、西安等地,则渐趋丘陵、山区,海拔落差陡增,漕运船只西行必须穿山越岭、逆流而上,辗转而至,难度自然加大。据《东京梦华录》记载,北宋时期以东京(开封)城内的相国寺桥为界,以东汴河上的桥梁皆如《清明上河图》所绘"虹桥"之制,形似飞虹,单孔无柱,可通大型舟楫,而自相国寺桥以西如州桥等则均为平桥,"皆低平不通舟船,唯西河平船可过",漕运能力自然大打折扣。正因如此,唐天祐四年(907),朱温才审时度势选择在开封称帝建梁(史称后梁),使开封成为了新形势下我国古代都城"东渐北移"的第一个重要节点。后晋石敬瑭天福元年(936)虽复选洛阳为都,但再三对比洛阳与开封两地利弊后,于次年便诏令迁都汴州,在迁都前后的两封诏书中,均强调"今夷门重地,梁范雄藩,水陆交通,舟车必集"、"今汴州水陆要冲,山河形胜,乃万庾千厢之地,是四通八达之郊",可见迁都原因汴河因素仍居首位。后周时的东京"华夷辐辏,水陆会通,时向隆平,日增繁盛",世宗于显德三年(956)重新规划、扩建了东京外城,为北宋在开封的定都埋下了伏笔。北宋时期"唯汴水横亘中国,首承大河,漕引江湖,利尽南海,半天下之财赋,并山泽之百货,悉由此路而进",东京城之所以能成为"人口逾百万、富丽甲天下"的国际大都会,更是与汴河漕运休戚相关。正如时人所谓:"有食则京师可立,汴河废则大众不可聚,汴河之于京师,乃是建国之本,非可与区区沟洫水利同言也。……大众之命,惟汴河是赖。"

北宋灭亡后,受战火影响,汴河作用大减。经过靖康之役,"汴河上游为盗所决者数处,决口有至百步者,塞久不合,干涸月余,纲运不通,南京及京师皆乏粮"。后南宋与金南北对峙,汴河为二者分占。绍兴四年(1134年),宋高宗为了"务要不通敌船",下令开决汴河,并烧毁所流经地区的汴河诸堰。随着汴河的断流和废弃,金代之后,开封作为都城的历史也彻底终结,无可挽回地走向了没

落。如此算来,作为"八朝古都"的开封,其中有六朝是伴着唐宋大运河的通畅而缔造的。

3.冲散了开封城传统的坊市制度

西周之后的我国古代城市,一直沿袭坊(住宅区)与市(商业区)分设制度,唐朝长安城最为典型,城内住宅区被25条纵横大街井然分割成整齐的110坊,坊四周筑高大围墙,坊门定时启闭,商业区只有东市和西市,由官方集中管制,其他地方则严禁市场交易,城市活力受限。然而,自唐代汴河被圈入开封城后,剧烈的变化便开始了,城内的汴河水门、岸边、桥头等处很快成为了市场贸易的要闹之区。从唐王建"水门向晚茶商闹,桥市通宵酒客行"、刘禹锡"四面诸侯瞻节制,八方通货溢河渠"等诗赋的描述中,均折射出商贸活动的运河特色。宋人释文莹《玉壶清话》记载,后周时期的东京城中已是"淮浙巨商贸粮斛贾,万货临汴,无委泊之地",大臣王景还在东京城内汴河岸边"起巨楼十二间……邀巨货于楼,山积波委,岁入数万计"。

北宋时期,东京城内汴河沿岸的商业气息更加浓郁,整个京城南半部,汴河上的粮仓、码头、桥市、草市比比皆是,《清明上河图》中重笔描绘的许多馆驿、茶楼、酒肆,也均沿汴河岸边徐徐展开。在汤鼎笔下,桥市也较唐代更加喧闹,"桥头车马闹喧阗,桥下帆樯见画船。弦管隔花人似玉,楼台近水柳如烟"。《宋会要辑稿·食货志》描述东京城市场时还有"南河北市"一说,即指东京城南部的市场多集中在汴河沿岸。后来,东京城还逐渐形成了"河桥上多是开铺贩鬻,妨碍会及人马车乘往来,兼损坏桥道"的局面,以至于政府不得不采取措施严加整顿,"诏在京诸河桥上,不得百姓搭盖铺占栏,有妨车马过往"。东京城中的河市,不仅打破了地域上的壁垒,而且还突破了时间上的限制,如位于东京城中心汴河岸边的州桥夜市"自州桥南去,当街水饭、燻肉、干脯……直至龙津桥须脑子肉止,谓之杂嚼,直至三更"。传统坊市制度下古代城市中的"宵禁"已不见了踪影,东京城成为了世界历史上的第一座不夜城。

总之,唐、宋之际的开封,先是以运河桥市为中心,形成与市、河平行的商业街,并沿运河两岸而伸展,运河与平行的市街构成城市新的成长轴线。"随着'街市'的发展和坊巷中商业交易的开展,逐渐形成大街小巷的交通网,于是大街小巷的结构就代替过去'街坊'的结构"。因此,在一定程度上可以说,隋、唐之际洛阳、西安城中规矩平整、

结构严谨的封闭性坊市结构体系,在唐、五代和北宋时期的东京城中,是被一条汴河逐渐冲散的。

4.框定了开封城的格局和方向

早在汴河被圈入汴州城之日起,就限制了城内主要街道的走向,界定了部分重要城门的位置,从而影响了汴州城的结构布局和方向。汴河是沟通南北的交通大动脉,非一般城市景观河可比,唐代扩筑汴州城时,始将汴河包罗城中,筑城时必然会受到汴河的制约。汴河两岸的街道与运河平行,城的方向尤其是南北城墙的方向和运河方向一致,这样的布局结构才更加合理。之后历代开封城或利用汴州城直接改造而成,或对其部分墙体向外拓展而成、或依此在其外围扩筑而成,可谓一脉相承,千年沿袭。近年来开封城和汴河故道的考古发现表明,唐汴州城之后的历代开封城均不是正方向,其南、北城墙约东偏南14度,这和历史上开封城内汴河遗址的走向是完全一致的。

汴河自金代断流,继而在明代被黄河泥沙埋塞淤平。然而,即便是对于近、现代的开封城而言,也只是在新城区才逐渐摆脱汴河的"挟持",重新恢复了北方地区平原城市坐北朝南、横平竖直的布局形态,老城区因受到开封城墙的限制和框定,城的基本格局和街道走向仍然保持和延续着唐、宋时期运河城市的特点和遗风。特别是在开封"城摞城"现象影响下,这些特点较历史上其他的运河城市更加明显和突出。如今,在开封城区内外的地平线以上,人们再也看不到汴河的踪迹了,甚至生活在这座古城里的人们,也已不知唐、宋时期的开封曾经是一座典型的运河城市了,但是这条早已销声匿迹的古老运河却依然和开封城有着割舍不断的关系,如唐、宋时期的州桥遗址,仍深埋在今开封城正中心的中山路之下;州桥遗址两侧汴河故道附近的街道,仍然保持着唐汴州城时期的位置和走向;甚至今天开封城墙上的宋门、曹门和大梁门,其名称和位置也均源自唐汴州城等等,透过这些表面现象的背后,似乎依稀可见汴河的身影。

(刘春迎,河南大学教授)

(上接第 48 页)而且还有标准化、规范化的建筑专著——《营造法式》和《木经》。河南新郑人李诚的《营造法式》是世界最早、最完备、最全面的建筑学专著。相当于建筑业的《国标》。

在今日开封宋代古建筑中,只剩下北宋的建筑物繁塔和铁塔了。铁塔为琉璃砖塔,建于北宋的1045 年,1049 年建成,塔高 55.8 米,八角形十三层,素有"天下第一塔"之称。铁塔旧址原建有一座木塔,高 120 米,造工精细,是有史以来最美的佛塔,名为福胜塔。可惜在 1044 年遭雷火焚毁,化为灰烬,铁塔就是在其原处建造的。

繁塔建于 974 年,在天清寺内,原高 240 尺,合 73 米,分九层。繁塔在宋代建成后风光 300 年,"繁台春色"乃汴京八景之一,到明成祖时"铲王气",因开封乃周王所在地,繁塔也受株连被铲去四层,可惜元初又遭雷击掉两层,现只遗存三层。

"繁塔春色"和"铁塔行云"乃是汴京八景之一。1938 年,日军对铁塔炮击,第四——十三层的各级檐角受毁。后在毛主席指示下,拨专款 21 万元修复好。

宋朝的"文艺复兴"经历数十年后,随金兵南下戛然而止,此后在南京以及后来的元明清,虽有小的复苏,但却难以达到北宋时期的开放和自由,也难以在人们心灵上烙上创造和自由的痕迹。

行省制度的演变及河南省会的经历

徐 红

内容摘要：本文通过开封热议的"省会文化"中涉及的省、行省、河南省等名词进行梳理，从中了解它们的起源与演变，希望得到批评指正。

关键词：省 尚书省 中书省 行省 河南省

一、尚书省探源

省在古代是皇帝起居的地方，称为禁中，西汉元帝皇后的父亲名叫禁，当时外戚的权势很大，他经常出入禁中，为了避讳，将禁中改为省中。[1]这个时候的省仅指皇帝所居住的地方。秦汉时期中央机构的设置尚未完善，天下之事皆决于丞相府。汉武帝为削弱相权，常用尚书办事，原来只是"掌通章奏而已"的尚书[2]作用渐渐增大，东汉光武帝成立尚书台，尚书台长官为尚书令，副手仆射，成为事实上的宰相，是国家行政事务最高管理机关。西晋时尚书台权力更大，到南朝刘宋时已有尚书省的称谓，南朝梁时正式设立尚书省，并设六曹尚书，北朝则自北齐始，尚书台亦正式称省，这时的省可以看作一个机构名称。

尚书省独大的过程中，引起皇帝的猜忌，由此衍生出中书省、门下省来制约。中书一职是汉代掌管宫中书记的小官吏，而且一般由宦官担任。曹丕称帝后，为了牵制尚书省，将中书工作扩充成立中书省，其长官由仕人担任并任命了中书监和中书令，负责起草诏书、圣旨，审理奏章，掌管机密档案，逐渐将尚书省的权力向中书省转移。

门下省的形成是逐步的。作为门下省的长官侍中在秦时只是侍从和皇帝顾问文学、天象、礼仪的小官，因其执掌殿内往来奏事和侍从皇上故谓之侍中。两汉时侍中职权逐渐提高，东汉中叶置侍中寺隶属少府，因其常在皇帝左右得以代皇帝批阅尚书奏事，晋代发展为门下省，职权不断扩大，超过尚书、中书两省，凡军国大政，皇帝都要征询侍中的意见。

在魏晋南北朝时期，南朝的中书舍人实际执掌政柄；北朝虽设有中书省，也有监、令等职，但以侍中为重。

尚书、中书、门下三省并立已在隋代完成。隋设立了五省：尚书省、门下省、内史省、秘书省、内侍省。唐代又设六省，又多了一个殿中省。不管五省还是六省，其中心则是三省制"唐因隋制，以三省之长：中书令、侍中（门下）、尚书令共议国政，此宰相职也"。[3]三省制的核心是隋文帝时期决定的，三省配合，彼此制约，唐承隋制，以中书省定策，门下省封驳，尚书省执行政令，这就是被历史上称羡的三省制。

日本、朝鲜等近邻在盛唐时多次派人到唐朝学习，他们将中央机构设置为省搬了回去，直到现在日本还将中央机构称为省，如防卫省、文部省等耳熟能详的称谓，而且用汉字来表示，这些大唐遗风一直保存至今。

二、行省制度及发展演变

南北朝时期尚书省被称为尚书台或台，门下省为东台，中书省称为西台，总称为台省（亦有将御史台包含其中）。

行台省全称是行台尚书省，简称行省，行台（行省）的设立，"若籍古制，魏晋有行台，齐隋所管置外州，称行台尚书省。唐以诸道事繁，准齐分置，今行省其遗制也"。[4]

唐初，在诸道设行台尚书省，司马光亦有记载称："诸道有事则置行台尚书省，无事则罢之。"[5]综上所述，魏晋以至初唐所行的行省制则是为了及时处理军事或重大政治事件而设立。宋代因政局比较稳定，没有出现这种局面。

直到金代末年，这种情况再度重现。金人是一个游牧民族，建国初期的制度比较简陋，实行的一种叫勃极烈制度。"勃极烈"是女真语，即治理众人的意思。金人的大小官员都叫勃极烈，只在其前加一个名称以示区别，如金太祖完颜阿骨打，仅在勃极烈前加一个都字，即都勃极烈，他的继承人则加"谙版"称号，他的国相则加"国、论"，其次则加"国轮戺"称号。

这种混乱的局面维持了二十来年，自完颜亶（熙宗）(1136—1149)即位开始用辽朝南面官的三省制度，但独重尚书省，中书、门下两省仅有中书令和侍中，其余均为虚设。这种设置仅维持了十三年，他的继任者完颜亮（海陵王）(1149—1161)正式废除门下、中书两省实行一省制，从此中国历史上实行多年的多省制宣告终结。

金代实行了一省制，但他对辽阔的原属北宋土地尚无治理经验。开始采用扶植傀儡政权的办法，连续扶立了张邦昌、刘豫两个为人唾骂的政权，后来又觉得傀儡政权不受用，"在天会十五年(1187)，罢刘豫，置行台尚书省于汴，[6]天眷元年(1138)以河南地于宋，随改燕京枢密院为行台尚书省复移治于汴京"。自蒙古人入侵以来，金王朝政局动荡不安，行省制度遍及各处。

蒙古人也是一个游牧民族，早期对他占领地区如何管理也无统一规定，忽必烈进行了一系列的变革，首先开始使用年号为"中统"元年(1269)；命许衡等定官制：以中书省总政务，枢密院执兵柄，御史台司黜涉，内设监、司、寺、卫并有员额，外有行省、行台、宣慰、廉访，地方有路、府、州、县，发行中统宝钞。经过一番改革，忽必烈声威大震，至元八年(1271)统一中国。正式建立大元帝国。

忽必烈实行的改革中，影响最大的当属创立行省制度，他袭用金人的制度，实行一省制，但不用金人的尚书省，而用中书省，行省的地域不固定，职权大小不统一。元史称："行中书省……国初，有征戍之役，分任军民之事，皆称行省，未有定制。中统、至元间始分立行中书省。因事设官，官不必备，皆以省官出领其事，其丞相皆以宰执行某处某省事系衔，其后嫌以外重，改为某处行中书省。凡钱粮，兵甲，屯种、漕运，军国重事，无不领之。至元二十四年改行尚书省，寻复如旧，至大二年又改行尚书省，二年复如旧。"

元人灭宋以后，最后形成十一行省，正式称某处行中书省，将行省这一称谓固定为一个地域名称，为明清所沿用，直到如今。

三、河南省

河南省元代的全称是河南江北等处行中书省，是元代十一行省之一。由于各省成立的时间早晚不同，河南江北等处行中书省究竟何时设立，没有统一的认识，目前有以下三种说法：1.太宗四年(1232)说。2.河南行省最初设置于至元五年(1268)至元二十八年(1291)再次设立河南行省说。3.开封作为省会级机构是自1268年元代建立至1954年新中国建立后省会迁郑的687年说。

以上三种说法，各有所据，为弄清事实，在查考中发现《元史·地理志》和《元史·百官志》均有明确的记载。《元史·地理志》河南江北等处行中书省·汴梁路条称："二十五年改南京路为汴梁路。二十八年以濒河之南，大江以北，其地冲要，又新入版图，置省河南以控治之。"[7]《元史·百官志(七)河南江北行中书省》条："至元五年罢随路奥鲁官，[8]诏参政阿里金行省事，于河南等路立省。二十八年以河南、江北系要冲之地，又新入版图，宜于汴梁立省以控治之，遂署其地，统有河南十二路七府。"[9]

但另有一种说法，河南建省始于至元壬辰，即二十九年(1292)。此说见于许有壬《河南左右赞治堂记》(见李濂《汴京遗跡志》引)。由于许是元代重臣，曾任尚书左丞，河南建省是他亲历亲闻之事，极具历史价值，也有可能至元二十八年届年终，接近壬辰，或者已是壬辰新年。此说可备参考。

在汴梁路设立河南江北等处行中书省在上述《元史》的地理志和百官志中记述得很明确。《元史》因匆忙成书，其中简略甚至错误不少，但成立河南江北等处行中书省的时间，两者记载略有不同，时间却是一致的，又《百官志》中所述在河南等路立省，含义不清，容易混淆。所幸在《地理志》河南江北等处行中书省襄阳路条下，记述是"至元十年，立河南等路中书省。更襄阳府为散府，未几罢省。十一年改襄阳府为总管府，又立荆湖等路枢密院。十二年立荆湖行中书省，后复罢。本府领四县一司，十九年割均、房二州，光化枣阳二县属"。这条说明襄阳路曾在至元十年设立过河南等路中书省，与河南江北等处行中书省不是一回事，也不是一个地方。

河南省会迁郑的记载是很明确的。文献记载：1952年8月5日河南省人民政府提出报告给中南军政委员会，报告要求："鉴于河南省会在开封市，位置偏于河南东部，指导全省工作多方不便。郑州市则为中原交通枢纽，为全省经济中心，将来发展前景尤大，如省会迁往该市则对全省工作指导及上下联系均甚便利，对该市发展也大有裨益。为此，省人民政府第十三次会议暨省协商委员会常驻委员会第十次联席会议一致通过，决定将省会迁往郑州市并成立省直建筑委员会，在省政府领导下，驻郑州统一进行修建及筹备工作，争取明年即行迁移。"（下转24页）

古代开封的学校与书院

翟晖宇

内容摘要：中国最早的学校在开封,兴学在世界上也居领先地位,北宋时成为全国教育中心。开封的科考成绩,在全国城市中综合排位第二,仅次于苏州,教育成绩辉煌灿烂。兴学的经验和创新是中国教育史上珍贵的文化遗产。

关键词：教育 学校 科考 人才培养

世界最早的学校在开封

人类最早的学校出现在古代东方国家,约在公元前三千年左右,中国、两河流域、印度和埃及都相继出现了学校。中国的学校萌芽于五帝的"成钧"和舜时的"廪"为传说中最早的学校。夏代是有文献记载的时代,据文献记载,夏代王都都有学校。《礼记》中说："序,夏后代之序也。"《孟子》说："序者,射也。"可见,"序"是习武之地。故夏代出现的学校是以训练武士为目的的。另外,"序"还兼有议政和祭祀、养老之功能。

自杼迁都老丘后夏王朝第十帝杼至廑曾七帝二百二十年以开封为都城,占据夏朝时间之半,应有学校毫无疑问,所以,在开封出现的学校应是世界最早的学校。古希腊出现的学校在公元前8世纪至公元前7世纪,较我们晚了1600多年。

商代学校出现已有甲骨文记载,并且出现了名"庠"的大学。"庠",养也,仍是以培养武士为目标。商朝第十一帝中丁和第十二帝外壬以开封为都二十六年(前1482—前1455)。当然建有学校无疑。

春秋战国时,战事不断,私学兴起。孔子开办的私学,有供讲学的"堂",有供学生客宿的"内"。孔子就曾有弟子三千,可见规模之大。之后孟子、荀子、墨子门生弟子各成一派,周游列国,进行讲学,宣传自己的思想和政治主张。孟子曾游大梁和魏惠王对话。现在北道门的游梁祠街尚在,就是纪念此事的。明清时期,曾在祠旧址上建有大梁书院。可见,作为魏都的开封还是很开放的。

国际天文学联合会分别用500多位科学家的名字命名的月球背面的环形山,有中国五位人物的名字登上了月球,其中第一位便是战国中期魏国的大梁人石申。他和齐国人甘德共同制作了世界天文史上最早的恒星表,二人合著的《甘石星经》也是一部对世界天文研究极有价值的文献。由此可见当时魏国都城开封的教育和科研水平还是很高的。

秦统一全国后,主要有中央官学和地方官学两种,这种学制在西汉逐渐得到完善。汉武帝时"罢黜百家,独尊儒术",将儒家经典、孔子学说列为学校教育的主要内容。元朔五年(前124)创建了太学,有学生50人。至汉光武帝时,国都洛阳重建太学,人数竟达3万人,在洛阳形成了太学区,规模之大,颇为壮观,实为世界首创。现在美国哈佛大学学生30万人,也形成了大学城。后者较之晚了一千八百年。

东汉时还专门办了世界第一所集文学、艺术的专科学校——鸿门都学,招收写作水平高、修辞能力强和善书画的人才入学,当时开封为地方小城,孔雀西飞,人才流失。开封籍著名文学家、书法家、艺术家蔡邕到了洛阳。熹平四年,为勘正儒经,汉灵帝令蔡邕把儒家经典以四字一韵,用隶书写在石碑上,着人刻之立于鸿都门外,这就是著名的"鸿门石刻"。四字一韵,朗朗上口,便于普及宣传儒家思想。鸿门石书的另一重大意义在于使文字从小篆到隶书规范性使用。故石书不仅是中国乃至世界教育史的一大奇迹,也在中国文字发展史上起着划时代的作用。这个开封蔡邕老乡可谓当时中国的鸿学巨儒,大家水平,立光照千秋之大业,创流芳百世之功勋。

全国教育中心在开封

开封古代教育的辉煌时期当在北宋。北宋在庆历、熙宁和崇宁时期有三次兴学高潮,范仲淹、王安石等著名政治家、文学家起到了关键作用,将学校教育推向了新的历史阶段。

开封作为北宋国都，是全国的教育中心，拥有规格最高、层次最多、门类最全、规模最大的学校。"宋初定天下，惟汴有学"。所以教育事业最为发达。东京的国子监为最高学府，太祖建隆三年（962）河南人崔颂为国子学监事，开始招生，对象为京官七品以上的子弟，定额为200人，实际是贵族学校，黄庭坚、晁补之都是当过大名国子监教授。崇宁三年时，国子监人数达900人。仁宗庆历四年（1044）国子监官员开封人王拱辰建议将太学从国子监中分出单独办学，扩大招生八品以下官员子弟及平民中优秀生均可入学，准旨令下，打破了太学为贵族学校之性质，更有利于发现和培养人才，说明宋代教育制度等级差别在不断缩小。四方人士遂云集汴京，到了徽宗崇宁三年，太学生人数达3800人，超过并取代了国子监。

更为重要的是教育制度的变化，宋在崇宁四年立"太子三舍法"，这是中国官办教育的一大创举，具体办法是以初入学生为外舍生，不限人数，经考核自外舍升内舍，自内舍升上舍。内舍200人，上舍100人，到了次年又扩内舍生为900人，太学中内上舍人数猛升至千人。七年后，三舍生人数高达4000人。宋代著名词人李清照和赵明诚结婚时，赵明诚还是太学上舍生。崇宁三年时，又在开封南郊营建外校，取名"辟雍"，专收外舍生人数就高达3000人，遂逼国子监停办。太学生也不乏忠烈之士。徽宗时，金兵逼近，有太学生陈东上书，请诛六贼，遂朝野震动。

宋朝尊重知识和人才还体现在对教育实行丰厚的经济补贴政策，对外舍生每月发850文，内、上舍生发1090文；元丰三年，三舍又增到1100文；崇宁三年外舍生增至1240文，内、上舍生猛增至1300文。更为重要的是宋对太学生实行优惠的政治待遇，元丰三年（1080）政府下文规定：上等以官，中等免试礼部试，下等免解试。崇宁三年（1140）徽宗依蔡京建议尽罢科举，全国实行"舍选"，即"天下取士悉由学校升贡"，太学成为全国士庶子弟直接进入殿试的主要途径，尽管三年后又恢复科考，但实行的仍是科考与舍选并行的入仕制度。政府如此重视和支持教育实乃历代朝廷前所无有，天下英才，遂云集京师。

宋代又在开封创办了专门学校，如四门学、律学、武学、医学、算学、书学、画学，培养国家所需各方人才。为了使皇家子弟受到良好的教育，还专门办了宗学和宫学的子弟学校，分为小学和太学，徽宗时招皇家子弟1000人，20岁以上的可入太学。

王安石推行新法时，很重视地方办学，给每州十顷地作为学粮，令各州实行"三舍法学"办学，经严格考试分层次进升。故全国学生总数达21万之多，当时全国人口总数不过七八千万。明朝人徐有贞评价宋朝教育成果很中肯："宋有天下三百载，视汉唐疆域广不及，而人才之盛超之。"宋时涌现出杰出的政治家、文学家、艺术家为历代之最。就北宋而言，范仲淹、王安石、欧阳修、苏轼、苏辙、司马光、米芾、曾巩、张择端、李公麟、张载、沈括、程颐、程颢等，可谓群星璀璨。开封籍的有著名宰相薛居正、向敏中、贾昌朝、郑居中，武将石守信、燕达、张叔夜，诗词大家苏舜钦，画家吴天瑜等。

就连开封的私学，也是办的有声有色，据载"姜愚曾讲论语，听者甚多"。学生任挑质量高的学校入学，各校所开科目不尽相同，挑选空间极大。由于开封的教育水平居全国首位，故北宋时全国状元共65人，开封独占10人。两宋宰相中，开封人亦占10席（历史上开封共有53位宰相）。

宋朝重视文人，始于太祖，贯穿于历代皇帝，太祖遗诏："不得以言论诛杀文人。"已成宪法性权威文件。这和明代朱元璋父子打士人屁股，侮辱其人格成鲜明对比。明代黄宗羲为十七世纪最伟大的思想家和学术家，但他"久困场屋"，终生也未能考上举人。拿宋、明两朝最后一个皇帝死时的情景相比，足以说明问题。明崇祯皇帝吊死煤山后，面对尸首"诸臣哭拜者三十人，拜而不哭者六十人，余皆睥睨过之"。（斜眼一瞟），而南宋崖山保卫战失利后，陆秀夫背着八岁的小皇帝蹈海自杀。对这个小儿能有几多感情，而后宫诸事，从者众多，越七日，尸浮海面上者十余万人。可见，士为知己者死，忠君爱国之行必须有可忠可爱之处才行。

开封历史上的科考

中国自隋至清的千年科考中，还是以江苏、浙江、福建、河南、江西、河北成绩为佳。就城市排行榜中，状元前五位的城市是，苏州（含吴县）26人，开封15人，莆田7人，西安、杭州、吉水5人，山东曲阜、浙江余姚、鄞县（宁波）、江苏昆山、四川阆中各为4人。榜眼前五位的城市是，北京8人，福州（含闽县）8人，泉州（含晋江）8人，苏州（含吴县）6人，开封、鄞县（宁波）各5人，杭州、余姚各4人，江西仁和、无锡、莆田各3人。探花前五位的城市是，江苏武进10人，杭州7人，苏州（含吴县）6人，无锡5人，开封、北京、江西仁和、福建莆田各

4人。

开封历史上共有十五名状元（不含二名武状元，不含因战乱南渡人的科考成绩），五名榜眼，四名探花。在全国城市状元、榜眼、探花排名榜的前五名排序中，开封均入列，状元位居全国第二，榜眼名列第三，探花排序第五，其综合成绩仅次于苏州，而且位次靠前。其辉煌成绩可列中国城市科考前列，这亦是开封城历史灿烂的一页。

开封的李梦阳和王廷相均为明前七子之列，李还列为七子之首，推行古文运动，在中国文学史上地位显赫，明代著名宰相史可法更是青史留名。除此之外，还有兵部尚书李钺，礼部尚书刘忠，刑部左侍郎张泰及二十几位巡抚御史，翰林学士等大臣。说明开封在明代的教育和人格教化上是相当成功的。

清顺治十六年(1659)利用周王府旧址重修河南贡院，建号舍五千多间，三年一次的乡试复至于此。因原址地洼积水，于雍正九年(1731)迁建于城东北角上方寺内(铁塔公园一带)。道光年间增建号房11866间，规模蔚为壮观。

光绪二十八年，因"庚子之乱"，北京贡院被毁，顺天乡试改在开封举行。次年全国科举考试也在此举行。实为开封史上一个亮点。

书院

科举始于隋，书院始于唐。书院教育是一种特殊的教育形式。既有官办，亦有私设。官办书院具有藏书、校书、储才三大职能，类似馆阁，私人书院乃是读书和讲学的地方。唐代书院有17所，聚集一大批熟悉经史掌故的学者，实际已成为当时当地的学术中心。

宋初开国时，无暇顾及教育，士子又纷纷要求就读，私人书院应运而兴起。北宋书院教育相当发达兴盛。洛阳就有书院五处，许昌、邓县、汝州各地相继成立书院。宋最著名的书院有应天书院、嵩山书院、岳麓书院、白鹿洞书院和石鼓书院。全国各地高达百余所，南方盛于北方。书院聚集大批学者和大师，不但具有讲学性质，而且还具有学术研究和讨论之功能。范仲淹曾就读应天书院，后来晏殊任应天知府时，范巧奔母丧，聘范为教务长，讲学并管理应天书院。司马光、二程、范仲淹都在嵩山书院讲过学，算是客座教授吧。书院成为当时士子学习迎接科考的重要场所。

书院很受朝廷重视。仁宗和徽宗都曾给河南的书院赠地赐匾。故书院一直保存到清末，达千年之久。

宋书院还对学子进行忠君爱国思想教育，蒙古军攻长沙时，岳麓书院的几百名学生英勇抗敌，全部战死。

元代亦重视书院，规定凡"先儒过化之地，名贤经行之所，与好事之家出钱粟赡学者。并立为书院"。即社会贤达学者热心此事业的人都可办书院。

明清时期，河南各地在明中期就陆续造书院75所。明初开封曾为陪都十年，城市地位显赫，文化教育水平相对也高。开封城建立书院情况下述：

大梁书院，明天顺五年创建。原名丽泽书院，坐落在南熏门蔡河北岸。1479年迁往繁台东侧，明末毁于黄河水灾。康熙十八年重修后多次迁址，后落在今老府门医药公司大院。清末废科举后，改为尊经学堂。

游梁书院，由宋孟子祠改之于明万历三十一年(1613)，几经废兴，清同治年间于祠东侧重建，后改为知新中学。

明道书院，原为二程夫子庙。二程即宋著名理学大家程颐和程颢二兄弟，原先在开封居住，后迁往洛阳。明代改为书院，后改为中州公堂。

彝山书院，创于清道光八年间，位于开封西南坡。于光绪三十一年(1905)改建为开封中学堂。

信陵书院和瓣香书院均创建于光绪十三年(1887)，信陵书院于光绪三十一年改为客籍学堂，后者于此间废去。

各书院入学需经考试择优而录。举人、秀才、童生、监生均可入学。学习课程为《四书》《五经》《孝经》《小学》《近思录》等名篇。教师和院长由学政聘请名家担任，学生以自学为主，师生、学友之间常聚会一起进行学术讨论，学风甚为活跃。

开封书院的特点乃是重视祠祀将天下大儒品格高尚的人列为榜样。如信陵书院是信陵君。明道书院是"二程"。游梁书院是孟轲。瓣香书院是曾国藩和曾国荃兄弟。大梁书院曾建先圣、先贤祠，一次就祀115位名人。他们都是开封人，或在开封为官，或住在开封对国家有重大贡献的人。

书院制度在其发展历程中所形成的优良传统和显著特点，也是中国教育史上的珍贵遗产。

浅论开封客家文化资源及其开发

娄　崀

内容摘要:开封是客家文化的发源地之一,荥阳郑氏、三槐堂王姓、济阳蔡氏等众多姓氏的后裔从开封走向世界各地,作为这些姓氏祖根地的开封拥有丰富的客家文化资源,在此基础上进行开发,吸引世界各地客家人来开封认祖省亲,进而在产业投资开发等方面发挥作用。

关键词:客家　发源地　文化认同　开发

开封是客家文化的发源地之一,众多姓氏的后裔从开封走向世界各地,他们将中原文化薪火相传,使中原文明绵延不绝,散播四方。开封拥有丰富的根亲文化资源,包括姓氏资源和遗迹资源,具体表现为:

姓氏资源

开封作为一座历史文化名城,有众多的姓氏跟开封有密切的关系,可以分为三类。

第一类是姓氏源头就在开封的这一类主要是指郑氏。据欧阳修等编《新唐书·宰相世系表》记录,郑氏出自姬姓,周厉王少子姬友封于郑。友十三世孙幽公被韩国所灭,子孙播迁陈、宋之间,以国为氏,幽公七世孙荣,号郑君,汉大司农,居荥阳开封。三国曹魏时置荥阳郡,辖荥阳、开封、中牟、密县、新郑等县,西晋仍设荥阳郡,开封郑氏就成了荥阳郡的郡望。后来,开封县虽不归荥阳郡管辖,但依然习惯称郑氏为荥阳郑氏,以至于很多人把古代的荥阳郡和今天的荥阳市混淆,以为今天的荥阳是郑氏的发源地。随着郑胡铭墓志砖、郑邕墓志等文物相继被发现,结合大量的历史文献记录和当前客家文化的研究,已经有越来越多的郑姓后裔认识到开封才是郑姓的祖根地,在开封也建立了郑氏宗亲会,修复了郑氏祖茔,开封正在成为众多郑氏后裔的省亲地。

郑姓是中国百家姓中排名靠前的大姓,今天在海外华人中依然有众多的郑姓名人活跃在政治、商业舞台,开封作为荥阳郑氏的发源地,对于郑姓后人有着特殊的情感。要加大宣传力度,并结合郑氏的姓氏文化举办相关的纪念性活动,吸引海内外的郑氏后裔到开封寻根问祖。

第二类是大姓中的重要分支在开封,这些姓氏虽然发源地不在开封,但其分支在开封成为了郡望堂号,其中包括:

济阳蔡氏:汉代初期,设置济阳,属陈留郡管辖,西晋时期,济阳郡(今兰考东北)和陈留郡(今开封陈留)分治,因此,济阳蔡氏与陈留蔡氏为同宗同族。蔡氏一族人才辈出,著名的有蔡邕、蔡文姬、蔡睦、蔡谟等等。曹魏时期,蔡睦官至尚书,蔡氏成为济阳第一望族,蔡睦的四世孙蔡谟在永嘉南渡时率领族人举家南迁,蔡谟也被尊为南迁始祖,目前,很多济阳蔡氏的后裔活跃在经济舞台,台湾的蔡万霖家族就源于开封的济阳蔡氏。

陈留阮氏:阮氏源自上古帝王皋陶之后,皋陶后裔在商朝时建立了诸侯国阮国,在今甘肃泾川一带,阮国灭后,子孙以国为姓。后来,阮氏东迁,汉末三国时期在陈留郡形成望族,陈留阮氏名人辈出,声名显赫,建安七子中的阮瑀,竹林七贤中的阮籍、阮咸都是陈留阮氏,永嘉南渡时,阮氏后裔避乱南迁,大多迁到今江苏、广西,宋元之际,阮氏远播闽、粤、台、港以及越南、马来西亚等地。

三槐堂王氏:开封三槐堂王氏源于五代宋初的官员王祐,他曾在开封家宅院中种下三棵槐树,希望"王氏子孙有三公者"。王祐有三子,王懿、王旦、王旭,王旦在宋真宗朝担任了12年宰相,在三槐王氏中影响最大。王旦之孙王巩等率族人在京师开封曹门外建立王氏宗祠,定名"三槐堂"。北宋末年靖康之难,三槐堂王氏家族南迁,明清之际,三槐堂王氏后裔支系日渐兴旺。如今,三槐堂王氏后裔不仅定居福建、广东、江西、台湾、香港、澳门和东南亚等国家和地区,而且已遍布世界各地,成为了王姓中重要的分支。八十年代的华人首富、美籍华人王安就出自三槐堂王氏。

这一类还有陈留孙氏、陈留吴氏等等,在此不再一一详述。

第三类是历史上的开封人后裔南迁后，成为部分姓氏在南方的始祖，这一类主要有：

李孟与李火德：李孟是唐宗室后裔，居开封，李孟之子李珠，在宋朝时曾任知县等职，为了避战乱，举家从江西石城迁居宁化石壁。李珠写下了"继先续后，根枝一处，绵远幸泽，举祖流芳"的文字，作为李氏后人不忘祖根的凭证。李珠育有五子，并以五行为五子取名金德、木德、水德、火德、土德。其中较为著名的是李火德，人称"火德公"，李火德，字丙凤，号闽海，生于福建宁化石壁，曾担任汀州府宁化县儒学教谕，后与其兄李木德率领家族沿汀江而下，迁到福建上杭。李火德成为闽、台、粤以及东南亚"李氏开基始祖"，被李氏后裔尊称为"李氏入闽粤大始祖"、"台湾李氏始祖"。香港长江集团的李嘉诚和新加坡前总理李光耀均是李火德的后人。

张载与张化孙：张氏源出黄帝轩辕氏，挥公是张氏得姓始祖。张氏后人张载，祖籍开封，其子张端，始迁福建宁化石壁乡，为入闽远祖，其后裔张扬德，曾在开封为官。张扬德重视对后代的培养教育，崇文尚武，生三子，其三子张化孙迁居福建上杭，成为开基之祖，南宋孝宗时为中宪大夫，是"闽台张氏大始祖"。据上杭张化孙研究会统计，海内外张化孙后裔已达千万人，遍布闽、粤、赣、湘、浙、桂、香港、澳门、台湾以及泰国和马来西亚各地。

除了以上列举的部分姓氏，还有魏氏、杨氏、尹氏、叶氏、卢氏等众多姓氏都通过根亲文化与开封这座城市紧密相连，这些姓氏后裔对开封有特殊的情感和文化认同。

遗迹资源

除了大量的姓氏资源以外，开封还留有这些姓氏的先人的祖茔、纪念地、碑刻等历史遗迹，供后人凭吊。

开封郑氏祖茔：郑氏源于开封，历朝历代的郑氏后裔，名家辈出，灿若星汉。20世纪80年代初，开封郑氏家族墓地郑氏祖茔遗址得到考古专家的确认，在今天开封县朱仙镇东南三公里古城村附近。2005年8月，该遗址被开封县人民政府批准为重点文物保护单位。在遗址附近还出土了《开封县郑胡铭》墓志砖、《郑邕墓志铭》等文物。开封当之无愧地成为海内外郑氏后裔的寻根谒祖圣地，粤、闽、台及海外各地郑氏后裔也开始关注开封郑氏祖茔，多次来开封谒祖拜祭，并参加华夏郑氏历史文化旅游节暨经贸洽谈会等活动。

康熙"功存河洛"御碑：开封是河洛文化代表地之一，1694年，康熙皇帝专为开封禹王庙题写了"功存河洛"，御笔分赐到省，河南巡抚将其制匾悬挂，并刻石碑，镶嵌于开封文庙后殿墙上，开封文庙现为开封珠玑巷客家源文化广场，在文化广场南侧新修的碑廊内存有"功存河洛"等六块御碑。世界客属大会文教基金会前理事长陈子钦先生，曾专门到河南开封察看"功存河洛"匾额，并到原开封文庙御碑处留影，之后他感慨地说："到开封才真正找到河洛文化的根。"

阮籍啸台：阮籍啸台在今尉氏县，史书记载啸台原"高15丈，阔2丈，有层3楹"，在明嘉靖十四年(1535年)、清乾隆十四年(1749年)和民国四年(1915年)曾多次重修，后在日寇进犯尉氏时被毁，现局部已修复。后人十分尊重阮籍，苏轼等名人曾经登啸台赋诗。如今，阮籍啸台已成为尉氏县文物保护单位。1985年，深圳建锦绣中华景观时曾来函索要阮籍啸台的照片，该古迹现已载入《中华历代名人名胜典》。现在，福建阮姓人士已建议在尉氏召开世界阮姓联谊会，百余名各界知名人士已联合倡议重修阮籍啸台。

开封这样的根亲文化遗迹资源还有很多，仅市区就有三槐堂旧址、天波杨府杨氏宗祠、孟子游梁祠、信陵君故宅、何公轩、开封府题名记碑、林则徐张湾堵口处，此外还有位于尉氏县的魏征庙，位于杞县的江淹墓、文姬井。在开封陈留正在筹建一个纪念孙中山先生的文化产业园，计划占地1500亩，将投资30亿元人民币。博爱煜和平博物馆是园区主体建筑，将把孙中山先生的祖籍生平和在革命中的丰功伟绩通过丰富的史料与形象展现出来，使之成为爱国主义教育基地和陈留孙氏后人谒祖的圣地。

开封客家文化资源开发的优势和不足

开封丰富的客家文化资源，对海内外的华人有着很强的吸引力。同时我们更应该清楚了解开封在根亲文化方面的不足和优势，便于我们有针对性地打造客家文化活动。

开封的不足：根亲文化相关的活动起步晚，经验不足，影响力不足。

开封在根亲文化的相关活动方面起步较晚，虽然有些姓氏的宗亲会在开封举行了一些活动，但往往规模较小、影响也不大。(下转第66页)

开封文化旅游产业发展的思考与建议

文 旗

内容摘要：开封拥有丰富的历史文化资源，在发展文化旅游产业上具有独特的优势。近年来在文旅产业发展上也取得了巨大成就，但是也存在着一些问题：如旅游资源不成规模，在综合开发、深度开发上发展不够，缺少旅游品牌及龙头企业，管理体制陈旧等。针对这些问题，应该以科学发展观指导发展工作全局，制定促进我市文化产业发展的政策，制定《开封历史文化名城保护规划》，完善文化旅游产业发展的体制机制，扶持旅游"龙头企业"，明确城市功能定位。

关键词：文化旅游 产业发展 开封

先进的旅游文化引领旅游产业发展的方向。旅游是文化性很强的经济产业，文化是旅游的灵魂，旅游的文化本质特征必然要求在发展旅游业的过程中优先发展旅游文化，用优秀经典文化引领旅游可持续发展。没有文化就没有旅游，旅游产业和旅游产业的经济型、文化性是统一的。只有充分重视旅游的文化性，挖掘其文化内涵，展示文化特色，提高文化品位和文化含量，才能吸引旅游者，才能带来旅游业的蓬勃发展。近年旅游业已成为我市经济中发展势头最强劲和规模最大的产业之一。旅游业在我市经济发展中的产业地位逐步提高、经济作用逐步增强，旅游业对我市经济的拉动性、社会就业的带动力、以及对文化与环境的促进作用日益显现。因此，落实科学发展观，应对国际经济危机，加速开封经济社会发展，提升城市竞争力，必须抓住国家倡导发展第三产业的机遇，充分利用开封历史文化名城的资源优势条件，大力发展文化旅游产业。

一、机遇与优势

美国是当今世界上文化产业最发达的国家，其产值目前已占到 GDP 的 31%。日本从"军事立国"到"经济立国"，最终落实到"文化立国"，日本的人均文化产品消费已经超过了个人总消费的 35%，文化产业产值早已超过了汽车工业。英国的文化产业年产值已经达到 600 亿英镑，文化产业的平均发展速度已经达到经济增长的两倍。当前，世界政治、经济、文化发展的一体化趋势，使文化的地位凸显，文化从制约政治、经济的潜在层面走到生活的前台，进而在社会生活的各个层面都占据越来越重要的地位。

开封历史悠久，有 4100 多年的建城历史，是中华民族主要的发祥地之一，拥有丰富的历史文化资源，是国家级历史文化名城，历朝、历代留下了许多有历史纪念意义和人文艺术价值的名胜古迹和遗址。无论从文物保护单位的数量，还是从各类文物的种类与质量来看，开封都可以称得上是河南省的文物大市。不仅如此，开封还有著名的汴绣、木版年画、仿宋官瓷等种类丰富的非物质文化遗产，尤其是宋都魅力闻名遐迩。另外，开封还有清明上河园、开封府、龙亭公园、大相国寺、铁塔公园、中国翰园碑林等旅游景区，这些都是开封文化旅游产业发展的坚实基础和潜在优势。近年来，开封市委、市政府紧紧抓住中原崛起郑汴一体化的历史机遇，依托开封文化遗存丰实、文化底蕴丰厚的优势，以创新文化体制机制为重点，以丰富人民群众精神生活为根本目的，加大了对旅游重点景区开发建设的投入。在历史文化名城建设、文物保护和文化旅游开发等方面取得了令人瞩目的成就，在加强保护的同时，初步盘活了历史文化资源，使相当一部分资源优势转化为产业优势。

二、目前存在的问题

虽然我市的文化建设有了可喜进步，具备了一定的发展基础，但与我市文化旅游资源大市的地位相比，与先进市相比，还有很大差距。在发展中还存在许多问题和困难，并且在不同程度上制约着旅游业的健康发展。

1．"食、住、行、游、购、娱"旅游六要素发展不平衡，对旅游的综合开发、深度开发认识不到位。旅游接待服务基础设施，跟不上旅游业发展的需要，制约着旅游业的健康发展。

2.县区政府对发展旅游认识不足,重视不够,部分县区基本没有发展旅游、开发旅游的意识。我市是平原农业大市,县域拥有很好的农业生态、农业观光、农家乐旅游资源,但到目前这些资源的开发还几乎是一片空白。

3.休闲度假游、夜间旅游产品乏陈,旅游市场留不住游客,进入我市的游客大部分是停留时间不长的观光客,而休闲游客大部分是本地及周边游客,几乎不在我市过夜,所以使得我市各旅游区白天人声鼎沸,而一到晚上则静悄悄,带动不了夜间消费。

4. 宋都景区旅游项目开发上存在着旅游功能、休闲度假区功能弱化,甚至还有向高档房地产住宅区发展的趋势。旅游区内高档住宅小区的高楼鳞次栉比,虽然很美观,但却成为了旅游景观的视觉污点。

5.缺乏文化旅游产业的高端人才。文化产业的高速发展,内涵许多复合元素,需要既懂文化又懂经济,既懂开发又懂市场,既懂产业又懂法律的复合型、创新性人才。开封目前既缺乏文化旅游产业方面的高端人才,又缺乏相应的人才引进绿色通道、优惠政策、奖励政策等。

6.文化产业链条不完备。完善的产业链需要环环相扣,方能迸发出巨大的能量,但开封在旅游资源开发、旅游产品开发、产业市场开发、购物、娱乐方面的开发都存在短缺现象。一是缺乏政府优惠、扶持政策。二是缺乏文化创意。

三、发展我市文化旅游产业的思考与对策

(一)以科学发展观指导我市文化旅游发展工作全局

对开封经济发展而言,文化旅游产业是一个重要的经济增长点,它不仅带来可观的经济效益,还创造大量的就业岗位,能很大程度上缓解社会就业压力。同时,文化旅游产业的巨大辐射力使其不仅涵摄文化产品和服务,还以巨大社会功能形成庞大的产业链条,如同同心圆一样层层扩散。文化旅游产业的经济效益与社会效益,必须依靠市场来实现,这就需要有战略眼光和长远决策眼光。因为文化旅游产业具有投入大、收效慢的特点。而当今的文化市场呈多元化、时尚化甚至另类化的发展格局,这既为文化旅游产业的发展提供了广阔的空间,也对其提出了不断变化的挑战。城市是文化旅游产业的强大支点,开封的丰富资源为我们累积了难以数计的文化旅游资本,因此,就需要

把开封许多潜在的旅游资源优势转化为文化旅游产业,经过整合、提炼、开发,使历史的结晶具有产品的性质。社会经济越发展,文化资源的作用就会越发凸显,开封文化的竞争力也会随之增强。因此,要实现建设与保护相统一、开发与利用相统一。要"整体保护、合理并存、延续文脉、适度更新",使历史与现实、传统与现代有机结合。大力发展我市文化旅游产业,必须以科学发展观作指导,从全局出发,需要我市相关管理部门必须明确各自的事权、财权和决策权,做到既体现全局利益的统一性,又兼顾局部利益的灵活性,各部门准确定位、明确分工、优势互补、错位发展。提升开封市整体的经济文化、旅游实力和综合竞争力,是加快我市文化旅游产业发展的有力保障。

(二)建议与对策

1.制定促进我市文化产业发展的政策
①出台税收优惠政策

严格执行国家税务局联合发布的《关于文化体制政策中经营性文化事业单位转制为企业的若干税收政策问题的通知》和《关于支持文化企业发展若干税收政策问题的通知》。文化产业是中国加入WTO后为数不多的保护性行业之一,文化产业税收优惠政策的出台,对推动文化体制改革、支持和促进文化产业发展有着重大意义。实行"谁投资、谁所有、谁受益"的原则,鼓励国有、集体、个人、外商参与文化产业的开发和建设,逐步形成"政府引导、市场运作、社会参与、多元投资"的文化产业发展格局。政府可以设立文化产业发展专项资金,扶持市内重大文化设施建设、重大文化产业项目开发,特别是对新兴文化产业外向型文化产品的生产给予贷款贴息和财政补助。积极为中小型文化企业提供金融服务支持。可以成立文化产业投资担保公司,为相关文化企业提供融资担保。对中小型文化企业优先提供办公场所,三年内免收租金或租金补贴等。

②组织协调部门,负责具体政策的落实

政府制定的政策,必须符合国家的大政方针,并应考虑到以前和今后同类事情的处理解决,不能引发消极的连锁反应和后续问题,给工作造成阻力和被动。根据制定的政策,通过积极的协调工作,扎实落实政策,使政策执行到位,使文化企业间相互协作、互相促进、整体发展。

2.制定长期的《历史文化名城保护规划》

1982年国务院公布了国家第一批历史文化

名城名单,并指出"保护一批历史文化名城,对于继承悠久的文化遗产,发扬光荣的革命传统,进行爱国主义教育,建设社会主义精神文明,扩大我国的国家影响,都有着积极的意义"。历史文化名城集中体现了中华民族的悠久历史、灿烂文化和光荣传统,是我们极其宝贵的物质和精神财富。把开封历史文化名城保护好、规划好、建设好,急需制定长期的《开封历史文化名城保护规划》。首先,对历史文化遗产、城市传统风貌、地方特色和人文景观进行分析,确定合理的城市社会经济战略。因为,城市要不断发展,历史文化名城也不可能当成博物馆,让它的生产和生活停顿凝固。有了《开封历史文化名城保护规划》,就能有效地控制、引导城市有规划地发展,既保护了历史文化资源,又保持了城市的活力与繁荣。第二,合理地确定城市布局,既能保护古城格局和历史环境,又能合理地规划城内房地产开发和城市道路拓宽、改造等。第三,把文物古迹、园林名胜、遗迹遗址以及展示历史文化名城的各类著名标志进行整合,形成体系。第四,通过合理规划,可以处理好新建筑与古建筑的关系,使城市的整体发展不失文化名城特色。第五,规划保护范围、制定有关要求、规定及控制建设地带。在文物保护单位的保护范围内一般不得进行其他工程建设,在建设控制地带,对新建工程的高度、体量进行必要的控制,建筑的形式、风格、要求和古城环境相协调。第六,要在整理历史文脉和塑造城市精神上下功夫。规划建设、文物保护都要遵循开封历史文脉,将其规划开发放置到过去、现在、将来的完整时间轴上加以考察,在此基础上进行修复、完善、提升。同时,特色文化名城建设还需要"形神兼备"。"形"就是要整理、完善、打造精品景区。"神"就是要打造民众的精神,要紧紧扣住开封的历史文化特点来创造崭新的样式。特色文化名城的建设,既是文化行为,也是经济行为,当我们的特色文化名城建设有了突破性的进展后,必然带动文化旅游的勃兴。

3.完善我市文化旅游产业发展的体制机制

①成立政府主导下的工作小组,制定完善的政策措施,使改企工作的每个环节得到落实、见到成效。积极稳妥地推进改企转制,通过配套完善的政策和具体的工作措施,让事业单位及其职工欣然"接受"并主动参与。

②要结合产权制度政策,打破所有制和地域、行业、隶属关系,采用股份制、合伙制、兼并或转让产权等方式。

③把体制改革与转换经营机制有机结合起来,通过明晰产权、调整职工劳动关系,使其真正成为市场竞争主体和独立核算、自主经营、自负盈亏的经济实体,真正转变单位的发展机制、调动职工的积极性和创造性,激发单位的发展活力。

④创新、更新管理机制。发展文化旅游产业,体制创新是根本,机制创新是保证。转变职能,理顺文化旅游业管理体制,政府应有促进体制创新的超强意识和思路,逐步使政府变管理为服务,寓服务于管理之中。对现有的政府文化宏观管理部门进行优化整合,建立统一、高效的政府宏观文化管理机构。在此基础上,要通过对政府文化宏观管理部门现有职能的分解,强化综合管理职能、弱化行业管理职能,保留并加强诸如制定文化发展战略规划和文化产业政策,特许行业的市场准入审批等行政职能,将行业管理与自律、市场管理与监督等方面的职能逐步分解到行业协会,实现政府职能的转变,为加快文化建设提供体制保证和宏观政策支持。

⑤创新文化产业投融资体制。发展文化产业,需要与之相适应的投融资体制作保证。要逐年增加财政对文化产业的投融资比例,把重点文化项目的投融资纳入政府综合经济管理部门的年度计划,要不失时机地组建文化产业基金,用于对有市场发展前景的文化资源项目,进行产业化开发与运营的专项资金支持,要鼓励国内外各界人士和社会法人捐资兴建各类公益性文化项目,形成政府和社会公益性文化项目的多元化资金筹措机制。

4.扶持培育我市文化旅游产业的"龙头企业"

①重点扶持文化旅游产业龙头企业,对其在土地与场所使用、融资渠道、税收、财政等方面给予优惠与扶持。通过宣传推介,使之在国内外形成品牌效应和巨大影响力的大型经济实体,做大做强我市文化旅游产业。

②优化发展环境。加快政府职能转变,推动文化行政管理部门逐步实现由办文化为主,向管文化为主转变,由管微观向管宏观转变,由主要面向直属单位转为面向全社会,履行好政策调节、市场监管、社会管理、公共服务的职能,培养壮大文化旅游骨干企业。

③提升创新能力,做强集团业主。组建大型旅

游购物商场,打造产业市场化品牌,提高产业集团的市场占有率,创新营销机制,实施项目带动战略,不断投资建设新项目,搭建新的发展平台,提升集团综合实力和竞争力,积极实施资本运作,尽早实现上市融资,拓展发展空间,打造集团新的经济增长点。

④整合文化旅游优质资产,推进其向优势企业集团集聚。通过政府资产划转、企业并购、控股,推动具有一定品牌实力和发展潜力的汴绣、木版年画、官瓷等优质资产向优势集团企业集聚。通过龙头企业的品牌优势、技术优势和市场优势,把分散的、小规模生产经营组织起来,改进工艺、提高技术,带动整个产业水平提高。建立具有优势的文化产业基地,着力构建地域特色鲜明、产业优势明显、发展重点突出、总体实力不断增强的文化旅游产业发展新格局。

⑤增强整体吸引力和综合竞争力。一方面培植打造精品景区,一方面大力发展各类旅游功能区和4A以下景区。因为精品景区范围再大,发展也有极限,对拉动内需的边际效果不明显。而很多4A以下景区由于种种原因,旅游开发不到位,市场占有率还不高,进一步提升档次,加快发展更有利于增强整体吸引力和综合竞争力。

5.明确我市城市功能定位

城市功能的合理、正确定位对于一个城市的稳定、快速和可持续发展具有重要意义。因此,开封要实现最优先发展,必须扬长避短,对城市进行准确定位。首先要对城市环境资源要素进行定位,确定开封的综合优势、专门优势和个性特色,并在此基础上进行文化旅游产业的定位。其次,为开封发展科学准确地定位,使城市形象表达上具有吸引力、凝聚力和感染力。最大限度地聚集资源,最优化地配置资源,最有效地转化资源,最大化地占领目标市场,提升开封城市竞争力。同时,还要对国际城市、国内城市的整体定位进行对比分析、综合研究。如,海口将自己的城市定位于"黄金假日海岸·滨江休闲水城",这得益于它的江海特色,围绕它得天独厚的滨海资源,打造海口旅游经济圈自身的健康骨骼、四肢与血液循环系统,成为人人向往的天涯海角旅游胜地。因此,水城就不是开封最能打响的品牌。同时,综观全球城市旅游经济的快速增长势头,城市的入境游、出境游的规模也会不断扩大,因此需要成立开封功能定位的专家智囊团,此团不但对城市定位进行出谋划策、研究论证,还需要研究怎样与国际市场、国际规则、国际水平进一步接轨。最后,城市功能定位要征得开封市民的认可。我们需要通过网络系统征求全市甚至全国人民的意见,让人们各抒己见,共同确立开封最准确最科学的城市定位,还可以通过电视、报纸等新闻媒介和全国、全市人民进行城市功能定位的沟通。一方面让我市人民了解并积极参与其中,让他们成为建设城市的主人公,更有利于我们顺利地进行规划建设;另一方面也是扩大了对开封城市的推介与宣传。

(上接第62页)直到2014年,世界客属恳亲大会在开封举办,这也是世界客属恳亲大会在成立四十多年来首次来到开封,对开封根亲文化的发展起到了积极的推动作用。但开封还缺少对根亲文化打造的长久系统规划,以对开封根亲文化资源进行开发和利用。

开封的优势:开封是八朝古都,在海内外享有很高的知名度和美誉度,且文化旅游产业持续升温,2016年全年开封共接待游客5080万人次,开封游客数量的增加不仅能带动开封的经济增长,也能增加各地游客对开封根亲文化的认识和了解,有利于宣传推介开封的根亲文化。开封有众多的旅游资源,可以把旅游资源和根亲文化资源结合起来,在吸引海内外华人到开封寻根问祖的同时,到开封旅游观光,在此基础上进一步开展客家文化经贸活动,打造具有开封特色的寻根游、文化游和经贸投资等活动,丰富开封客家文化内涵。

开封城市街巷概述

裴　云

内容摘要：开封素有"七角八巷七十二胡同"之说。对古城开封而言，胡同就是它的脉络，是古城历史文化发展演化的重要舞台，更是历史变迁的有力见证。随着时代的变迁，政治、经济和社会的变化，城市结构和功能的改变，以及城市人文和自然地理实体的变化，城市地名也在不断变化。当然，一些街巷名称从古至今都在使用，彰显着古城的特色，如何保护与传承仍有待我们去探索。

关键词：街巷　命名　保护

开封市区地处豫东平原，主要地名类别有街巷、村庄、居民小区等，行政区域、河流、湖泊、重要的人工建筑、纪念地、古遗址、铁路、公路、渡口、风景区等名称也在地名范畴。在市区内，使用频率最高的地名，主要是街巷名，不但涉及到所有党政机关、部队、企事业单位，还涉及到每个市民的住址、身份证、户口本、房产证等，人们每天都在使用。

开封，是历史文化名城，不少街巷名称从古至今都在使用，彰显着古城特色。但由于开封历经水患兵燹，数次经受毁灭性灾难，有许多古老的地名没有保留下来。随着时代的变迁，政治、经济和社会的变化，城市结构和功能的改变，以及城市人文和自然地理实体的不断变化，城市地名也在不断变化。在现今市区的500多条街巷中，从年代上可分为四部分地名：一是现代特色的地名，二是明、清时期的地名，三是民国时期的地名，少部分是北宋时期的地名。

一、北宋的街巷

开封城内的街巷名起源于北宋时期。在北宋之前的唐代，城市地名以里坊名为主。至北宋，开封成为国都，名东京，人口约130万。由于经济的发展，原有的城市管理体制"里坊制"已不适应经济发展的需要，城内东西两市的固定市场满足不了商品交易，桥头、街口、城关的露天交易也不能适应社会发展的需要，"侵街"现象逐步蔓延，朝廷屡禁不止，最后只好认可。"侵街"是指里坊的围墙被打破，面向街心开门、设店。原有的城市道路主要功能是交通功能，每个里坊是一个独立的居民区，有道路相隔。每个里坊均有坊名，四周是围墙，封闭管理，居民都在坊内居住，不需要街名。里坊制被打破后，城市街巷既有商业功能、居住功能，也有交通功能，城市街巷名就大量涌现出来。原有的城市干道成为大街，需要有街名；次干道成为普通的街，需要有街名；里坊内的通道逐步演变为四通八达的背街小巷，需要有巷名。《东京梦华录》所记载的京城内的繁华景象，就是以街、巷为引导记载的。北宋东京(开封)的城市街巷名大量产生，也带动了全国城市地名的变革。这些最初的街巷名，成为中国古代地名发展史上的里程碑，也是古代城市的文化遗产。至今，中国乃至世界各城市，仍然是以街巷名作为主要地名。

北宋的街巷至今有：东华门街(位置有变)、曹门大街(北宋时也称旧曹门街)、土街(北宋时称土市子街)、宋门大街(民国时改称自由路)等。有部分街至今仍保持在北宋街巷的位置上：中山路北段、中段和南段的北半部，是北宋时御街的位置。西门大街、西大街、东大街、曹门大街，是北宋时踊路街、西角楼大街、潘楼街、土市子(十字街)、从行裹角(十字街)、旧曹门街位置，出曹门向东即牛行街。文庙街、双龙巷是西鸡儿巷、东鸡儿巷位置。解放路右司官口段、北道门段、北门大街段即马行街位置。旗纛街、大坑沿街、胜利街即浚仪街(浚仪桥大街)位置。大纸坊街即果子行街位置。自由路西段、中段和东段即汴河大街、旧宋门街位置。省府前街即报慈寺街位置。东棚板街、西棚板街即大、小货行街位置。解放路土街段即皇建院街位置。鹁鸽市街即小甜水巷位置。城隍庙街即西车子曲街位置。景灵宫东门大街即河道街位置。复兴南街即第四甜水巷位置。

《东京梦华录》记载的有：御街、青鱼市(街)、景灵东宫南门大街、报慈寺街、浚仪桥大街、果子行(街)、曲院街、院街、麦稭巷、保康门街、杀猪巷、太学南门(街)、五岳观后门(街)、武学街、大巷口、老鸹巷、宜男桥小巷、小巷口、高头街、姜行(街)、纱行(街)、东华门街、潘楼街、界身巷、土市子(又称竹竿市,为十字街)、从行裹角(又称鬼市子,为十字街)、东榆林巷、西榆林巷、枣冢子巷、旧曹门街、南斜街、北斜街、牛行街、皇建院街、太庙街、马行街、鹌儿市(十字街)、东鸡儿巷、西鸡儿巷、杨楼街、大货行街、小货行街、安州巷、九桥门(街)、西车子曲(街)、踊路街、金梁桥街、梁门大街、瓮市子、汴河大街、袜袖巷、太学东门(街)、水柜街、寺东门大街、录事巷、绣巷、小甜水巷、税务街、姜行后巷、南北讲堂巷、界身北巷、景灵宫东门大街、第三甜水巷、第二甜水巷、第一甜水巷、曹门大街(即旧曹门街)、斜子街(在封丘门外)、鹿家巷、炭场巷、红门道(街)、草场巷、油醋巷、卸盐巷、洪桥子大街、袄庙斜街、新封丘门大街、九曲子(街)等。

二、明清至解放后的街巷

《如梦录》记载明代开封城内的街巷比较多。有贾仪宾胡同、徐府后坑街、单凤巷(丹凤巷)、茶叶胡同、徐府街、大山货店街、乔三府胡同、大店街、小山货店街、草三亭胡同(凤凰巷)、醋张家胡同、马道街、黑墨胡同、铁佛寺街、第五巷、宋门大街、面店街、大隅首大街、蓝家胡同、小纸坊街、木厂街、熏家园胡同、柴市、青龙背街、五龙宫街、镇平王府胡同、李琏胡同、察院街、三巷、馆驿街、县角、游击府街、豆腐胡同、封邱府角、顺城街、营子街、镟匠胡同、熊家胡同、板厂胡同、鹁鸽市街、烂面胡同、齐阴阳胡同、第四巷、三井胡同、定称胡同、红河沿街、五胜角大街、武庙街、钟楼口、半截街、六府角、新街南口、静安街、仓西角、吕御史巷、仓东角、大纸坊街、观音堂街、萧墙街、土街角、王家角、油坊角、双龙巷、辘轳湾、东岳庙后街、七府角、北门大街、打锡胡同、槐树吴家口、打箔胡同、福善街、童家小巷、大瓦寺胡同、土街、线儿李家胡同、圈王家角、塌房街、官街、夏家胡同、文殊寺街、五府街、黄瓜胡同、炒米胡同、第五巷、皮场公庙街、第四巷、石盘胡同、都宅角、砖桥街、旗纛街、碾子胡同、城隍庙东夹道(灵应宫胡同)、杨家胡同、上洛府角、大爪隅首、仁义胡同、弓箭胡同、烧酒胡同、县学西角、小爪隅首、席店街、丁家角、大道宫角、海潮庵巷、洪山庙街、安昌府街、八府园、五道街、孝义巷(社学胡同)、竹竿巷、马市街、井胡同、陕西街、王百川胡同(王伯成胡同)、豆芽胡同等。

开封城内每个街道办事处辖区内几乎都有明清时的老街。仅以鼓楼区卧龙街道办事处辖区内的街巷为例,如:

1.卧龙街:位于开封城内南部,南北走向,北起自由路,南至小南门。长760米,宽40米,混凝土路面。宋代街内建有元帝庙,俗称五龙宫庙。明代称五龙宫街,清代称老五龙宫街。民国初讹称卧龙街,1927年冯玉祥主豫时,开街将庙拆除。1935年称共和南街,1937年改称共和路南段。新中国成立后称卧龙街。2006年改称解放路卧龙街段。

2.大袁坑沿街:位于开封城内中部,南北走向,南起自由路东段西口,北至前炒米胡同西口,与吴胜角街南口紧连。长304米,宽40米,混凝土路面。明代,街中有一著名妓院——富乐院。明末黄河水淹开封后,此处为水坑,后临坑盖房成街称院坑沿街。清乾隆《祥符县志》记载为"院坑沿",光绪《祥符县志》记载为"袁坑沿"。1935年称共和南街。1937年改称共和路南段。新中国成立后因区别其东侧的小袁坑沿街,故名大袁坑沿街。2006年改称解放路吴胜角段。

3.吴胜角街:位于开封城内中部,南北走向,南起前炒米胡同西口,北至鼓楼街东口。长171米,宽40米,混凝土路面。明代,街北端路西有五圣祠,街称五圣角。清代称吴胜角,民国时改称共和路南段。新中国成立后复称吴胜角街,2006年改称解放路吴胜角段。

该街道办事处辖区内的清代街巷有:南光明街(眼光庙街)、油坊胡同、东半截街、枣园街、三光胡同(三圣庙胡同)、东蔡河湾街、西蔡河湾街、明照胡同(会馆胡同)、大袁坑沿街(都宅角)、小袁坑沿街(袁坑沿东街)、哑觉胡同(哑叭胡同)、太白胡同、枣园街、桥南街、老君堂街等。清代街巷名详见光绪《祥符县志》街镇表。

民国初期,开封城内大部分街巷被更名,带有时代特色。冯玉祥将军两次主政河南,对省会开封的城市建设非常关注,对城市街巷实施了一定的改造。如在龙亭建中山公园,将龙亭至大南门的道路更名为中山大街,后改为中山路。将相国寺改为中山市场,相国寺前街、县前街改为中山市场大街,县马号街、县后街、吹古台街、财神殿街改为中山市场西后街。冯玉祥将军提倡破除迷信,移风易俗,废掉了许多庙宇,部分庙宇改建为学校。开封城内大量以庙宇命名的街巷被更名:如七神庙街更名为明新街(民新街),泰山庙街更名为泰安街,姜太公庙街更名为平等门南街（曹门南街），姜太公庙南后街更名为平等门南后街（曹门南后街），圈神庙街更名为全胜街，瘟神庙街更名为文盛街，鸿影庵街更名为法院东街，五神庙街更名为人权街（后更名为五权街），十二祖庙街更名为兴隆街，土地庙街更名为治平街，三义庙街更名为三义街，双庙街更名为双盛街，眼光庙街更名为光明街（后更名为阳光街），火神庙西街更名为财政厅东街，金龙四大王庙胡同更名为财政厅胡同。老君堂街更名为永安街，太白庙胡同更名为太安胡同（后更名为太白胡同），三官庙胡同更名为三盛胡同（后更名为三光胡同），黄大王庙街更名为自由西街（后更名为自由路中段），黄大王庙胡同更名为商场后街，铁佛寺街更名为新治街，麦奶奶庙街更名为新丰胡同，新五龙宫街更名为新华南街（后更名为新务农工街），前百子堂街更名为新华南街，后百子堂街、药王庙街、青龙背街更名为青华街（后更名为后新华街、青龙背街），玉皇庙街更名为豫新街（后恢复玉皇庙街），城隍庙街更名为新民南街（后恢复城隍庙街），灵应宫胡同更名为新民北街（后更名为林荫胡同），琉璃庙街更名为地方法院前街（后更名为法院街），华堂庙街更名为华丰街（后更名为华堂街），家庙前街、家庙后街更名为革新街（后恢复家庙前街、家庙后街），梦神庙街更名为清净街，三元宫更名为东明街，三元街更名为敏学街（后复称三元街）等。以官府命名的街巷也被更名：如游击府街更名为自立街（新中国成立后更名为自力街），封吉府街更名为自治街（新中国成立后恢复封吉府街），县前街（清代祥符县署门前街）更名为自由路西段，老府门街更名为中山北街，前营门街更名为博爱东街，老河厅街更名为清净街，院前街更名为省政府西街等。一些以住宅命名的街巷、以集市作坊命名的街巷也被更名：如王家胡同更名为乐善胡同，侯家胡同更名为维新街，刘家胡同更名为西大同胡同，北刘府胡同更名为法治北胡同，屈家胡同更名为民意胡同，袁宅街更名为隆盛街。再如打线胡同更名为民乐西胡同，炉坊胡同（南炉坊胡同）更名为民乐东胡同，前炒米胡同更名为超群前街，草市街更名为大同北街。至1937年又对部分街巷进行了命名更名，恢复了一些老街名。1938年日本侵略军进入开封，民国时期所命名更名的许多街巷并未使用，直至抗日战争结束。

开封于1948年10月解放。新中国成立后，人民政府对民国时期所改街名，进行筛选，保留了部分街名。如：中山路、自由路、博爱胡同、平等街（已并入曹门大街）、维新街、新政北街、三民胡同、平民村街、民享街、民生街、民有街、中山路、自力街（自立街）、明新街、五权街、文盛街、泰安街、光明街（南光明街）、中华街、新务农工街、前新华街、后新华街、勤农街、省府前街、省府后街、省府西街、解放胡同、法院街（地方法院街）、联合街、乐观街等。同时大量的老街名恢复使用。

1965年4月，更名了一批老街名。仅以龙亭区的街巷为例：慈悲巷并入秀水胡同，三圣庙街、三圣庙门街、三圣庙后街更名为三胜前街、三胜街、三胜后街，家庙街复称革新街，无量庵街更名为五爱街，卷棚庙街、卷棚庙门街、无梁庙街更名为湖东二街、湖东街、湖东一街，三皇庙街、北泰山庙街更名为育才街（后更名为育红街），法院街更名为新生街，华堂庙街更名为华堂街，城隍庙门街、小衙门街更名为成功街。

"文化大革命"期间，部分街巷被更名。如：西司门街、省府西街、省府前街更名为东方红大街西段，寺后街、鼓楼街、学院门街、穆家桥街更名为东方红大街中段。曹门大街、平等街、财政厅东街更名为东风路东段，东大街、西大街更名为东风路中段，新街口街至西门（大梁门）路段更名为东风路西段。理事厅街更名为反帝街。文庙街、茅胡同更名为反封街，马道街更名为反修街，自由路更名为人民路，北门至火车站路段更名为解放路等。至"文化大革命"结束，恢复原使用街名，个别街名保留下来，如育才街改称育红街。现在使用的解放路，是2006年将城建规划名的解放路作为正式名使用的。

1980年开始第一次全国地名普查工作，普查期间将1965年所改街名进行了筛选，恢复了部分老街名。如革新街复称家庙街，五爱街复称无量庵街，新生街复称法院街，湖东二街、湖东街、湖东一街复称卷棚庙街、卷棚庙门街、无梁庙街，汴京路南街复称铁娘娘庙街，和平东街复称将军庙街，前新华街部分路段复称南泰山庙街，和平西街复称县后街，和平北街复称吹古台街，文化街复称文殊寺街等。成功街、胜利街、和平街、朝阳胡同、东二至东五道街、铁塔一至四街等未再恢复原名。

现代地名主要指开封新中国成立后命名、更名的地名，体现新中国成立后的时代特色。如滨河路、新曹路、新宋路、汴京路、公园路、劳动路、重工路、化工路、工农路、益农街、建设路、青年路、陵园路、龙亭北路、体育路、包公湖北路、向阳路、育红街、内环路、胜利街、机场北路(已更名为华夏大道)、迎宾路、五一路、文明街、郑汴路、金明大道、金明西街、集英街、东京大道(北环城路)、黄河大街、夷山大街、西环城路、孝严寺街、禹王路等,这些街路大部分不在开封城内。孝严寺街是重新命名的街名,因该街南邻孝严寺遗址而命名,与明清时的孝严寺街不在同一位置。禹王路是新命名的路名,因该路经过禹王台公园,故名。观前街与延庆街是新命名的,此2街分别在延庆观门前和南侧,故名。随着开封市区的不断扩大,新命名的街巷不断出现。

三、开封市区街巷命名特点

开封作为八朝古都,长期以来又是省、府、县三级政权的驻地,是区域性的政治、经济、文化和交通中心,其地名命名多种多样,有的是两种命名方法共同使用,基本上涵盖了我国城市地名的各种命名方法。

(一)记述性命名,是以某街巷驻有某机构、单位或附近有某建筑物而命名,便于记忆和查找。

1.以官府命名。如开封县街(民国时期开封县公署所在地)、徐府街(有明代徐达裔孙府第)、前营门街(清代游击营署所在地)、河道街(清代河道署所在地)、省府前街(民国时期省政府所在地)、省府西街、法院街(民国时期地方法院所在地)、法院后街(位于民国时期省法院北侧)、财政厅东街(民国时期省财政厅东侧)、理事厅街、八府仓街、小衙门街(现成功街)、大厅门街、学院门街(清代提学道署又称学院)等。

2.以学校命名。如学堂门街、文庙街、明伦街、维中前街(因民国时期的维新中学而命名)、维中后街、小学后街等。

3.以寺庙命名。如铁娘娘庙街、玉皇庙街、老君堂中街、铁佛寺街、卷棚庙街、家庙前街、文殊寺街、白衣阁街、观前街、孝严寺街、无梁庙街、泰山庙街、城隍庙街、城隍庙后街、无梁庵街等。这类地名还有很多。

4.以城门命名。如曹门大街、西门大街、新门关街、宋门关大街、曹门南街等。

5.以桥命名。如砖桥街、板桥街、惠济桥街、穆家桥街、惠桥里街等。

6.以交通设施命名。如东闸口街、西闸口街、机场北路、机场西路、铁路北沿街、铁路南沿街等。

(二)表达某种意愿,赋予某种含义,这种命名方法往往带有时代色彩。

1.取自生产、建设、发展含义的。如建设路、工农路、益农街、勤农街、生产后街、成功街等。

2.取自进步、积极向上含义的。如自由路、博爱胡同、平等街、民享街、民生街、新政北街、前新华街、南聚奎巷、复兴北街、建安街、育新街、育红街等。

3.取自文明、祥和、安康含义的。如文明街、迎宾路、幸福街、祥和苑、贤人巷、太平南街、清净街、朝阳胡同、阳光街、五福路、安康路、安顺路(西区新命名道路)等。

4.有纪念意义的。如中山路、五一路。

(三)以地理特征命名。

地理实体包括人文地理实体和自然地理实体,以地理特征命名的地名在城市内以人文地理实体特征命名的为多。

1.以相邻某地理实体位置命名。如东顺城街、顺城北街、顺河北街、洪河沿街、滨河路、河沿街、大袁坑沿街等。

2.以地处某地理位置命名。如内环东路,原城内的惠济河道被改为暗河后,地面上原河道形成道路,称内环路。西关街、新门关街、宋门关大街、宋门关中街、宋门关南街等,以地处的城关位置命名。另外还有西支河街、西坡街、东蔡河湾街、胭脂河街、后河街、包公湖北路、西环城路等。

3.以街巷特征命名。如四通巷,由几条小巷组成,分别有4个出口,故名。辘轳湾街、小辘轳湾、东半截街、西半截街、半截街、东拐街等,以街巷大致形状命名。

(四)以经济特征命名

以经济特征命名的地名,在城市地名中较多,一般与商店、商场、市场或行业有直接关系。

1.以商店、商场命名的。如南书店街、北书店街、山货店街、商场后街、城西商场街。

2.以作坊、行业命名的。如黑墨胡同、酱醋胡同、大纸坊街、小纸坊街、炭场胡同、油坊胡同、前炒米胡同、烧鸡胡同、当铺胡同、刷绒街、打线胡同、水车胡同、锭匠胡同、磨盘街、弓箭街。

3.以市场命名的。如鹁鸽市街、草市街、菜市街、柴火市街、马市街、北羊市街、鱼市口街。

4.以企业命名。如酒厂路,20世纪50年代所修,因通开封酒厂命名,是以企业名作地名。另外还有木厂街、材料场街、木料厂街、西货场街、大昌街(民国时期有大昌公司)、炭厂胡同。

(五)以花草、树木和苑、园等命名

在市区街道中,如花园街、枣园街、杏花园街、翠园路、苹果园中路、梁苑路、马齿苋街、香椿园街、槐树院前街、林荫胡同(取谐音由灵应宫胡同改名)等。

(六)以军营、驿站、邮铺等命名

在市区街道中,如一营房街、二营东街、四营房街、营街、三里堡街、馆驿街等。

(七)以姓氏命名

如王家胡同、侯家胡同、屈家胡同、南刘府胡同、北刘府胡同、小黄家胡同、大黄家胡同、惠家胡同、刘家胡同、高家胡同等。

(八)以古城、古遗址、古代和近代建筑物命名

以古城命名,在市区街道中如大梁路、宋城路、东京大道、金明大道、汴京路等。以古遗址命名的如孝严寺街,因南临孝严寺遗址,1995年命名。开封为战国时魏国国都、后汉和后晋时的国都,以朝代命名的有魏都路、汉兴路、晋安路。以古代、近代建筑命名的有鼓楼街、西小阁街、柯家楼街、红洋楼西街等。

(九)以地名专名加方位、数字等方法命名

在市区街巷中,此类地名如生产前、中、后街,南、北刘府胡同,南、北教经胡同,一、二、三、四道胡同,东、西半截街和半截街,西后街、东后街、北西后街及北西后一、二、三、四街,铁塔一、二、三、四、五、六街,东二、东三、东四、东五道街等。开封新区的一至十三大街是2009年命名的。

(十)以居民小区或村庄名命名

伴随着城市化的不断发展,部分村庄逐渐成为市区的组成部分,村庄名转化为街巷名。以村庄命名街道的有小辛庄街、小郭屯街、曹屯街、大郭屯街、贡庄街、侯庄街、蔡屯路、大王屯东街、大王屯北街、赫屯街、赫屯南街、蔡屯东街、蔡屯西街、大花园街(大花园为村名)、三教堂街(三教堂为村名)等。一些较大的居民区内也有街巷,用小区名命名,如翠园小区里的翠园路、翠园中街、翠园东街、翠园北街,梁苑新村的梁苑路,苹果园小区的苹果园中、南、北、东路等。

(十一)以地理实体名称命名

有一些街巷直接用地理实体名称命名,如黄河大街,以黄河命名;夷山大街,以古代开封城内有夷山命名。惠济河北东岸街、惠济河南东岸街,是借助河道名命名。郑汴路(原为郑汴公路一段)用郑州、开封两市名的简称作专名命名。南京巷,清代因经营南京、广州杂货的商人聚居该街,故名。

以人名作地名也是一种命名方法。开封市区的街路中仅有中山路是用人名作地名,于民国初期命名。民国时期,三圣庙前街至马道街路段和曹门大街至西门路段,都曾被拟定更名为中正路,但未实施。在市属5个县中,有一些以人名、职官名命名的村庄,是古代遗留的地名。国务院1986年颁布的《地名管理条例》明确规定,"一般不以人名作地名",所以用人名命名地名的方法以后也很少使用。

开封是座古城,老祖先留下来的。何以称古城,有古城墙,有古街、老街,有古迹。古迹和城墙,可以被列为文物保护单位,有专业部门和专项经费维护。可古街、老街正不断减少,那些街里的老宅院、名宅院也在减少,也许这是总的趋势。对古街、老街和老宅、名宅,如何保护、维护和延续、利用,已成为建设与发展中的新课题。如果有一天,那些古街、老街几乎没有了,老街名不再使用了,古城内的面貌就不再像古城了。开封何以出名、名扬四海,因为是座古城,如果不是古城,开封可能不会这样出名。不管是土生土长的开封人,还是移居到此的开封人,或是来此工作的开封人,应该为开封是座古城而荣耀自豪,因为随时随地可以看到古城墙、古街和老街、古迹。这是在其他不是古城的城市看不到的,也是在其他没有城墙、没有老街、缺少古迹的古城看不到的。有些地方新建仿古街,想出名没有条件;开封老街很多,让人羡慕不已。老祖先留下了古城,愿开封人发扬光大,重振古城雄风。

从宋代"清禾社"到上海世博会

——谈民间传统舞蹈《二鬼摔跤》

张雪石

内容摘要：《二鬼摔跤》是一种宋代盛行的活泼有趣的民间传统舞蹈，因一人背驮着二鬼摔跤道具进行表演而得名，表现了两个全力要把对方摔倒的力士或小鬼形象，造成"二鬼"相互厮打的形状，幽默风趣，逗人发笑。

关键词：二鬼摔跤　民间传统舞蹈　表演

《二鬼摔跤》是一种活泼有趣的民间传统舞蹈，因一人背驮着二鬼摔跤道具进行表演而得名，据传源于汉，盛于宋。北宋时期，开封"清禾社"有此表演项目称谓"鞑靼舞 老番人"，因汉人称欧洲人为"番鬼"，民间一直将此表演称谓"二鬼摔"。《东京梦华录》中"西湖老人繁胜录"一章中第二页第一行称"清乐社，鞑靼舞老番人"是宋时《二鬼摔跤》之名。在过去，《二鬼摔跤》经常在春节期间上演：在道具围子的隐藏下，"二鬼"以抡、转、滚、翻、摔、扫、踢、挡、下绊、托举等摔跤技巧，互相扭摔，加上锣鼓家什的伴奏，动人心魄，扣人心弦。

据考究，《二鬼摔跤》与民俗活动放河灯有关。民国初年，放河灯这种超度鬼魂的迷信活动便演变成为民间一种娱乐性活动，每次放河灯规模庞大，观众有数千人。放河灯结束后，由城里民舞队为群众表演二鬼摔跤、高跷、鬼会等民间舞蹈。

《二鬼摔跤》这种传统民间舞蹈由单人进行表演，其表演道具为木头刻绘成的两个造型，有戴帽子的，有不戴帽子的，"二鬼"的衣服包括两顶帽

子、两个外套、两个大褂，衣服下隐藏的是木头做成的肩和手，再穿上和"二鬼"打扮相称的鞋子，和两脚一样着地，通过跑、跳、抖、踢、摔、推、旋、举等技巧，扑滚翻腾，生动地表现了两个全力要把对方摔倒的力士或小鬼形象，造成"二鬼"相互厮打的形状，幽默风趣，逗人发笑。

《二鬼摔跤》的表现形式类似木偶，表演时两个鬼头，互相对视，有两对搭肩假手，还有两个假腿，道具"身子"上盖着掩饰性的服饰。表演者在表演时，双手各握一个假腿作为"一鬼"的腿，表演者的双腿作为"二鬼"的腿，通过表演者腿、背、臂的活动和综合利用戏剧、杂技、武术的推、踢、翻、滚、旋等动作的表现，给观众以两鬼打斗摔跤的喜剧效果。

《二鬼摔跤》在表演时分三个场合，三个场合分别是平地、凳子、桌面。《二鬼摔跤》表演时共分四段，第一段，地上摔跤，操作者运用推、踢、抱、压等动作表现二鬼抱着摔，你推我踢，互相压倒对方的摔跤场面。第二段，凳上摔跤，二鬼从地上摔至凳上，操作者运用蹦、跳、蹿、探海等动作，表现二

行"、上海世博会演出。其中在上海世博会上,二鬼摔跤受邀与开封盘鼓共同演出,为和世博主题相呼应,"鼓王"刘震特意为此次《二鬼摔跤》表演设计了外形靓丽的"海宝小子"和"海宝妞妞"形象的服装道具,本次二鬼摔跤由集多年的武术、盘鼓、舞龙和走高跷表演经验于一身的80后演员宋亮亮在盘鼓独立完成。为了和世博会这一国际盛会的氛围相契合,"二鬼"表演动作主要为兴奋地跳跃,在盘鼓鼓点的配合下,"二鬼"的打斗或急或缓,或快或慢,既诙谐幽默又扣人心弦,再加上崭新的、萌萌的吉祥物服装造型,"海宝小子"和"海宝妞妞"虽自始至终打得难解难分,但显得极为祥和、俏皮、可爱。

鬼争凳、蹿凳、上凳以及你退我进,我进你退,互不相让,互不示弱的激烈摔跤气氛。第三段,桌上摔跤,二鬼由凳上摔到桌上,层层上桌、下桌,操作者运用翻、滚、旋、扫等动作,表现二鬼桌上摔跤的进退攻守,推、摔到桌沿,压倒翻滚,抱起旋转等惊险场面。第四段,二鬼由桌上摔到桌下。操作者运用快速推、踢、抱、翻、滚、旋等动作,把《二鬼摔跤》推向高潮。最后,表演者掀开二鬼道具给观众亮相,谜底揭开,很多观众会惊讶地张大嘴巴,从而显示出这种民间舞蹈的艺术效果和表演者的高超技艺。

《二鬼摔跤》一般由一人表演,但有时候在表演时,也有伴奏人员。《二鬼摔跤》伴奏音乐均为打击乐,乐队通常由4人组成,每人持一件乐器,即,鼓、钹、大锣、二锣。使用的锣鼓有哑锣、长锣等,点子简单,变化不大,对舞蹈起渲染烘托作用,其节奏根据表演者的动作快慢和舞台大小而定。《二鬼摔跤》表演风格独特、风趣、神秘、惊险,其丰富的内容和特征在中华民舞中实属罕见,它以文娱的方式呈现出特有的乡土气息和质朴的艺术风格,深受群众喜爱。

《二鬼摔跤》曾代表开封参加"中原文化澳洲

在世博会的演出中,除了为大家精彩演绎开封的传统民间艺术《二鬼摔跤》,宋亮亮还在身上背一个装有礼物的袋子,在与观众进行激情互动的过程中,将里面放着的《清明上河图》和开封朱仙镇木版年画送给幸运观众,将浓郁古朴的中原文化呈现给现场观众和世界人民面前。此次二鬼摔跤只有短短的几分钟演出,但其短小精悍、极具喜剧效果的表演牢牢地吸引了现场所有观众的视线,大家纷纷驻足观看,兴致盎然。当表演结束,"二鬼"摘下面具向大家致谢时,很多观众都惊讶地睁大了眼睛,随即现场爆出雷鸣般的掌声。有人说,太绝了:"一人顶两人,难解又难分。自己摔自己,底下定乾坤!"这样的表演只能用"出神入化"来形容才最为贴切!

从宋代"清禾社"的"鞑靼舞 老番人"的表演到近代艺人们的发掘恢复演出,再到上海世博会的精彩表现,《二鬼摔跤》这种发源于中原大地的传统民间舞蹈一路走来,风雨兼程,熠熠生辉,逾越千年。

明末开封河决马家口疏正

沙旭升

内容摘要：明崇祯十五年，黄河决开封城北朱家寨、马家口。《明史》及众多历史文献对此次黄患，不但对马家口决口地点记载有误，而且对此次严重水灾因果记述各异，至今仍是一桩历史悬案。本文通过研究明末、清初相关正史、方志及其地方文献资料，对决溢地点、灾后实情、决口原因进行研究分析梳理，对于理清明末黄河水淹开封的历史真相，有着十分重要的意义。

关键词：明末　河决　马家口　疏正

明崇祯十五年(1642)九月，时李自成率农民军三围开封。十五日夜，开封城北朱家寨及马家口两处黄河决口，直冲开封，致使开封遭受灭顶之灾，此次水患成为开封历史上最为严重的一次黄患灾害。对于这次水害灾害的记述，历史文献记载各异，不尽相同，使其历史真相更加扑朔迷离。至今，仍是一桩历史悬案。

一

此次黄患《明史》中载，河之决口有二：[1]

> 一为朱家寨，宽二里许，居河下流，水面宽而势缓；一为马家口，宽一里余，居河上流，水势猛，深不可测。两口相距三十里，至汴堤之外，合为一流，决一大口，直冲汴城而去。

《明史·河渠志》因为官方正史，因此多被著书立说者引用。1982年，黄河水利委员会组织水利专家编写完成《黄河水利史述要》一书。此书为水利部倡议，得到国内水利、历史、地理学界专家支持和帮助，是新中国成立后出版的一部治黄历史学术研究重要著作。其中该书第八章中"万历至崇祯年间的河患及河道"中记述开封这次黄河水患说：[2]

> 崇祯十五年(公元一六四二年)九月，李自成率领的农民起义军与明军战于开封。明河南巡抚高明衡掘开封城北朱家寨及马家口……两口相距三十里，至汴堤之外，合为一流，决一大口，直冲汴城以去。(《明史·河渠志》)

以上古今两书文献记载，朱家寨与马家口，两处决口均持相距三十里之说。据清《行水金鉴》中载：[3]

> 崇祯十五年(1642年)贼决朱家寨堤以灌城(寨在城西北十七里，即大梁城之北)，其

所行者，皆大河之流经也。赀地同而水异。

此种说法，更是将朱家寨错记载在城西北十七里，战国时期公元前225年，秦将王贲从鸿沟引黄河水淹开封城之地。

《明史·河渠志》中记载，此次水淹开封情况曰：[4]

> 十五年(1642)，流贼围开封久，守臣谋引黄河灌之。贼侦知，预为备，乘水涨，令其党决河灌城，民尽溺死。总河侍郎张国维方奉诏赴京，奏其状。山东巡抚王永吉上言："黄河决汴城，直走睢阳，东南注鄢陵、鹿邑，必害亳、泗、浸祖陵，而邳、宿运必涸。"帝令总河侍黄希宪急往捍御，希宪以身居济宁不能摄汴，请特设重臣督理，命工部侍郎周堪赓督修汴河。

周堪赓，(1590–1654)字仲声，湘宁乡平冈人，明天启五年乙丑(1625)科进士。历官陕西道监察御使、光禄寺卿、顺天府尹、工部侍郎、副都御使、南京户部尚书等。崇祯十六年(1643)二月，工部侍郎督修汴梁黄河堵口，于崇祯十六年(1643)十一月初六合龙。著有《治河奏疏》二卷，有光绪十八年(1892)刻本存世。

崇祯十六年(1643)二月，堪赓在其《治河奏疏》曰：[5]

> 臣奉命筑汴……泛小艇上下周流察看，得河之决口有二。一为朱家寨，宽二里许，居河下流，水面宽而河势缓；一为马家口，宽一里余，居河上流，水势猛厉，深不可测。上下两口相距三、四里。

明崇祯十六年三月初三，堤工将竣，堪赓奏疏曰：[6]

> 本年二月初七日开工筑决……自朱家寨

北岸起，至马家口东岸止，筑长堤一道，绵亘四百余丈，工已完成三分之二；而朱家寨之工，则已于二月二十七日告竣矣。

《治河奏疏·堤工将竣疏》因堪赓亲自督修治河，朱家寨至马家口新筑增堤长仅四百余丈(不足4里)，有据可信。

从以上记载表明，《明史·河渠志》中记述朱家寨、马家口两决口相距三十里显然为误。

二

《明史·河渠志》为何记载朱家寨和马家口相距三十里，大概与明代文献记载开封黄河以东的马家口有关。关于开封附近的马家口见于明代黄汴的《水陆路程》一书。黄汴，明约山人，黄汴一生在内河航运达27年之久，著有《水陆路程便览》等。该书记载，自淮安府由北河至陕西潼关水路自徐州至开封水路载：[7]

> 徐州。二十里铜山。二十里茶城。十里耿山集。五里进溜沟。二十里张村站。二十里豆腐店。二十里孟家村。五里黄河。三十里旧丰县。二十里赵村。十里小溜沟。二十里双楼儿。十里单县河口。十里黄冈楼。三十里马家口。十里韩家口。十里郑家口。十里锁口。十里榆林集。二十里土山。十里八里湾。十里杨进口。二十里流通集。二十里孙家湾。二十里纸店。二十里直胜码头。十五里唐家湾。十里谷阳。十里汶庄。三十五里草店。二十里马家口。十里王家楼。陆四十里汴城。

《明史·河渠志》记载："开封城北十里枕黄河。"明代黄河距开封北，由于河流地段属时和保，城偏北十里偏东有时和驿渡口，城西北十五里有张家湾渡口。顺治《祥符县志》载有时和驿、张家湾渡。表明朱家寨、马家口应在张家湾以东至时和驿渡口以西黄河岸边。

据明万历《开封府志》及顺治《祥符县志》记载：王家楼渡"在城东北三十五里"，而马家口在王家楼渡之东10里。据明李光壂《守汴日志》载："朱家寨在开封城北七里。"属地明代开封城北时和保，与开封城东马家口相距约30里，后人误将城东马家口记入史籍，致使以讹传讹，真假难辨。

有专家撰文认为：马家口决口在今开封城北牛庄村西头，朱家寨在柳园口乡三道堤村东(开封方志1986年一期)。另据顺治《祥符县志》城图西北城外所示，马家口溃决水深浪急，决口南去形成一条巨坑。其口在单家寨附近，大约在今东单寨东北附近一带。

三

此次大水开封受害，灭绝人寰，自古未有。开封明代之前虽多黄患，由于明代正统年间于谦修筑护城大堤。加之宋代外城和明代初修筑砖城保护，开封城内尽管地势低洼，但城内"三山不显"的地表风貌依然尚存依旧。据《守汴日志》记载：开封市中心的土街，西门大街的小爪儿隅头，铁塔地处的夷山仍能部分高出水面。此次大水过后开封这一地理景观从此不复存在。灾后城内：[8]

> 大宁坊十一里(今去)，新安坊六里(今去)，安业坊五里(今去)，宣平坊三里(今去)，崇仁坊一里(今去)，广福坊二里(今去)，惠和坊一里(今去)，云骥桥二里(今去)，惠济闸二里(今去)，建隆府五里(今去)

此次大水开封城内被淹几乎破坏殆尽，而城外村庄破坏相对较轻。仅从顺治《祥符县志》记载明末和清初，祥符(开封)里甲变化：[9]

> 南神岗六里(今存一里)，霍赤堽四里(今存一里)，马尾墙五里(今存二里)，新庄保七里(今存二里)，白石堽三里(今存一里)，窑务堽二里(今存二里)，娄堤保二里(今存一里)，边村保二里(今存一里)，赤仓保六里(今存一里)，郑店保六里(今去)，阃店保八里(今去)，朱仙镇八里(今存一里)，八角店五里(今存一里)，永安保三里(今存二里)，东和保四里(今存二里)，西和保五里(今存三里)，南毛保三里(今存)，北毛保三里(今存)，长店保四里(今存)，酸枣门保五里(今存二里)，时和保七里(今存六里)，母寺保五里(今存四里)，陈桥保三里(今存)，永宁保四里(今去)，新安保四里(今存一里)，永兴保三里(今去)，永昌保三里(今去)。以上乡保清初为社凡46，外有屯地归县，名甘棠社，共计四十七社。

四

关于明末马家口、朱家寨两处决口，文献中虽有多种不同之说，但认真梳理，大致可理清其因果。据明《如梦录》记载：

> 汴为黄水淹没，祸自按云严云京掘河始。刘昌具疏力弹之。

严云京为明奸相严嵩后人，严嵩之孙，为决河主谋，十恶不赦。刘昌字瀛洲，祥符人，明天启五年(1625)进士，明崇祯十五年(1642)为户科右给事中，明亡降清。(下转第83页)

河南尉氏出土窖藏"得壹元宝""顺天元宝"初探

李惠良

内容摘要:2013年春尉氏县洧川镇发现一批唐代"得壹元宝""顺天元宝"铜钱,数量版别之多是现有该币文献记载出土中所没有的;这批钱币的发现为研究唐朝"安史之乱"时期中原地区的历史、文化、政治、经济提供了重要的科学依据,为该项钱币研究及尉氏地方史提供重要的科学依据和实物资料。

关键词:尉氏 窖藏 得壹元宝 顺天元宝 孕星

"得壹元宝""顺天元宝"为唐朝"安史之乱"时期史思明铸造的两种货币,因发行时间短、流通领域窄,至今传世很少。新中国成立以来出土范围主要集中在洛阳地区。其他地区均出土一批"得壹元宝""顺天元宝",[1] 1996年春,河南省长葛市出土一批"得壹元宝""顺天元宝",[2] 但是版别及数量不及这次尉氏出土。尉氏首次出土"得壹元宝"、"顺天元宝"为研究唐朝"安史之乱"时期中原地区的历史、文化、政治、经济提供了重要的科学依据,为该项钱币研究提供重要的科学依据和实物资料。

一、出土情况及版别分类

2013年春河南省开封市尉氏县洧川镇英外村北(图1)发现出土窖藏钱币一批,后遭村民哄抢,尉氏县公安局、文物保护管理所从部分群众手里追回462枚,其余钱币还在追缴中。该批钱币原装在灰陶罐中,陶罐在挖掘机取土时发现,在哄抢中破碎。罐中钱币大约数千枚,追回钱币现藏于尉氏县文物管理所,其余流散于民间,目前公安机关还在追缴中。

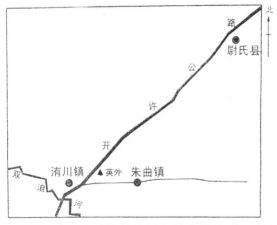

图1 尉氏县洧川镇英外村铜钱窖藏位置示意图

本文在尉氏窖藏出土钱币基础上,就这两种钱币的出土情况、版别、铸造进行探讨,以便以后更深研究,并感谢尉氏县文物管理所许敬华副研究馆员提供的实物资料。

现有462枚钱币中"得壹元宝"6枚,"顺天元宝"456枚,经过初步整理,共有版别、大样、背上日、背下日、背上月下星、背上双月等十几个品种,据其版别可分为ⅩⅢ型。

Ⅰ型"得壹元宝"6枚(图2),均背上仰月,品相很好,字迹清晰,提标本2枚。①直径3.6,孔径0.9,郭0.4,厚0.3,重19.35克。②直径3.6,孔径0.9,郭0.4,厚0.3,重19.36克,6枚钱币直径均在3.6范围内,证明当时铸钱相当规范。

图2 Ⅰ型

Ⅱ型"顺天元宝"大样钱共一枚,此钱币在462枚中直径突出,品相极好(图3),此币直径4,郭宽0.55,厚0.35,重23克。"顺天元宝"钱币平均直径在3.5左右,此钱币为顺天元宝大样钱币。

Ⅲ型"顺天元宝"背上月下星(图4),共出土1枚,直径小于其他钱币,泛红锈直径3.4,孔径0.6,郭宽0.4,厚0.3,重20.50克。

图3　Ⅱ型　　　　图4　Ⅲ型

Ⅳ型"顺天元宝"背下俯月共6枚(图5),钱锈色,偏绿红,背为下月,钱币规整,直径均为3.4之间。

图5　Ⅳ型

Ⅴ型"顺天元宝"背错范(图6),4枚,其中3枚钱币为背左右错范,另一枚偏右下错范,4枚钱币均为背上月。

图6　Ⅴ型

Ⅵ型"顺天元宝"背上斜月,1枚,此币背上月偏左上。

Ⅶ型"顺天元宝"背上星月一枚(图7)。此币

背上星月并列,钱币规整,属罕见版别。目前为首次发现。

图7　Ⅶ型(左一)　Ⅸ型(左二)　Ⅹ型(右一)

Ⅷ型"顺天元宝"背上双月钱币一枚。此币背上为双月,钱币孔上方为一仰月。在仰月上方有小月纹,形成双目版式。

Ⅸ型"顺天元宝"背上月,下右星,一枚(见图七)。此币背上仰月,背穿孔右下角为一星纹。版别独特,在顺天钱中罕见。

Ⅹ型"顺天元宝"背上月型下左星,一枚(见图七)。此币背上仰月,背穿孔,左下方为一星纹,版别独特,可以与Ⅸ型币配为对子钱。

Ⅺ型"顺天元宝"背孕星(图8),共18枚,此钱币在462枚钱币中很突出。钱币规整,5枚绿锈,2枚绿锈中泛红锈。一次出土18枚背孕星钱币属罕见。

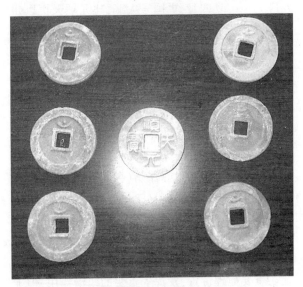

图8　Ⅺ型

Ⅻ型"顺天元宝"背上仰月共416枚。此钱币是出土462枚钱币中较多的一种版别钱。此钱直径在3.6之间,孔径0.8,郭宽0.4,厚在0.3之间,重20克左右,与出土"得壹元宝"版别相同,占整个出土版别数量的91.0%。

ⅩⅢ型"顺天元宝"光背,共5枚,"得壹元宝""顺天元宝"传世、出土钱币背多为星月纹,光背钱币很少。此次出土462枚钱币中,光背版别数量只

占全部币的 1.0%。

根据上述出土 462 枚钱币版别划分来分析,除 XIII 型为光背外,其余背均有星月。笔者认为,这和唐朝及铸钱人有很大关系。其星月纹与伊斯兰教外来文化有关。在伊斯兰文化中,新月两角向上的仰月象征进步和成功。理由:其一,"安史之乱"安禄山是营州柳城胡人,本姓康,后来其母亲改嫁姓安,姓康和姓安均为西域人,[3] 从小受外教文化的熏陶。其二,"安史之乱"史思明活动主要集中在中原区域,该地区为通往西方丝绸之路的起点,终点受西域文化影响较大。其三,"尉氏县唐朝属河南汴州陈留郡(今开封),贞观二年(628 年)伊斯兰教经丝绸之路由长安传入开封"。[4] 伊斯兰教文化融入了中原大地,现今开封地区回族为当地第二大民族。在开封地区出土该类钱币,说明了问题。

二、窖藏的性质和年代

唐天宝十四载(755)十一月,安禄山、史思明在范阳(今北京)发动叛乱。十二月在灵昌(今河南滑县西南)渡黄河破陈留(今开封)。"唐天宝十五年(456),安禄山在洛阳称帝,国号燕,年号圣武""乾元二年正月朔(史思明)筑坛僭称大圣周王,建元应天……夏四月,更国号大燕,建元顺天更以州为郡,铸顺天得一钱"。[5] 九月史思明南下渡河,陷汴州(今开封),"唐乾元三年,上元元年(760)史思明据东都,亦铸'得壹元宝''顺天元宝',径十四分,以一枚当开元通宝百枚之用"。[6] 唐上元二年(761)二月,史思明在洛阳城北邙山大败,唐军向长安进攻。三月被史朝义所杀,史朝义称帝。唐宝应元年(762)十月,史朝义以十万大军在横州(西北)决战唐军大败,退守汴州(今开封)。唐宝应元年(762)十一月,唐军收复汴州(今开封),"安史之乱"结束。从玄宗天宝十四年(755 年)开始,"安史之乱"达八年之久。这八年之中,汴州(今开封)的军事、政治、地位日益上升。唐朝前期,西安、洛阳处在重要地理位置,发挥了重要的政治作用,但随着"安史之乱"战争的爆发,两地区处于战争之中,汴州的军事政治地位显现出来。唐朝武德二年(619)于尉氏置尉州,武德四年(621)为洧州。贞观元年(627)尉氏县属河南道、汴州、陈留郡。"隋炀帝开凿大运河为汴州(今开封)发展创造了极为有利的条件。当时汴州坐落在汴河岸边,西距洛阳、西安较近,成了隋唐时期沟通江淮的东大门户和经济中心"。[7] 史思明在和唐军作战中,把汴州(今开封)作为坚实的后勤补给供应基地,以达到今后统一天下之目的。而唐也以切断叛军汴州的供给为战略,打击叛军。唐代宗宝应元年十一月收复汴州。"安史之乱"就此结束。

通过上述,笔者认为,尉氏洧川窖藏"顺天元宝""得壹元宝"为史思明乾元二年底在开封汴州所铸的可能性是存在的。理由:其一,《新唐书》记载乾元二年铸行"得壹""顺天"钱,这一段时间史思明与唐军处在交战之中,九月攻陷洛阳,但并未入城,而是驻兵白马寺与唐军对峙。依据唐军李光弼在洛阳,因战事,不可能也不允许他铸得壹顺天钱币。而史料记载这段时间铸有此两种币,那只有在已经成为史思明大后方的汴州所铸。其二,汴州水路、陆路发达,管汴、洧(今尉氏洧川镇)、陈、杞四州之地。尤其是到了"天宝(742 年)以后,戎事方殷,两河宿兵,赋税不入军国费用,取资江淮"。[8] 史思明不会不想到这一点。在攻占汴州后,在其所在地铸钱应在情理之中,也符合了史载乾元二年铸钱之说。其三,尉氏、洧川这次出土"得壹元宝""顺天元宝"版别之多,数量之大,新中国成立以来罕见,也为此观点提供了证据。

三、出土窖藏钱币意义

"得壹元宝""顺天元宝"为"安史之乱"时期史思明所铸的货币,而文献记载很少有详细记录。此尉氏出土窖藏"得壹元宝""顺天元宝"为研究"安史之乱"时期汴州作为后勤补给供应基地提供了重要依据。此次出土"顺天元宝"版别之多,为钱币研究提供了新的品种。

总之,尉氏县洧川镇出土的"得壹元宝""顺天元宝"对研究中国古代钱币具有重要的历史和科学价值。

参考文献:

[1] 黄海、古城:《荥阳县广武乡出土"得壹元宝"和"顺天元宝"》《中州钱币》1987 年(1)。

[2] 孙仲:《会河南长葛发现顺天元宝背四月文钱》,《中国钱币》1996 年(4)。

[3] 彭信威:《中国货币史》,上海人民出版社,1988 年。

[4] 穆德全、胡云生:《开封回回民族》《开封文史资料》十(第 284 页)。

[5] 欧阳修、宋祁:《新唐书·逆臣传》,中华书局 1975 年。

[6] 《新唐书·食货志》。

[7] 刘春迎:《北宋东京城研究》,科学出版社,2004 年。

[8] 董浩:《全唐史》卷六三。

从考古发现看迦陵频伽的演变

葛奇峰

内容摘要：迦陵频伽随佛教传入中国，在东晋被民众认知并接受，但可能只存在文字中，亦或有图像但没有保留下来；到了唐代，开始出现在佛教典籍中，且以图像的形式大量出现在石窟、石塔、墓葬石椁中，但均以壁画或线刻画的形式出现，尚未发现立体形象，作为大型经变图中的配角，其形象多为人首鸟身鸟爪、背生双翼；宋代，迦陵频伽大多以立体形象出现在屋顶、雕塑中，并在金、西夏、辽、吐蕃、大理等边疆地区也大量出现，作为屋脊瓦兽的主角，有着房屋等级象征的意义，其形象多为人首人身鸟爪、背有双翼；元代屋顶上的迦陵频伽仍是人首人身鸟爪的形象，但出现了多元化发展的趋势，其人首人身多被塑造成武士的形象；明代迦陵频伽明显减少，只有少数寺庙建筑还有使用。到了清代，迦陵频伽基本不见。

关键词：迦陵频伽　考古发现　演变

迦陵频伽是随着佛教传入中国的一种神鸟，又称羯逻频伽、迦兰频伽、迦陵毗、迦陵频、迦娄宾、迦陵鸟、羯毗鸟、频伽鸟等，意译为好声鸟、美音鸟、妙声鸟等。传说是一种栖息在雪山或极乐净土的鸟，在佛教经典中经常提到，唐释慧苑著《慧苑音义》下曰："迦陵频伽鸟本出雪山，在谷中即能鸣，其音和雅，听者无厌。"元魏·般若流支翻译的《正法念经》曰："山谷旷野，多有迦陵频伽，出妙声音，若无若人，紧那罗等无能及者。"南宋刊《法华经》曰："迦陵频伽，妙音鸟也。鸟未出壳时即发音微妙，一切天人声皆不及，唯佛音类之。"其形象多为半人半鸟，即面部为人、足部为爪、背生双翼。

一、迦陵频伽的传入

对迦陵频伽形象的描述最早出现在东晋郭璞撰《山海经》[1]中，"荆山至琴鼓之山……其神，状皆鸟身而人面"，但目前尚未发现这一时期的实物及图像。

对迦陵频伽形象的刻画最早出现在北魏。北魏苟景墓墓志盖上侧刻画有两尊半人半鸟的迦陵频伽（图1：北魏苟景墓志盖上侧刻画的迦陵频伽）。[2]二者双手捧物，中间隔着一丛莲花荷叶，相向而立。均着汉人衣冠，褒衣博带，飘飘欲仙，背生双翼，孔雀尾，鹰足。

二、唐代迦陵频伽

到了唐代，随着佛教的兴盛，迦陵频伽不仅大量出现在佛教经典著作中，[3]《旧唐书》[4]亦有相关记载，"元和十年（815年），遣使献僧祇僮五人、

鹦鹉、频伽鸟并异种名宝"。

根据佛教经典中的描述，可以看出，这一时期的迦陵频伽作为佛前的乐舞供养，象征了极乐世界，同时由于迦陵频伽能够发出美妙的音声，既是佛陀觉者说法的象征，也是阿弥陀佛佛国净土的象征，所以其常常以壁画或线刻画的形式出现在佛教建筑、佛教用具、舍利棺与陵墓棺椁上。

唐代壁画中的迦陵频伽主要见于敦煌莫高窟、安西榆林石窟、洛阳龙门石窟、四川仁寿龙桥乡石佛沟中。从数量上看，主要保存于敦煌莫高窟中，后三处石窟中多仅存孤例。敦煌莫高窟唐代石窟中有41处均描绘有迦陵频伽，共80余身，其中又以盛唐时期的148窟、中唐360窟、五代61窟最为典型。

盛唐148窟东壁北侧为《药师经变相图》，东壁南侧为《观无量寿经变相图》，[5]这两幅图是莫高窟面积最大的净土变壁画。这两幅经变图中均绘有迦陵频伽（图2：盛唐敦煌莫高窟148窟东壁迦陵频伽；图3：盛唐敦煌莫高窟148窟东壁迦陵频伽局部），均左右对称站立于水池两侧的平台上，手持横笛、琵琶、笙等乐器正对着佛陀进行演奏。其形象为璎珞菩萨装，高发髻，双手合十，翅膀描绘为彩色，水平展开，羽翼朝下，尾部为朱红色几何体，向内弯曲成半圆，上面密布白色斑点。

中唐360窟藻井和北壁均绘有迦陵频伽[6]（图4：中唐敦煌莫高窟第360窟藻井迦陵频伽；图5：中唐敦煌莫高窟第360窟北壁迦陵频伽），

形象接近，均为怀抱琵琶展翅奏乐，头戴宝冠，两边长带飘逸，翅膀和尾部都随圆形外框作了调整，翅羽是三层画法，尾部基本被左翅遮住。

五代61窟南壁绘有一组迦陵频伽乐队[7]（图6：五代敦煌莫高窟第61窟南壁迦陵频伽），这组乐队共有五身。画面正中站立一身体形稍大的手持琵琶的迦陵频伽，两侧各有一对迦陵频伽手持琵琶、排箫或拍板。其形象亦为展翅奏乐，但尾部描绘有被简化的迹象。

根据敦煌石窟中的现存壁画图像，《敦煌学大辞典》[8]中总结说："迦陵频伽，敦煌壁画伎乐天之一。迦陵频伽系鸟身人首图形，有一些持乐器或作舞，称迦陵频伽伎乐。"

发现唐代迦陵频伽平面线刻画像的地方有陕西省法门寺地宫银棺的棺盖上[9]、陕西耀县药王山石棺座上[10]、镇江甘露寺舍利金棺上[11]、陕西临潼庆山寺舍利塔下精室石门楣上[12]、山东阳谷县关庄石塔上[13]、小雁塔的线刻画上[14]、盛唐西安大智禅师碑侧上[15]、陕西省耀县药王山南庵院墓葬中青石棺座的立面上[16]、唐代武惠妃石椁纹饰上[17]、唐代徐孝墓志纹饰上[18]等。

以山东阳谷县关庄石塔为例介绍唐代石塔上迦陵频伽线刻画。唐代山东阳谷县关庄石塔门楣两侧各雕有一幅迦陵频伽，其形象为人首鸟身鸟爪，张翅欲飞，大尾翘起，立于莲蓬座上，左者拍板，右者吹箫。

以武惠妃墓[19]为例介绍唐代墓葬中迦陵频伽线刻画的特征（图7：唐代武惠妃墓石椁立柱上迦陵频伽线刻画）。武惠妃墓石椁后面立柱上刻有两幅半人半鸟图像，上半身人头人身，下半身鸟体鸟爪；头戴如意宝冠，袒胸露臂，项挂缨珞，臂束钏镯，双翼飞卷向上，双手合十立于花蕊之上。这些刻画在墓葬石椁上的迦陵频伽是后人对墓主人的守护和礼赞，希望由迦陵频伽乐伎来守护、伴随、欢娱墓主人，并引导墓主人的灵魂升天。

目前见到唐代雕塑类的迦陵频伽很少，见诸报道的只有在河南登封法王寺二号塔地宫中出土一件工艺精细、4.3厘米高、玉石质的迦陵频伽盒[20]（图8：唐代河南登封法王寺二号塔地宫出土迦陵频伽玉石盒）。盒由一盖一底扣合而成，中有子母口，盒盖为人首鸟身，头梳高髻，做吹箫状，下底刻出腹部和双腿。

综合唐代迦陵频伽的资料，发现唐代迦陵频伽主要出现在石窟寺、佛塔、地宫或佛教徒的墓葬中；制作方法上基本上都是用毛笔绘制的壁画或雕刀刻划的线刻画；形象基本上都是人首鸟身、展开双翼、两腿细长、头戴童子冠或菩萨冠、站立在莲花或乐池平台上、表演歌舞或持乐器演奏；从面貌上看，唐代迦陵频伽多为女性，配有花冠、嘴唇丰厚，露肩且臂膀圆润、身材丰腴；鸟身的羽翼刻画细致饱满，双翅向后努力开张，鸟爪强健有力，鸟尾与蔓草自然地糅合在一起，甚至带有蔓草的卷曲特征，使衔接更为自然；其出现的场合多在无量寿观经变图或西方净土变图中；其在经变壁画中不是主角，位置不显著，身材矮小；其功能与作用是与其他伎乐一起为佛陀表演歌舞，展现天庭的祥和与庄严，是能给人们带来好运、喜讯或幸福的吉祥物。

三、宋代迦陵频伽

宋代的迦陵频伽除出现在佛经中，[21]还出现在《营造法式》[22]和当时文人的诗词[23]中；图像不仅以平面的形式出现在石窟寺、石塔、经幢、地宫、石椁中，而且还以立体的形式出现在宫殿、城门、皇陵、大型公共建筑中，同时迦陵频伽形象的陶瓷雕塑也开始大量出现等。

迦陵频伽用于建筑最早的记载是北宋李诫所著《营造法式》。《营造法式》不仅绘制了迦陵频伽的形象（图9：宋代《营造法式中的迦陵》迦陵频伽），而且确定了其在屋脊上的位置（图10：宋代《营造法式》中的屋顶瓦件分布图），更重要的是，还明确将迦陵频伽尺寸大小与建筑等级结合起来。

《营造法式》卷十三瓦作制度（用兽头等）中明确规定："殿、阁、厅、堂、亭、榭转角，上下用套兽、频伽、蹲兽、滴当火珠等。四阿殿九间以上，或九脊殿十一间以上者……频伽高一尺六寸；四阿殿七间或九脊殿九间……频伽高一尺四寸；四阿殿五间，九脊殿五间至七间……频伽高一尺二寸；九脊殿三间或厅堂五间至三间……频伽高一尺；"

考古中发现的迦陵频伽主要出现在重庆大足宝顶山18号石窟、宋东京城顺天门、巩义宋皇陵[24]、泰安岱庙[25]、洛宁乐重进墓[26]棺椁上等地方，其中以大足宝顶山18号石窟、宋东京城顺天门较为典型。

重庆大足宝顶山18号窟"观无量寿佛经变相"图[27]中绘有一尊宋代"迦陵频伽伎乐"造像（图11：宋代大足宝顶山石刻观无量寿佛经变相窟迦陵频伽）。这尊迦陵频伽表情庄严、肃穆，戴项圈、腕镯,胸部裸呈,双手于胸前合十,背后肩部偏下处,生着一对展开的翅膀,似欲振翅高飞,腰部著一莲叶围裙,两条系带自然下垂尾端向左卷曲,双足隐于长裙下。

宋东京城顺天门(新郑门)遗址出土的迦陵频伽共3件,[28]出土于瓮城圈内东北处的一座宋代灰坑内。顺天门迦陵频伽(图12:北宋东京城顺天门遗址出土迦陵频伽)人首人身,背有双翼,头戴花冠,双手合十,腹下两侧生有鸟爪,但底部残缺,推测应该有器座,推测复原高度应该在50厘米左右。按照《营造法式》的规定,此迦陵频伽应该用在四阿殿九间以上建筑之上。

除此之外,在辽、金、西夏、吐蕃等边疆少数民族地区也均发现大量迦陵频伽相关遗物。

辽代迦陵频伽以出土于内蒙古赤峰市巴林右旗巴彦尔灯苏木和布特哈达,现藏于赤峰市巴林右旗博物馆的一件辽代迦陵频伽形金耳坠[29]最为典型(图13:辽代现收藏于赤峰市巴林右旗博物馆的迦陵频伽饰件);金代迦陵频伽以磁州窑址3号窑出土迦陵频伽塑像最为生动;另外金代金上京皇陵[30]也出土有迦陵频伽残件;西夏境内以三号陵遗址内出土迦陵频伽最为重要;吐蕃时期迦陵频伽以西藏拉萨大昭寺[31]屋顶上的迦陵频伽建筑构件(图14:吐蕃时期西藏拉萨大昭寺迦陵频伽)最具有代表性。

西夏三号陵[32]出土的迦陵频伽,已修复者达76件之多,多出土于月城、神城四门、城角角楼等处,应该是安装在屋顶垂脊或戗脊最前端的装饰构件。作为建筑材料的西夏迦陵频伽,其形象与壁画所绘迦陵频伽有明显差异。西夏迦陵频伽(图15:西夏三号陵出土红陶五角花冠迦陵频伽),多带方形器座,可砌在相关部位。人首人身,双翼舒展,似欲翩翩起舞,头戴花冠,双手合十,腹下器座两侧浮雕鸟爪等,体现了它的创造性和实用性。

河北观台磁州窑址3号窑[33]出土的金代迦陵频伽(图16:金代磁州窑三号窑黄绿釉迦陵频伽)可以明显地看出是建筑脊饰。迦陵频伽立于圆筒形底座之上。圆筒形底座黄绿釉,圆筒两侧有圆形大镂孔,直径13.3、通高45.1厘米。迦陵频伽淡黄色釉,卷发中分,着耳饰,面相圆润,体态丰满,腹以上为人形,双手合十,袒胸,着窄袖开襟襦衣,挽飘带,身后有双翅,腹以下鸟身,鹰爪,长卷尾,尾上羽毛丰厚卷曲,似凤尾。

综观宋代这些迦陵频伽造像,发现与唐代迦陵频伽有着很大的不同。首先,在外形上发生了明显的衍化,由唐代"人首鸟身鸟爪"转化宋代流行的"人首人身鸟爪"形象;其次在艺术方式上,突破了绘画和线刻画等平面艺术形式,开始以建筑构件的形式大量出现在建筑屋脊之上,同时还出现了挂件饰品等工艺品,突出了其宗教功能之外的实用性和艺术性;另外从存在区域上看,其不仅在中原地区广泛存在,而且在辽、西夏、金、吐蕃等边疆少数民族地区也普遍出现,显示出其强大生命力和深厚的民众基础;从用途上看,从唐代的以壁画、线刻画等平面画为主转变成以建筑构件为主,多存在与屋顶垂脊或戗脊的首端,位置明显,主体地位突出,等级标志意义较为明显。迦陵频伽在宋代与唐代相比,还有一个重要变化,其使用的主要场所由壁画转移到屋脊之上,而且成为后世使用的法式。

四、元明时期的迦陵频伽

到了元代,迦陵频伽明显式微,现存的数量明显减少。最著名的当属山西芮城永乐宫三清殿、重阳殿及文庙大成殿屋脊上的迦陵频伽(图17:元代芮城永乐宫三清殿迦陵频伽),[34]另外元大都后英房遗址[35]等也出土有迦陵频伽。这组迦陵频伽出现的最大变化就是迦陵频伽的人身外形被塑造成了武士的形象。此外,在内蒙古博物院还收藏有一件元代迦陵频伽金帽顶(图18:元代内蒙古博物院收藏的迦陵频伽帽顶),[36]出土于内蒙古自治区乌兰察布市,高4厘米。器物由金片焊接而成,制作精美,工艺精湛。帽顶中空,表面分三层装饰。上层錾刻4个相同的迦陵频伽和菩萨图案,中部为八大金刚造型,底圈为一周莲瓣纹,整体图案呈镂空浮雕。

明代,迦陵频伽多见于寺庙建筑之中。最有代表性的当属福建泉州开元寺[37]、五台山普化寺[38]、开封祐国寺塔(铁塔)[39]、北京五塔寺金刚宝座雕塑[40]等。

福建泉州开元寺大雄宝殿的柱梁上装置了24尊真人一般大小的木雕迦陵频伽(图19:明代泉州开元寺大殿内迦陵频伽塑像;图20:明代泉州开元寺大殿迦陵频伽塑像局部),都为美人头、人身,下半身鸟体、鸟爪,真人般大小的木雕迦陵频伽。她们袒胸露臂,羽毛绚丽,头戴如意宝冠,背上两翼舒张,项挂璎珞,臂束钏镯,手持各色供品和乐器,在五方佛前奏乐歌舞。五台山普化寺三佛殿内的四根柱子上,彩塑有四只人头凤尾的迦陵频伽。开封祐国寺塔(铁塔)上明代补筑的迦陵频伽用琉璃烧造(图21:明代开封铁塔上的迦陵频伽),人身鸟爪,背有双翅,拱手站立,手捧莲实,造像写实,完全没有飞翔的状态。

明代迦陵频伽用途较为单一,基本上只见于宗教建筑之上,其神态基本上以写实为主,全无飞翔的动感。

清代,迦陵频伽基本消失,目前尚未见到明确的例证。在现存清代建筑之中,戗脊或垂脊前端坐落的多是各类仙人。

五、结语

通过对不同时期迦陵频伽线刻画、壁画、工艺品、雕塑、建筑构件等的梳理,发现迦陵频伽是随佛教传入中国,在东晋被民众认知并接受,但可能只存在文字中,亦或有画面但没有保留下来;到了唐代,大量出现在石窟、石塔、墓葬石椁中,但均以壁画或线刻画的形式出现,尚未发现立体形象,其形象多为人首鸟身鸟爪、背生双翼。但在大型经变图中只是一个很小的配角。这一时期的迦陵频伽主要作为娱佛神存在,寄托了人们对美好庄严天庭的向往;宋代,迦陵频伽大多以立体形象出现在屋顶、雕塑中,并在金、西夏、辽、吐蕃、大理等边疆地区大量出现,其形象多为人首人身鸟爪、背有双翼。其在屋顶的位置一般是垂脊或戗脊的前端,位置非常明显。特别是作为等级象征的建筑构件,迦陵频伽还被写到《营造法式》之中,并自此成为迦陵频伽的主要功能;元代作为建筑构件的迦陵频伽继续存在,但在元代考古发现迦陵频伽的总体数量趋向减少,屋顶上的迦陵频伽仍是人首人身鸟爪的形象,但出现了多元化发展的趋势,其人首人身多被塑造成武士的形象,同时迦陵频伽形象的日用工艺品或饰件开始较多出现,这也说明了迦陵频伽世俗化的发展趋势;明代迦陵频伽艺术感染力明显下降,只有少数的寺庙还有使用,其造像多以写实风格为主,这也是迦陵频伽日渐式微的一个显著表现;清代,迦陵频伽基本消失。

参考文献:

[1] 东晋.郭璞:《山海经》;纪昀总撰:《钦定四库全书》,子部《山海经卷》,1042-1045。

[2] 施安昌:《北魏苟景墓志及纹饰考》,《故宫博物院院刊》,1998年第2期,25页。

[3] 例如窥基撰《阿弥陀经疏赞》《阿弥陀经通赞疏》及《阿弥陀经疏》、法藏述《华严经探玄记》、慧苑《新译大方广佛花严经义》、慧琳《一切经音义》、智顺《阿弥陀经义记》等均有对迦陵频伽来源和形象的描述。

[4] 后晋、刘昫、张昭远等撰:《旧唐书》卷一九七《南蛮传》诃陵国,第16册,5273页。

[5] 敦煌研究院主编:《敦煌石窟全集17·舞蹈画卷》(香港),商务印书馆,2005年4月,90页。

[6] 敦煌研究院主编:《敦煌石窟全集17·舞蹈画卷》(香港),商务印书馆,2005年4月,107页。

[7] 敦煌研究院主编:《敦煌石窟全集17·舞蹈画卷》(香港),商务印书馆,2005年4月,183页。

[8] 季羡林:《敦煌学大辞典》,上海辞书出版社,1998年,267页。

[9] 陕西省法门寺考古队:《扶风法门寺塔唐代地宫发掘简报》,《文物》,1988年10期,9页。

[10] 崔汉林、阴志毅:《耀县药王山隋墓清理记》,《文物》,1995年10期,4页。

[11] 江苏省文物工作队镇江分队、镇江市博物馆:《江苏镇江甘露寺铁塔塔基发掘记》,《考古》1994年第6期,309页。

[12] 临潼县博物馆:《临潼唐庆山寺舍利塔基精室清理记》,《文博》,1985年第5期,15页。

[13] 聊城地区博物馆:《山东阳谷县关庄唐代石塔》,《考古》1994年第1期,48页。

[14] 李燕:《小雁塔上保留下来的唐代线刻画》,《陕西历史博物馆馆刊》,2012年,第23辑,283页。

[15] 张伯龄:《唐大智禅师碑考释》,2016年,《碑林集刊》,98页。

[16] 崔汉林、阴志毅:《耀县药王山隋墓清理记》,《文物》,1995年10期,4页。

[17] 葛承雍:《再论唐武惠妃石掉线刻画中的希腊化艺术》,《中国国家博物馆馆刊》,2011年第4期,99页。

[18] 李晨、崔晓东:《唐代徐孝墓志纹饰考》,《文物世界》,2015年第6期,33页。

[19] 杨瑾:《唐武惠妃墓石椁纹饰中的外来元素初探》,《四川文物》,2013年第3期,69页。

[20] 河南省文物考古研究所:《河南登封市法王寺二号塔地宫发掘简报》,《华夏考古》,2003年2期,35页。

[21] 法华经(宋)格致镜原,卷八十一。

[22] 宋·李诫撰,邹其昌点校:《营造法式》,人民出版社,2011年10月,101页。

[23] 纪昀等:《钦定四库全书》,集部,总集类,两宋明贤小集,卷二百三十八。陈思编,闻寺中晓鼓,灵鼍一鼓振潮音,征梦逍遥枕畔闻,语断频伽天正晓,松风吹散满山云。

[24] 河南省文物考古研究所:《北宋皇陵》,中州古籍出版社,1997年8月,307、337页。

[25] 赵鹏:《泰安岱庙出土的宋代妙音鸟》,《文博》2006年第1期,22页。

[26] 李献奇、王丽玲:《河南洛宁北宋乐重进画像石棺》,《文物》,1993年,5期,30页。

[27] 王婧:《巴蜀石窟艺术中的宋代舞蹈造像研究》,重庆大学硕士学位论文,2014 年,35 页。

[28] 宋东京城顺天门(新郑门)2017 年考古发掘年报。

[29] 出土于内蒙古赤峰市巴林右旗,现藏于赤峰市巴林右旗博物馆的辽代迦陵频伽形金耳坠。

[30] 齐心:《近年来金中都考古的重大发现与研究》,《北京文物与考古》,第四辑,2002 年 12 月,17 页;北京市文物研究所:《金陵遗址调查与研究》,《北京文物与考古》,第六辑,2004 年 12 月,46 页。

[31] 张仲立:《大昭寺》,《文物》,1995 年 5 期,55 页。

[32] 宁夏文物考古研究所、银川西夏陵区管理处:《西夏三号陵》,科学出版社,2007 年 6 月。

[33] 北京大学考古学系、河北省文物研究所、邯郸地区文物保管所:《观台磁州窑址》,文物出版社,1997 年 3 月,300–303 页。

[34] 山西省古建筑保护研究所:《山西琉璃》,73 页。

[35] 元大都考古队:《北京后英房元代居住遗址》,《考古》,1972 年第 6 期,8 页。

[36] 马颖:《元代迦陵频伽纹金帽顶小考》,《收藏》,2016 年第 13 期,125–127 页。

[37] 穆宏燕:《泉州开元寺大殿妙音鸟翅膀造型溯源》,《丝绸之路艺术研究》,2015 年第 4 期,59 页。

[38] 肖雨:《普化寺》,《五台山研究》,1995 年第 2 期,7 页。

[39] 张武军:《开封祐国寺塔建筑分析》,《中原文物》,2013 年第 3 期,97 页。

[40] 苇萍:《五塔寺及北京石刻艺术博物馆》,《今日科苑》,2010 年第 13 期,74 页。

(上接第 75 页)顺治十二年(1655 年)任刑部尚书,加御少保。次年加衔少保,兼任太子太保,官位显赫。明末开封决河之谋为明臣严云京、高明衡、黄澍等及其同伙共谋所为。正如明无名氏《如梦录》所载:[10]

> 掘河淹贼,即有奸谋暗画阴谋,假进拒敌之策,实为攻城之术。误中彼奸,堕尔彀中。国主、郡宗箝口不言;诸王、上台、乡绅隐默不语,致使河伯震怒,于九月十七日,扬小鼓浪,洪水波天,汹涌泛涨,倾陷城垣。

> 居人溺死者十有八九,救援不及一二,叫苦连天,呼救满河,如鱼之游于沸鼎之中,可怜数十万无辜生灵,尽葬鱼腹之内。终年逐月打堤帮垛,费朝廷无数银两,以防河患,反开堤垛,引水灌城,此何奇计良谋乎?

> 当时王宗、上台、乡绅、士子肯吐一言谏阻,不致有此倾城大祸,嗟,嗟可胜叹哉!

至七月底,城内盼援军无望。企图挖开黄河,水攻退农民军。清《汴围湿襟录》载:[11]

> 汴人熟知河势,见往岁黑罡上流遇决,即自贼营一路而下,适当其要。密禀巡抚高明衡,随差谋者潜渡河北,书约巡按严云京举事。果使卜从善大营架舟南岸,掘一昼夜。贼党知领兵冲散。

据《明史·高明衡传》载:[12]

> 围半年,师老粮匮,欲决黄河灌之。以城中子女货宝,犹豫不决。闻秦师已东,恐诸镇兵夹击,欲变计。会有献计于巡按御史严云京者,请决河以灌贼。云京语名衡、澍,名衡、(黄)澍以为然。周王恭栒募民筑羊马墙,坚厚如高岸。贼直傅大堤,河决贼可尽,城中无虞。我方凿朱家寨口,贼知,移营高阜,巨筏以待,而驱掠民夫数万反决马家口以灌城。九月癸未望,夜半,二口并决。

由此看来,守城明军同河北援军共谋首决黄河大堤,致使农民军"移营不及,溺死万人",农民军无奈,被迫掘开马家口是有其道理的。

参考文献:

[1] 《明史·河渠志》,中华书局,1974 年。

[2] 《黄河水利史述要》,水利出版社,1982 年版,第 264 页。

[3] 清·傅泽洪:《行水金鉴》卷六,清雍正三年本。

[4] 《明史·河渠志》,中华书局,1975 年。

[5] 明·周堪赓:《治河奏疏》,清光绪十八年刻本。

[6] 明·周堪赓:《治河奏疏·堤工将竣》,清光绪十八年刻本。

[7] 明·黄汴:《水陆路程便览》卷五。

[8] 清·顺治:《祥符县志》卷一,清顺治十八年刻本。

[9] 清·顺治:《祥符县志》卷一,清顺治十八年刻本。

[10] 明·无名氏:《如梦录》中州古籍出版社,1984 年,第 14 页。

[11] 清·白愚撰:《汴围湿襟录》,中州书画社,1982 年。

[12] 《明史·高名衡传》,中华书局,1974 年。

汉画的读法

——以乐山麻浩1号墓为例

刘仁慧

内容摘要：麻浩1号崖墓以其前室墓壁的一个端坐的佛教雕刻而出名。在几乎所有的研究中国早期佛教、道教画像的考古性文章中都不可避免地要提及该材料。以麻浩M1为代表的一批汉代墓葬已经成为研究中国早期佛教与道教的可靠的图像材料及有益的切入点。在研究的过程中，学者们多集中于对材料的收集，并通过不同的文献故事来进一步扩大汉代早期佛教与道教画像的范畴。通观这些文章，并没有一个合理的解释——早期佛教、道教的艺术内涵到底应如何界定，应该如何确定我们在讨论该类问题的时候并没有泛化问题、主观扩大化问题。本文尝试通过两位学者的典型文章来探讨汉代墓葬艺术画像的解读范式。

关键词：画像石 佛教

1.关于麻浩崖墓M1图像的解读

对于所有研究早期佛教、道教画像的学者来说，麻浩崖墓是一个无法回避的问题。如何解读崖墓前室的浮雕画像，如何认识该组画像在两汉画像中的地位，如何更好地深入了解早期佛教和道教画像的内涵，学者们对此发表了不同的观点。尤其是在解读前室如下两幅画像的时候，产生了较大的差异。

图1

这里主要列举几位学者具有代表性的观点。信立祥先生认为两个人物图像均是僧侣的表现。[1]在进一步解释崖墓内其他画像的时候引用了老子化胡经的典故，尝试得出了如下的结论：当时的蜀中地区是初期佛教的一个重要流布区，而且也说明了这一地区的初期佛教也像中原地区一样，被

人们看作道教的一个支派，佛陀和菩萨等佛教神圣也被理解为与东王公、西王母一样的仙人而受到信仰和崇拜。罗二虎先生则认为，该图左边的持节杖人物，头戴奇异的高冠帽，另一手还握着布袋，这布袋中应是装有丹丸——不死之药，由此判定该人物也是道士。[2]霍巍先生把左边的人物定义为一个仙人，认为手持节杖的引导仙师多在西王母所居之门外出现，[3]该定义也是偏向道教解释的。巫鸿先生对此也提出了有益的观点，在讨论早期道教美术的时候把左边人物认为是持节的道教神职人员，[4]但是没有具体说明是方士还是道士。在更进一步的讨论中，甚至表达了与其把它们叫做早期佛教图像不如把它们称为早期道教图像的观点。

以上的观点，基本说明了学者们在分析该类图像的时候出现的歧义。问题的本质还是回到了早期佛教、道教图像的区分之上。为什么会产生这样的差异，回归崖墓的画像配置，也许可以发现其中的差异所在。

根据四川乐山麻浩一号崖墓的发掘报告，尝试简要重现墓内27幅图像的配置情况。[5]

图2表现的是M1前室墓门、东壁、南壁、北壁各画像的配置与组合关系。可以清晰地看出，27幅图像中除了装饰性的仿木结构屋檐外，还出现了大量的祥瑞图像、历史故事、仙人六博及坐佛。坐佛和持节人物分别分布在东壁的中后室门的上

端与北后室门旁，对于持节人物的具体属性报告则没有给出明确论断。与此人物对应的是仙人六博、捣药玉兔和捧盒灵蟾。后三类元素无疑是汉画像中常见的仙人、仙境。问题亦由此而产生，是否可以认为"端坐者"代表了早期佛教宗教信仰，而与此对应的持节"道士"仙境图像又是否可以代

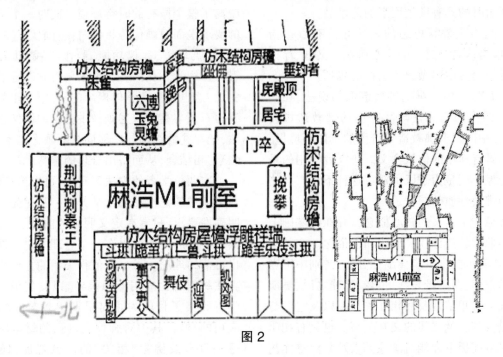

图2

表早期道教宗教信仰，两者的结合是否又表现了汉代早期社会宗教信仰的杂糅问题？关于这些问题的思考，似乎都没有一个统一的定论。下面试着对巫鸿、霍巍两位学者关于此图像的文章进行解构，以求加深对问题的认识程度。回归到最初的目的——关于汉画读法的问题。

2.解读图像的方法

巫鸿先生在《早期中国艺术中的佛教因素》《汉代道教美术试探》中均论及了此图所引申的问题。[6] 与此类似，霍巍先生在《中心与边缘：汉文化的扩张与变异——以四川乐山麻浩一号崖墓画像石刻为例》一文中也对此图进行了解构与释读。通过对比分析两位学者所应用的方法及理论，试图找到关于汉代画像解读的一些一般性方法。

率先分析霍巍先生的文章，作者从图像入手，直接抛出两个问题：

"应当如何来看待这尊在中国早期佛像中最具有佛像特征的造像所处的墓葬背景？它与中原汉文化之间又具有何种联系？"

从这两个问题可以看出，作者试图在研究图像整体的基础之上来看待整个汉代社会环境。以图像为一个切入点，深入剖析墓葬艺术所表现的部分社会背景。确定了研究方向之后，作者通过三步分析，层层递进，试图得出相应的结论。首先是

通过收集大量的一手资料文献与二手研究文献，对麻浩M1内石刻的内容及其布局的情况加以廓清。其次开始对图像进行解构，进行图像元素构图分析——构成了一个完整的地下空间，所反映的是死者升仙的途径与过程。此处的分析也是通过四川其他地区的类似崖墓做了类比。最后是内涵分析，在整体构图分析的基础上，通过对社会背景的分析，加强了对汉代社会文化的考察。由此得出了四川地区与中原地区在汉代画像交流上的文化意义。这里最值得注意的是作者并没有生硬地单独分析"端坐者"与"持节者"，而是把墓葬看作一个由许多元素组成的空间整体。这个整体的目的是明确而单一的。在牢牢把握大前提的条件下，才有可能正确地分析各个图像之间的关系。

再看巫鸿先生的文章。作者把该问题在早期佛教与早期道教中分别来叙述。作者首先直面了一个关键的问题——什么是早期佛教艺术，什么又是早期道教美术？对此，作者提出这样一个关于早期佛教的定义：

①任何带有确切的佛教题材或具有特定佛教艺术形态特征的作品

②传达佛教思想或者用于佛教仪式或佛事活动的作品

对于早期佛教的定义，诸多学者均有尝试，比

如,苏钰的定义则显得含糊而不明确:

"本文所指的早期佛教图像是指佛教初传入中国时尚未广泛传播、人们对此所知甚少、译经活动刚刚开始时的具有佛教因素的艺术品。"[7]

对于是否是佛教思想的表达并没有直接指出,而这应是该名词定义的核心所在。又如,徐振杰在其博士论文中则做出了这样的概括:

"概而言之,中国早期佛教造像的说法,在此是强调其图像的来源是印度等地的佛教造像艺术,但是在中国早期佛教造像阶段的具体环境里,它可能不具有严格的佛教含义。研究者常用的早期佛教造像,就是为了区别对待这种不具有严格意义上的佛教性质的图像。"[8]

作者抓住了定义的核心概念,并在此基础上强调了早期佛教造像的民族化和世俗化。在此基础之上,才有可能进一步详细地分析、辨别中国当时的巫术信仰、西王母崇拜、黄老、神仙之说、早期道教等社会思想信仰及其相互关系,以及它们与早期佛教及其图像之间的交互关系。也只有在明确的定义域前提下才能对画像元素及墓葬整体艺术达到一个共识范围内的最佳阐释。朱青生在其博士论文中应用过类似的方法,在定义门神形象的时候,简单、清晰、重点突出,把一切不必要的、模糊的形象全部排除,只留下核心的分析界限。[9]

同样,巫鸿先生在分析早期道教美术的时候也通过率先定义的方法,圈定了早期道家、美术两个概念的范畴。以一个明确的定义从而为整篇文章的论证分析打下了坚实的基础。这里有两个方面值得重点关注。其一,是在分析早期佛教因素的时候(麻浩 M1"端坐者"),作者延续其分析武梁祠画像的方法,在分析基本材料和文献的基础之上,进行同类形象的类比,同时更加关注对整个墓葬、祠堂画像——画像程序,从而引申至对整个当时的整个社会背景的考察。在两者的结合之下再得出合理的,具有深刻社会、文化内涵的结论,这也是作者所一直提倡的中层次理论;[10]其二,是增加对地域与时间范畴的考虑,关注不同区域的同一形象,关注不同时代同一形象的演变。在一个更广阔的时空背景下来细致观察图像的分布、演变及与之相关的历史文献。最后作者得出:该类形象不能具有原有的佛教意义或宗教功能,是汉代流行艺术对某些佛教因素的偶然借用。

比较两位学者对同一形象的考察分析可以发现一些对汉代画像解读的一般性程序。两位学者都客观地强调了墓葬的整体与原境的观念。不是不能割裂地看待一个单独的元素,而是在分析一个单独元素的时候要更加小心,因为其可能已经脱离了整个原有的时空环境。同时一个不可回避的要求是面对画像分析的时候:画像程序、器物组合、建筑环境、礼仪功能、制作者、赞助人及使用者,即视觉文化的各个要素要得到合理的体现与关注。这也是墓葬整体概念的一部分。正如巫鸿在苍山石刻与墓葬叙述画像中提出的图像程序的方法,把葬礼的结构与功能同墓葬画像艺术"过渡性叙事"相结合,从而得出合理的阐释[11]。

在两位学者的方法区别上,可以清晰地看出,对早期佛教艺术品的定义方面,巫鸿先生更具有明确性要求。只有在定义明确的前提下,才能保证其后所有的讨论可以在一个合理的时空框架下得出可信的理论。另一个值得关注的方面是两位学者在材料对比应用上的差异。以黄剑华为代表的学者收集了目前为止对早期佛教艺术的研究所应用的材料,其中对画像石(砖)的材料应用基本是一旦涉及佛教"相关"的图像就加以囊括(表 1)。[12]从附表 1 的分析中可以看出,在应用不同地区相似时代的图像做类比研究的时候学者们多有泛化问题的倾向,并不谨慎地收集材料而是泛化了问题。

表 1

巫鸿文章所用对比材料		霍巍文章所用对比材料
武梁祠	解读对象 四川乐山麻浩 1 号崖墓	四川彭山县双河的石棺画像
内蒙古和林格尔东汉墓壁画		四川南溪县长顺坡 2 号墓石棺画
山东沂南画像石墓		

从表 1 分析可知,巫鸿先生注重了不同地区相通艺术因素,而霍巍先生则注重在同一地区类似画像的程式。正如巫鸿先生在研究早期道教美术时候所提出的一种新的观点,即使用地域考古的观念来对早期道教美术进行重构。对道教美术所做的任何界说都必须是能动的和历史的,既要考虑到这个艺术传统的持续性,又要考虑到其在不同时期和地区的特殊表现。[13]扩大地域性,以更广阔的视野来应对问题,或许可以获得一种全新的视角与观点。

3.总结

从对麻浩 M1 考察的过程可以看出,对于早期佛教、道教艺术因素的分析仍是一个悬而未决的问题。在没有一个合适和统一的定义之下,是否能得出合理的阐释理论将是值得再次省思的。但是从这个墓葬画像的解读出发,我们仍可以得到一些有益的思考范式,即在面对如此模糊与繁杂的问题的时候我们到底应该如何阅读画像。

正如朱青生在门神分析中所应用的三等九级法,这是一种非常好的尝试手段。明确在形象的解读中所应收集的材料范围是进行画像解读与进行同类类比的前提、基础。同时也应注意使用一个明确、清晰、简单的定义,剔除一切容易产生歧义、模糊、不确定的因素。就如上文的讨论中学者们产生的差异一样,在某种程度上,定义的差别带来的问题泛化而导致的结论差异将是难以挽回的。

对于何为早期佛教、早期道教艺术因素的问题,应还是在汉代时代背景下考察各类实物遗存所反映的社会各层次的思想、文化。佛教、道教及神仙家的各种思想杂糅的现象,究其本质,就是一种文化同化的历程。[14]早在佛教到达之前,先秦社会中就有许多长生的思想开始融合,反映在墓葬艺术中即表现为对西方乐土的豪华装饰与陈设,这其中掺杂着对魂、魄、灵的一些长生观念。[15]在没有一个统一的思想崇拜环境中,文化同化的历程早已开启。通过视觉分析的各个要素,以叙事性的范式来对待这些墓葬艺术画像,在"透物见人"的阐释道路上还有许多问题等着我们。

参考文献:

[1] 信立祥:《汉代画象石综合研究》,文物出版社,2000年。

[2] 罗二虎:《东汉墓"仙人半开门"图像解析》,《考古》,2014(9),75–85页。

[3] 霍巍:《中心与边缘:汉文化的扩张与变异——以四川乐山麻浩一号崖墓画像石刻为例》,《文化传承与历史记忆学术研讨会论文集》,2007年。

[4] 巫鸿:《早期中国艺术中的佛教因素(2-3世纪)》,2005年。

[5] 唐长寿:《四川乐山麻浩一号崖墓》,《考古》,1990(2),111–115页。

[6] 巫鸿:《汉代道教美术试探》,《礼仪中的美术》,三联

书店,2005年,455页。

[7] 苏钰:《中国早期佛教图像地域特征及其成因初步研究》,四川大学,2007年。

[8] 徐振杰:《中国早期佛教造像民族化与世俗化研究》,2007年。

[9] 朱青生:《将军门神起源研究:论误解与成形》,北京大学出版社,1998年。

[10] 巫鸿、刘聪:《反思东亚墓葬艺术:一个有关方法论的提案》,艺术史研究,2008年。

[11] 巫鸿、郑岩:《超越"大限"——苍山石刻与墓葬叙事画像》,《南京艺术学院学报:美术与设计版》,2005(1),1–8页。

[12] 黄剑华:《略论早期佛教图像的传播》,中原文物,2014,1,008页。

[13] 巫鸿:《地域考古与对"五斗米道"美术传统的重构》,《礼仪中的美术》,三联书店,2005年,495页。

[14] 许里和、李四龙、裴勇:《佛教征服中国》,江苏人民出版社,1998年。

[15] 《剑桥中国史:公元前221~公元220年》,《剑桥中国秦汉史.第一卷》,中国社会科学出版社,1992年。

附表中材料所出自的文献:

[1] 霍巍:《中国西南地区钱树佛像的考古发现与考》,《考古》,2007,3,008年。

[2] 何志国:《"仙佛模式"和"西王母+佛教图像模式"说商榷——再论佛教初传中国南方之路》,民族艺术,2006(4),96–105页。

[3] 罗二虎:《论中国西南地区早期佛像》,《考古》,2005(6),66–73页。

[4] 姜生:《适应与传播——四川汉墓出土佛像的符号学考释》,《宗教学研究》,1998(4),84–86页。

[5] 孙机:《仙凡幽明之间——汉画像石与"大象其生"》,中国国家博物馆刊,2013,9,011页。

[6] 吴焯:《四川早期佛教遗物及其年代与传播途径的考察》,《文物》,1992(11),40–50页。

[7] 宿白:《四川钱树和长江中下游部分器物上的佛像——中国南方发现的早期佛像札记》,《文物》,2005(10),61–71年。

[8] 俞伟超:《东汉佛教图像考》,《文物》,1980(5),68–77页。

[9] 王进南、刘尊志:《原始道教和早期佛教思想在徐州汉墓中的体现与反映》,《徐州师范大学学报:哲学社会科学版》,2010,36(2),98–101页。

浅析汉代蒸馏器的特征与规律

赵倩卉

内容摘要：自 20 世纪至今，几件汉代蒸馏器实物的出土问世，为研究古代蒸馏器提供了极好材料。本文结合考古资料与相关文献，对出土的汉代蒸馏器进行比较研究。从尺寸、构造、冷却器、冷却方式以及收集方式等多方面进行比对分析，寻找它们的关联与发展。几件蒸馏器大小差别不大，都是上下套合结构；上分体是甑或筒形器，下分体多为釜或类似釜的结构，套合装置中间有箅，箅上带孔；都有集流槽和流口；几件器物的冷却器均为壶式；这几件蒸馏器的冷凝方式大体上是从空气冷凝向冷水冷凝发展的，冷水冷凝效果远好于空气冷凝。在汉代，我国蒸馏器的冷凝方式虽有差异，但都采用外承法，它的应用使蒸馏器更加完善，效率更高。我们推测外承法是真正意义的蒸馏的技术基础。通过比对研究，认为这几件蒸馏器在结构上一脉相承：均由釜体部分、甑体部分、冷凝部分和收集部分组成。蒸馏器的精细程度与墓葬等级对应，高等级墓葬出土的蒸馏器制作更精良、蒸馏效率更高。

关键词：蒸馏器　蒸馏技术　外承法

2011 年至 2016 年，江西南昌海昏侯墓出土了大量的珍贵遗物，引起了社会各界的广泛关注。江西省文物考古研究所对海昏侯墓进行了勘探和发掘，清理遗物 1 万余件(套)，有木牍、金器、青铜器、铁器等。其中在"酒具库"发现了一套青铜套合器，它由筒形器、釜、盖三部分组成，出土时三器紧挨着，筒是柱状，筒形器内有两层，中空，底部有箅子，釜与筒形器底部可以严密套合，这三部分套合应为一件器物。考古发掘者依据出土遗物并结合文献材料，初步判断海昏侯墓的墓主人应为昌邑王刘贺。

古代蒸馏器主要用于炼丹、软化物料、制烧酒等。目前学界对于古代蒸馏器，尤其是汉代蒸馏器的具体构造和使用原理、出现时间等问题，存在较大争议。海昏侯墓出土青铜套合器给人们研究汉代蒸馏器提供了新的材料与契机。

一、相关概念界定

对汉代蒸馏器的研究，离不开对其构造、原理的分析，现将文中涉及相关概念给以界定。

(一)蒸馏与蒸馏器

蒸馏是指利用混合物中各组分沸点的不同，使低沸点组分蒸发，再冷凝从而将组分分离的传质过程。在工业蒸馏过程中，由于混合物各组分的挥发性不同，分离要求不尽相同，因此还有简单蒸馏、精馏等分类。[1]

蒸馏器是蒸馏原理实现的载体，是利用蒸馏法对物质分离的器具。在蒸发部分使低挥发度组分蒸发，在冷凝部分使蒸汽冷凝并通过导流管导出并收集。

相比现代蒸馏设备，古代的蒸馏器可能较为原始，但应该同样满足蒸馏基本要求。故而对古代蒸馏器的研究也是参照现代蒸馏器原理来探讨的。根据上述原理，我们将古代蒸馏器分成几个部分：

釜体部分，用于加热，产生蒸汽；甑体部分，用于盛放酒醅或液体；冷凝部分，冷凝器分为两种，一种是正置的天锅，锅内盛放冷水，通过冷水冷凝的方式得到冷凝液。另一种是采用倒扣的天锅，蒸汽上升后遇天锅通过空气冷凝的方式得到冷凝液；收集部分，蒸汽冷凝液流出的地方。古代器物满足以上几个部分，就可以界定它是蒸馏器。

(二)内承法与外承法

内承法与外承法是对蒸汽冷凝液承接、收集方式的描述。内承法是指在器物内部承露的方法，把碗或盘等承接器置于器物里面，在蒸馏时，蒸汽遇器壁冷凝，冷凝液被碗或盘承接，从而获得所需的液体。如云南藏族家酿的青稞酒，采用的就是内承法，他们用缸代替釜甑，直接架于灶台之上。青稞酒醅和水一起加入缸内，加水量不超过酒醅。用桶作接收器，直接置于缸内。以圜底或小平底盆作冷却器皿，置于缸口并加注凉水，然后用布密封缸口，防止气体泄露。

外承法是在蒸馏过程中采用外接承露的收集方式，上下两部分的套合装置中，在上分体的底部设集流槽和流口，让冷凝液流至装置外部进行接收。使用内承法，把承接器放置天锅下面，随着冷凝液体的不断产生，承接器满后，须打开器物，将承接器装满的液体倒出，再循环操作。而采用外承法可以保证蒸汽的连续冷却，使工作不间断，从而提高蒸馏的效率。

（三）锅式与壶式

锅式和壶式是对套合器中盖的冷却面不同的描述。方心芳把我国传统的蒸酒器分为两种形式[2]：一是锅式，二是壶式。壶式主要用于河北省和东北地区，其他地区多用锅式。二者的差异主要是锅式的冷却面凹陷，壶式的冷却面凸起。锅式用匙或盘作承酒器，壶式则用集流槽。锅式蒸酒器比壶式要简单一些。

本文借鉴了方心芳对蒸酒器中冷却器的构造命名方法，但文章最后也对此进行深入讨论：用锅式和壶式来分类容易造成误解，蒸馏器的冷却与属于锅式还是壶式的冷却面无关，而与它的承接方式是一致的，壶式的蒸酒器都采用的是外承法，而锅式的则都用内承法。

二、汉代蒸馏器的考古材料梳理

目前出土的汉代蒸馏器实物有四件：上海博物馆馆藏汉代蒸馏器、安徽长乐县出土蒸馏器、西安张家堡出土新莽时期的蒸馏器、海昏侯墓出土蒸馏器。按照出土时间顺序分别简介如下。

（一）上海博物馆馆藏东汉蒸馏器

1956年，上海市博物馆工作人员发现了一套东汉时期蒸馏器（图1），出土地点不详。器物本有盖，盖已佚，后补。器物通高45.5厘米，由甑、釜和盖三部分组成，甑和釜可以套合。上分体是甑，甑高21.1厘米、口径28.8厘米，圈足高27厘米。甑上有一对拉环，有一根导流管，管长4.1厘米。下分体是釜，高26.2厘米、口径17.4厘米、腹径31.1厘米、底径12.5厘米。釜上也有一对拉环，有一个加料管口，管长6.7厘米。釜底有烟灰，有明显的使用痕迹。甑与釜之间有算，算径17.7厘米；初步判断该蒸馏器既可以蒸馏固体，也可以蒸馏液体。

马承源对这件蒸馏器进行了模拟实验研究。他配置了甑盖，用原甑配铝锅，蒸20分钟得到了度数20.4~26.6的酒；接着他把15.5度黄酒注入釜内，得到42.5度烧酒；用现代的烧酒入釜蒸馏，可得度数更高的烧酒；用桂皮、茴香进行蒸馏，可得到黄色桂皮油、茴香油。其认为这件蒸馏器既可以蒸馏酒，同时也可以用于提取花露或蒸取某种药物的有效成分。

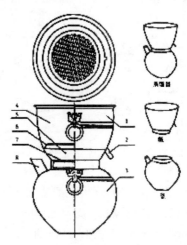

图1　上海博物馆馆藏汉代青铜蒸馏器复原图[3]
1.甑　2.导流管　3.釜　4.冷凝室　5.酒醅
6.斜隔层　7.多孔层（算）　8.加料管

（二）西安张家堡出土新莽时期蒸馏器

2007年，西安市文物考古所在西安市北郊张家堡发掘了一座新莽时期墓葬（编号M115），墓葬规模较大，出土物中有九件鼎。西周时天子用九鼎随葬，这座墓葬的墓主人使用九鼎随葬，显示了其特殊的身份地位。

这套铜蒸馏器出土于墓道东侧北耳室，由筒形器、铜鍑和器盖三部分组成（图2）。筒形器作为上分体，通高35厘米，口径23.4厘米，沿宽1.8厘米，底径22.8厘米，圈足径12厘米，下部微收。上腹饰有对称衔环。筒形器底部有管状流，底部有算，算中心设置一衔环，底下外凸一圈足，底端有一周凸棱，凸棱断面为三角形，使用时方便与其他器物相套接。

铜鍑是下分体，通高9.6厘米，敛口，口径12.4厘米，腹径16.4厘米、檐径22.4厘米。圆唇，平沿，口沿两侧有对称衔环，腹呈扁球形，中部有檐，檐上翘与腹壁形成凹槽，檐一侧有一流口，圜底，底部附有三蹄形足；器盖整体似灯，通高18.8厘米，上部呈浅盘形，敞口，平折沿，方唇，盘口径23.2厘米，沿宽2厘米，底径16.8厘米，器物盖的柄由上下两段组成，中间相接处是榫卯结构，中间用铆钉相连接，为实心柱状。

此类组合的套合器之前从未发现，考古发掘者认为该套合器应为实用器。从器物构造分析，初步推测可能是用于蒸馏药、酒。它的出土为我们了解汉代饮食和医药技术提供了极好的实物资料。

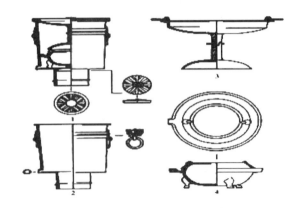

图2 张家堡汉墓群出土铜蒸馏器[4]
1.铜蒸馏器(M115北:4、5、48)
2.铜蒸馏器之筒形器(M115北:5)
3.铜蒸馏器之器盖(M115北:4)
4.铜蒸馏器之釜(M115北:48)

(三)南昌海昏侯墓出土西汉蒸馏器

海昏侯墓发现于南昌市新建区大塘坪乡观西村,墓中出土了一套青铜套合器,由筒形器(M1:477)、釜(M1:474)和"天锅"(M1:478)三部分组成,出土时三器紧邻,是出土的最大的组合器物。筒形器为双层,底部有算子,原文描述为外有对称的龙形双流,但仔细观察其实是不对称的。圆形釜与筒形器通过子口相接。从器物结构分析,三部分应套合组成一体,套合使用示意图(图3)。

该套装器出土于北藏阁最东面的酒库。套合器附近还有发现了提梁卣、青铜钫等酒器,说明其极大可能与酒有关,在其算上还有芋头等残留。从造型、出土地点、残留物等多角度,发掘工作者初步认为这是一套青铜蒸馏器。

另外,1975年,在安徽天长县安乐乡汉墓中也出土了一件蒸馏器,器物整体结构与上海博物馆馆藏的蒸馏器结构相似。该墓发掘报告至今尚未公开发表,这也为我们了解其细节造成了不便。但在前人的部分研究中,有对该器物的描述。根据相关文章的描述:该器物由甑、釜和盖三部分构成,甑的底部有算,槽底有引流管;器盖为圆顶,有原配甑盖。蒸馏时,蒸汽在器壁上冷凝,沿壁流下,在槽中汇聚后顺引流管流至器外。[5]周边有槽,槽上有出酒流。

图3 西汉海昏侯墓出土青铜器物套合示意图

三、同时代出土蒸馏器的比较研究

为更好地认识我国汉代蒸馏器的结构、功用以及发展规律,尝试从器物尺寸、构造、冷却器、冷却方式以及收集方式等多方面对几件同时代出土的器物进行比对分析,详细见表1。

表1 几件汉代蒸馏器的比对研究

出土(或馆藏)蒸馏器	上海博物馆	西安张家堡墓	安徽天长县	南昌海昏侯墓
器物示意图			不详	
时代 墓主身份	东汉时期 墓主不详	新莽时期 贵族	汉代 墓主不详	西汉时期 昌邑王刘贺
出土(或馆藏)蒸馏器	上海博物馆	西安张家堡墓	安徽天长县	南昌海昏侯墓
通高(厘米)	45.5	35	尺寸不详	尺寸不详
上分体(厘米)	甑高21.1 口径28.8	筒形器高16 口径31,底径22.8	尺寸不详	筒形器尺寸不详

下分体(厘米)	釜高 26.2 口径 17.4	镦高 9.6 口径 12.4,檐径 22.4	尺寸不详	下釜尺寸不详
器物结构	由甑和釜组成,盖佚。中间有箅,原料可是固体或液体,有集流槽和流口	由镦、筒形器和盖组成,镦有三蹄足,有箅、有集流槽和流口	由上下分体组成,上分体底部带箅,有集流槽和流口	由釜、"蒸馏筒"和"天锅"组成,釜与"蒸馏筒"套合而成,"蒸馏筒"为双层,底部有箅,外有两个流口
器物盖	盖为倒扣的天锅形,已佚	器盖为灯形,上部浅盘形,敞口,柄由以榫卯连接的上下两段组成,是实心柱	有圆顶的盖	盖为正置的锅
冷却器	壶式冷却器	壶式冷却器	壶式冷却器	壶式冷却器
冷却方式	空气冷凝	冷水冷凝	空气冷凝	冷水冷凝
收集方式	外承式	外承式	外承式	外承式

我国汉代出土的蒸馏器有四件,其中能确定墓主身份的有两件,分别是西安张家堡墓和海昏侯墓出土的蒸馏器,墓主人均为高级贵族,尤其是后者,学者已经证实其为昌邑王刘贺。由于墓主身份比较特殊,出土蒸馏器的墓葬等级是比较高的。后面分析可以看出器物制作水平与墓主人身份相吻合。

从表1中,我们可以看出,这几件蒸馏器通高集中于35厘米~45.5厘米,差别较小。都是上下结构,由上、下两分体构成。上分体是甑或筒形器,下分体多为釜或类似釜的结构,套合装置中间有箅,都有集流槽和流口。

这几件器物的冷却器均为壶式,经分析,除了上海博物馆馆藏和安徽天长县出土的蒸馏器用到空气冷凝,其余两件都是运用冷水冷凝。具体来说,首先它们的冷却器不尽相同,有的是筒形器,有的是甑锅,其中海昏侯墓出土的蒸馏器冷却面大,冷却效果最理想。其次是张家堡出土蒸馏器,最后为上海博物馆与天长县出土蒸馏器。如海昏侯墓出土的蒸馏器,因为其筒形器双层中空,有较大空间装冷却水,而且有注水孔和出水孔,可以保证冷水随时更换,冷却效率较高。这几件蒸馏器的冷凝方式大体上是从空气冷凝向冷水冷凝发展。

通过表1可以看出,这几件蒸馏器所用的收集方式都是外承法,因为器物的冷却器都是壶式的(倒扣的天锅),器物底部经过加热,蒸汽上升,沿冷却器的顶部及器壁流下,汇入集流槽,然后通过引流管排出,液体被收集。在蒸馏过程中,蒸汽不断产生、冷凝、液化,液体不断流出。采用外承法可以保证蒸汽的连续冷却,使工作不间断,从而提高蒸馏的效率。反之,若使用内承法,把接收器物放入天锅下面,随着冷凝液体的不断产生,承接器满后,须打开蒸馏器,将承接器中装满的液体倒出,或更换承接器皿,这样会使工作中断,形成间歇性的生产,很大程度上降低蒸馏效率和产率。这几件蒸馏器所使用的收集方式均为外承法,它的应用使蒸馏器更加完善,效率得到提高。我们由此推测,外承法是真正意义的蒸馏的技术基础。

以锅式和壶式区分容易造成误区。从本质看,我们认为蒸馏器的冷却与器物是属于锅式还是壶式冷却面无关,而与它的承接方式是一致的,壶式的蒸酒器采用的都是外承法,而锅式的则都用内承法。张家堡墓出土的蒸馏器从外表看似乎是锅式的,冷却面凹陷,但仔细分析其本质仍是壶式的,原因在于这件蒸馏器由镦、筒形器和盖组成,盖似灯形,柄是由榫卯连接的上下两段组成。从器物示意图可以看出,其冷却器起作用的是灯形盖的上部,在使用时,镦内的蒸汽上升,遇镦上方的凹陷的灯形盖的底部冷凝,滴入边槽或落到灯形盖下端倒扣"天锅"上,甩出后落入边槽从流口排出。从这件蒸馏器的工作原理与流程可以看出,冷凝液是借着盖下部类似的"天锅"流入边槽,其本质是壶式而非锅式的。因此,从承接方式来区分更能从工作原理上说明其不同。

之前在海昏侯墓的考古材料梳理中,学者从造型、出土地点、残留物等多角度分析,初步认为其是蒸馏器,而我们从其结构、冷却器、冷凝方式、收集方式等方面分析,无疑更证实了其属性是蒸馏器。

从表1中的比对可以梳理出这几件蒸馏器的共性。它们均由四部分组成:一釜体部分,用于加热,产生蒸汽。二甑体部分,用于盛放酒醅或液体。

三冷凝部分，冷凝器分为两种，一种是正置的天锅，另一种是采用倒扣的天锅；冷凝方式又有两种，即空气冷凝和水冷凝。四收集部分，蒸汽冷凝液流出的地方。

从西汉到金代这几件蒸馏器结构的套合、冷却器和接收方式都是一致的。从结构与原理上看是一脉相承的。蒸馏器的精细程度与墓葬等级对应，高等级墓葬出土的蒸馏器制作更精良、蒸馏效率更高。

结语

古代蒸馏器作为蒸馏使用的设备，有炼丹、制酒和蒸馏花露水等多种功用。20世纪五十年代以来，我国发现和出土了几件汉代蒸馏器实物，这对于我们认识和了解汉代蒸馏器的结构、特点、演变提供了极好的考古材料。

从尺寸、构造、冷却器、冷却方式以及收集方式等多方面对几件不同时代出土的器物进行比对分析，寻找它们的关联与发展。几件蒸馏器大小差别不大，都是上下套合结构；上分体是甑或筒形器，下分体多为釜或类似釜的结构，套合装置中间有箅，箅上带孔；都有集流槽和流口；这几件器物的冷却器均为壶式；经分析，除了上海博物馆馆藏和安徽天长县出土的蒸馏器用到空气冷凝，其余两件都是运用冷水冷凝。冷水冷凝效果远好于空气冷凝；出土蒸馏器制作精细程度与墓主人身份相匹配。汉代蒸馏器中海昏侯墓出土的蒸馏器因为其筒形器双层中空，有较大空间装冷却水，而且有注水孔和出水孔，可以保证冷水随时更换，是汉代蒸馏器中制作最为精良、冷凝效率最高的一件。

这几件蒸馏器的冷凝方式大体上是从空气冷凝向冷水冷凝发展的，它们所用的收集方式都是外承法。采用外承法可以保证蒸汽的连续冷却，使工作不间断，从而提高蒸馏的效率。

将冷却器以锅式和壶式区分容易造成误解。从本质看，我们认为蒸馏器的工作原理与器物是属于锅式还是壶式冷却面无关，而与它的承接方

式有直接关系。通过对张家堡汉墓出土蒸馏器的分析，我们认为从承接方式来区分更有意义。

比对研究可看出这几件蒸馏器的共性。它们均由四部分组成：一釜体部分，用于加热，产生蒸汽；二甑体部分，用于酒醅或液体的装载；三冷凝部分，冷凝器分为两种，一种是正置的天锅，另一种是采用倒扣的天锅。冷凝方式又有两种，即空气冷凝和水冷凝；四收集部分，蒸汽冷凝液流出的地方这几件蒸馏器结构的套合、冷却器和接收方式都是一致的。从结构与原理上看是一脉相承的。蒸馏器的精细程度与墓葬等级对应，高等级墓葬出土的蒸馏器制作更精良、蒸馏效率更高。

综上分析，我国在汉代已经出现了蒸馏器，而且出现了水冷凝，在汉代，我国蒸馏器的冷凝方式虽有差异，但都采用外承法，它们在结构上是一脉相承的。

参考文献：

[1] 蒋维钧著：《化工原理》，清华大学出版社，2010年，第175页。

[2] 夏鼐著：《中国大百科全书.考古学》，中国大百科全书出版社，1986年，第399页。

[3] 严小青：《中国古代的蒸馏提香术》，《文化遗产》2013年第5期，124-131页。

[4] 承德市避暑山庄博物馆：《河北青龙县出土金代铜烧酒锅》，《文物》1976年第9期，98-99页。

[5] 马承源：《汉代青铜蒸馏器的考古考察和实验》，《上海博物馆集刊》1992年第6期，84-91页。

[6] 林荣贵：《金代蒸馏器考略》，《考古》1980年第5期，469-472页。

[7] 西安市文物保护考古所：《西安张家堡新莽墓发掘简报》，《文物》2009第5期，14-15页。

[8] 江西省文物考古所：《南昌市西汉海昏侯墓》，《考古》2016年第7期，第52页。

[9] 陈剑：《古代蒸馏酒与白酒蒸馏技术》，《四川文物》2013年第6期，63-65页。

[10] 方心芳：《关于中国蒸酒器的起源》，《自然科学史研究》1987年第2期，132-134页。

《北宋王拱辰墓志》评介

韩玉生

内容摘要：王拱辰，北宋一代名臣，其墓志于1976年发掘出土，该墓石形制之巨、碑文体裁之长、涉及史料之广都具研究价值，但此墓志并未引起广泛关注，实属遗憾，特写此评介。

关键词：王拱辰 墓志 苏辙

"包龙图打坐在开封府"一句戏曲台词唱响中外，包拯名冠天下。而同任开封知府，拜龙图阁学士；同为一代名臣、为政廉洁；论在北宋的政治地位，他比包拯要高；政绩，他比包拯要大；参政范围，他比包拯要广；参政作用，他比包拯起到的更重要。开封通许县人氏、大词人李清照外曾祖父，名为王拱辰者，却知者鲜见，真是一大历史误会。近日，好友赠阅1976年发掘出土的王拱辰墓志拓片，甚为新奇，喜出望外（图1、2）。1985年《中原文物》与2015年《琬琰流芳——河南博物院藏碑志集粹》一书，均有专文报道。被尘封千年终见天日，仍未引起广泛的关注，抛砖引玉，不揣冒昧，特作一评介，期望能起到引发作用。

目睹王拱辰墓志，不由联想到广西柳州市的"三绝碑"，碑的墓主为唐著名文学家、诗人、政治家柳宗元，碑文为"文起八代之衰"、唐宋八大家之首的韩愈所撰，镶嵌在柳宗元祠公园一面影壁上供人瞻仰，流誉中外。其墓志，安焘撰文，苏辙书丹，文彦博篆盖，张士宁镌刻，四大家为一，集文学、书法艺术、摹刻艺术于一体，是一件稀世文物珍宝，誉之"墓志四绝"。南碑北志，交辉华夏，光耀中原，也是开封的荣光。地下沉睡千年不宜再让它沉睡在藏库之中。

墓主王拱辰（1011~1085），原名拱寿，博学多才。北宋一代名臣，政治家、外交家，朝廷智囊。十九岁举进士为天下第一，被赞誉为少年状元，仁宗皇帝奇其才，赐名"拱辰"。曾两度出任开封府知府，官至宰辅要职，历任四朝，政绩卓著，执法判案，人以为神明。为政清正廉洁，临终之时，家无余资。在职五十五个春秋，以七十四岁高龄殉职任所。《宋史》有传，著内外制集各五卷、《奏议》十卷、《文集》七十卷，可谓是为宦者之一"绝"。墓志撰文者安焘，北宋大臣，官正议大夫、同知枢密

院事、上柱国、安定郡开国公。墓志是置放于墓穴，为墓主"纪其德行，旌乎功绩"的一种石刻，文体以简要为宗，讲求简洁、概括。志石一般为方形，体积较小。志文则延袭《史记》笔法，以文学手段撰志。情节性强，内容广博宏富，史料价值高，文笔精熟。其叙事具体详备，事无巨细，当详尽详，详不遗细节，其史料价值可补史书之不足；略则当略，虽只言片语的概述，可与史书相参照。行文流畅细腻，汪洋恣肆，不为文体所限，不被通常志石所拘，结其意尽文达，挥挥洒洒四千余言。其墓志以文长见长，以往墓志有"量石裁文，书德不尽"之憾，此举是墓志的一次革新。志石形制之巨，志文体裁之长，涉及史料之广泛，碑志所罕见。作为志文，文质兼备、健笔纵横，墓主在治学、从政、为人、修身、养生诸方面或详叙或概述，涵

图1 志盖

盖全人及历史的一个侧面，堪称一"绝"。篆盖者文彦博（1006-1097），字宽夫，山西人。天圣进士，累迁殿中侍御史，由参知政事拜相，任事太师、平

章军国重事、上柱国。为宦五十年,历任四朝,封潞国公,有文集传世。所书篆盖,端庄静穆,章法规范,布白井然有序。行距大于字距,整饬而清丽,结体阔大疏宕,字形端方洞达,肃整庄严之中见挺拔劲秀之姿;纵势大于横势,疏密相宜。笔画珠圆玉润,流畅悠长,遒劲舒展;繁简各异,而体态大小如一,如"德""谥""懿"等字,笔画虽繁,而密中见疏,不显得密挤;"北""三""公"等字,笔画虽简,疏而有姿,不显得凋疏,生机益然。笔势变化灵动,长短曲直,皆有俯仰向背的态势,透示出古雅的笔趣,笔与笔的连接浑然天成,个别处少显痕迹,而瑕不掩瑜。篆盖计二十五字,纵横均等,字里行间透示古雅的笔趣,营造出墓志之庄穆的氛围。文彦博为北宋书法名家,尤擅篆书,其篆书典雅庄重,气象大度。他的篆盖,可谓之一"绝"。摹刻张士宁,洛阳著名刻工,技术精湛练达,刀工娴熟,转笔柔韵,折笔峻峭,刻技之精笔画的方圆都镌刻得惟妙惟肖,忠实地再现书丹的风貌和神韵,诚为摹刻之"绝"。

笔者认为"四绝志"中,最有看点的,则是苏辙的书法艺术。

苏辙(1039-1112),字子由,号颍滨遗老,眉州眉山(今四川)人,苏洵之子,苏轼之弟,与父兄合称"三苏",并列唐宋八大家。嘉祐进士,官尚书右丞,门下侍郎,上骑都尉,赐紫金鱼袋。因事忤哲宗,徙许州。徽宗时官复大中大夫致仕。古文秀洁从容,流畅有韵致,但罕见有书法传世。王拱辰墓志的发现,始得一睹其楷书风采。苏辙的墓志书丹,取法魏碑。

魏碑,又称"北碑",北朝刻石的总称,包括碑碣、摩崖、墓志、造像记等。书史一向认为隋唐之后,视南朝书法为正宗,魏碑遭遇冷落,遂远离历史舞台。王拱辰墓志的出现,说明魏碑的薪火北宋时尚未中断,苏辙异军突起,就是魏碑薪火的一位杰出的传承者,他的书法展现出魏碑的风貌,具有浓浓的魏碑神韵,魏碑冷而未"落",为宋代书坛增光添彩。纵观唐初至宋仁宗四百余年唯苏辙一人独擎魏碑大旗,散文家头衔可再冠以书法家称号。这绝不是妄断,墓志书丹就是明证。以王拱辰的身份声望,其墓志于苏轼、黄庭坚等四大家之外特请苏辙书丹,这一事实可作一旁证。《宋史·苏辙传》亦谓:"其高出殆与兄轼相迫。"亦可为一旁证。事实上,苏辙的书法造诣在某方面并不逊色,当时很可能苏辙的

书法艺术声望彰著于朝野,只是作品罕见传世,鲜为后人所知罢了,如同爨体书法那样,埋没千余年,直至清末再现,渐为人所重。这件墓志书丹,很可能是苏辙传至今日地下发现的唯一一件书法作品,弥足珍贵。

这是一幅书法珍品、精品,在宋代书坛独树一帜。苏轼书论写道:"出新意于法度之中,寄妙理于豪放之外","退笔如山未足珍,读书万卷始通神",提出求新"书如其人"的主张。辙显然承继了兄长的书法理论及创作,法古而不泥于古,远法魏碑,近参唐楷,有鲜明的个性化特征,其体很适宜于碑志一类文体:端穆。笔法遒劲流畅,浑厚而飘逸。圆笔与方笔兼备,浑穆共雄强一体,圆中寓方,方中见圆,刚柔相济,雍容大度,虽是径寸小字,呈现出豪放的气象,具有浑朴沉雄的笔趣墨韵。体势欹侧随性,左抑右扬,体斜神不斜,动中求静,营造出对立统一的辩证之美感。点画因体势用笔,或洒脱、或涩润、或挺拔、或峻厚、或隽俏,丰富多姿,骨法洞达,笔与笔之间之空间空灵疏朗。结体宽博,端庄古雅,体态天真,富于变化,有强烈的节奏感,意象生动。章法规整,横成列,竖成行,行列等距,法度森严。书家有意安排结体较小,或结体左高右低体势的一些字穿插全篇之中,平和左低右高欹侧体态的单一化,体现出布局的匠心,静中求动,章法既严谨而又不刻板。虽然精心布局,而通篇章法却处于自然的妙境之中。随文之需,布白星罗棋布、参差错落,或正方、或长方、或大、或小,整饬之中有变化,缜密之中见疏朗,无心插柳,自然天成。字里行间洋溢着才学气与书卷气,体现了书者的思想境界和文化修养,与兄苏轼创导的书法文人化一脉相承。

苏辙的书法艺术如此之精美,为何除台北故宫博物院藏有些许行书小品,别罕所见闻?以致书法经传无名。以笔者拙见,大致有两方面的原因,其一,兄苏轼书名如日中天,为其盛名所掩盖;其二,与苏辙个性内相,为人低调有直接关系。诚如《宋史·苏辙传》所说:"辙沉静简洁,……其为人,不愿人知之。"书法与文章不同,胸中"块垒"不吐不快,书法则可少写可不写;北宋书风在载道的同时,还是文人适意的雅玩,对苏辙而言,平时书法可能只是作为雅玩活动而已,不在意留存,致使难以见到书法作品传世。万幸,地下有埋藏,如《宋王拱辰墓志》。史载苏轼的墓志,是苏辙撰写的,由此遐想联翩,书丹会不会也出自苏辙的手笔呢!拭目以待。

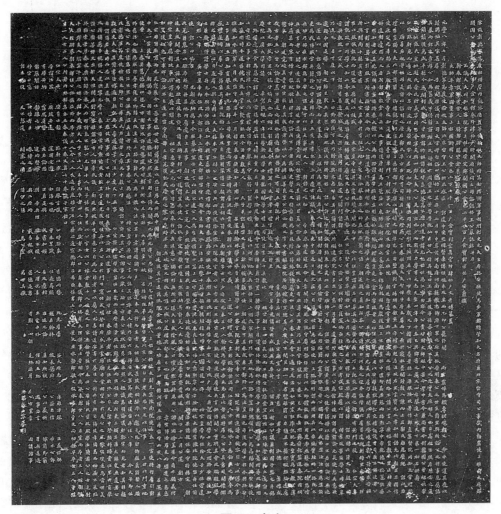

图2 志文

书丹，是一项极艰苦的工作，它不像一般书法，以纸为载体，挥洒自如，坐立自由，书丹的载体是碑志石料，即用朱笔书写在青石板上，有严格的界格限制，志石一般体制较小，但苏辙面对的却是一方巨大的青石板，石长142厘米，宽141厘米，厚27厘米，书写的文字多达4184字。这四千余字要在67行，行69字的界格内完成，字体为径寸小字。不是通常写姿能够应对的，不亚于捆上手足跳舞。而在如此艰难的情景下，创作出如此精美的书法艺术，将付出怎样的精力和智力，不是一般人可以想象得到的，难能可贵。

墓志随棺木均置于墓室，历经千年，整体仍保存较好。王拱辰墓志，字口清晰，横列严然。刻石峥嵘宏伟，制体端庄肃穆，气象高古。其史料价值、书法价值、镌刻艺术价值、文物价值极高，是一件罕见的文化宝藏，列为国家一级文物。

历史的巧合，王(拱辰)龙图曾两度出任开封府尹，其名字"坐落"在国家一级文物《开封府题名记》碑。据《包公遗骨记》与《李良学讲包公》书载，包龙图从端州地方调京都进入中央政权，王龙图则是其伯乐。

注释：

[1] 王公夫妇墓室分为主室及左右侧室，为青石板砌成。
[2] 爨，姓。(谜面)兴字头，林字腰，大字底下用火烧。

传承历史文化　践行文化自信

——以开封博物馆为例　浅论博物馆在新时代的使命

张武军

内容摘要：党的十九报告提出坚定文化自信，推动社会主义文化繁荣兴盛，是中华民族伟大复兴的重要前提。中国特色社会主义文化，源于中华民族五千多年文明孕育的中华优秀传统文化，根植于中国特色社会主义伟大实践。博物馆作为传承历史文化、弘扬优秀民族精神的公共文化服务单位，是社会文明程度的标志，在传承中华优秀传统文化、继承革命文化、发展社会主义先进文化、培育和践行社会主义核心价值观等方面都将发挥重要作用，具有重大的职责和使命。

关键词：博物馆　联能　使命

党的十九大报告提出要"坚定文化自信，推动社会主义文化繁荣兴盛"，指出"文化是一个国家、一个民族的灵魂。文化兴国运兴，文化强民族强。没有高度的文化自信，没有文化的繁荣兴盛，就没有中华民族伟大复兴。要坚持中国特色社会主义文化发展道路，激发全民族文化创新创造活力，建设社会主义文化强国"。"中国特色社会主义文化，源自于中华民族五千多年文明历史所孕育的中华优秀传统文化，……根植于中国特色社会主义伟大实践"。[1]将文化建设、优秀传统文化提升到民族复兴的高度，对于一名博物馆从业人员来说，笔者备受鼓舞。

从一系列重要论述和执政方针也可以看出，中华优秀传统文化是习近平总书记十八大以来治国理念的重要来源，他多次强调中华传统文化的历史影响和重要意义，并赋予了其新的时代内涵。早在2016年11月10日，习近平在向国际博物馆高级别论坛的致贺信中就指出，"博物馆是保护和传承人类文明的重要殿堂，是连接过去、现在、未来的桥梁，在促进世界文明交流互鉴方面具有特殊作用。中国博物馆事业已有100多年历史。近年来，中国各类博物馆在场馆设施建设、藏品保护研究、陈列展示和免费开放、满足民众需求、推动中外文化交流等方面不断取得进展。中国各类博物馆不仅是中国历史的保存者和记录者，也是当代中国人民为实现中华民族伟大复兴的中国梦而奋斗的见证者和参与者。"[2]更是对我们博物馆从业人员的鞭策和鼓励。

在新的历史时期，我们每一位博物馆工作者都要深入学习贯彻习近平新时代中国特色社会主义思想和党的十九大精神，结合自身实际，努力开创工作新局面。

一、博物馆在文化自信建设中的地位和作用

文化自信是指人们对自身文化价值的充分肯定和对自身文化生命力的坚定信念。它在中国有着深厚的土壤和悠久的历史，是中华民族精神不可或缺的重要组成部分，是当今中国协调推进"四个全面"战略布局和实现中华民族伟大复兴的中国梦的精神动力，包含着中华优秀传统文化、革命文化和社会主义先进文化三个层面的自信。中华优秀传统文化是指中华民族在五千多年的社会历史发展过程中创造的物质财富和精神财富的总和，来源于中华民族的历史实践，是多种思想彼此交流融合、同其他文化交流互鉴而形成的文化，具有鲜明的历史性，是中华民族的根和魂，它积淀着中华民族最深沉的精神追求，包含着中华民族最根本的精神基因，同时也蕴含着许多可以为人类共享的具有普遍性的生存智慧；革命文化是指从1921年中国共产党成立开始，中国共产党团结、带领全国人民反对帝国主义、封建主义、官僚资本主义所进行的艰苦卓绝的革命斗争中形成的文化，是中国革命实践的光辉产物，它科学地指引着中国革命发展的方向，将马克思主义的基本原理与中国具体实际结合起来，始终坚持为人民服务、坚持集体主义精神和艰苦奋斗、不怕牺牲的革命作风；社会主义先进文化是指从新中国成立，社会主义制度在中国确立开始,以马克思主义为指导,中国共产党团结带领全国人民进行社会主义建设和改革开放的伟大实践中形成的文化,其内容包括人所共知的社会主义核心价值体系和社会主义核心价值观。以上三种文化之间绝非彼此毫不相关,它们是紧密联系的统一整体。中华文明绵延数千年,有其独特的价值体系,中华优秀传统文化已经成为中华民族的基因,植根在中国人内心,潜移默化地影响着中国人的思想方式和行为方式,成为革命文化和社会主义先进文化的重要思想源泉;而革命文化和社会主义先进文化虽然始终以马克思主义为指导,但它绝不拒斥优秀传统文化,相反,它实现了对中华优秀传统文化的创造性转化和创新性发展,赋予了后者以丰富的时代内涵。

而博物馆依据自身的职能、特点,恰恰能针对文化自信建设发挥独有的作用。

1.博物馆所利用的资源,简而言之一般包含两方面的内容,即物质文化遗产和非物质文化遗产,如碑刻、书画、各类器物、朱仙镇版画、民间工艺包括近现代革命文物等,涵盖了三种文化的内容,是构筑中华民族文化自信的重要基础。它们的背后隐含着中华文明多元一体的发展历程,以及世代相传的价值理念、思想精神和文化源脉,这些都会大大激发广大人民的爱国情怀、民族自信。文化自信建设的核心内容就是广泛开展理想信念教育,把广大人民团结凝聚在中国特色社会主义伟大旗帜之下。大力弘扬民族精神和时代精神,深入开展爱国主义、集体主义、社会主义教育,丰富人民精神世界,增强人民精神力量。而保护文化遗产,保持民族文化的传承,是连接民族情感纽带、增进民族团结和维护国家统一及社会稳定的重要文化基础,是建设社会主义先进文化,贯彻落实科学发展观和构建社会主义和谐社会的必然要求。在这一点上,博物馆不仅有利于全体公民文化自信的构建,而且作为未成年人活动场所,可使学生得到更多的在学校所学不到的东西,在青少年人生观、世界观的形成过程中,培养正确的理想信念,加强和改进未成年人思想道德建设中也发挥着重要作用。

2.博物馆的主要职能之一是提高公众的科学文化素养,对于弘扬中华民族传统文化、扩大知识视野、丰富精神生活、提高文化素养方面,能起到任何行业都无法替代的积极作用。博物馆展品在具有艺术性、思想性、科学性和知识性的同时,本身还包含着中华传统美德、家庭美德、个人品德等,与社会主义文化强国建设中加强社会公德、职业道德、弘扬中华传统美德,弘扬时代新风,推进公民道德建设工程,弘扬真善美、贬斥假恶丑,引导人们自觉履行法定义务、社会责任、家庭责任,营造劳动光荣、创造伟大的社会氛围,培育知荣辱、讲正气、作奉献、促和谐的良好风尚相吻合。尤其随着博物馆理念的不断提高,博物馆在陈列举办展览、讲解等方面,越来越贴近实际、贴近群众、贴近生活,展览融知识性、趣味性、观赏性甚至互动性为一体,讲解员在讲解中始终贯穿爱国主义主线,结合文物展品讲述历史发展的轨迹,讴歌劳动人民的创造力,颂扬民族精神。观众在轻松愉快的氛围下,完成了重温历史、感受优秀传统文化的体验,这种体验没有刻意的灌输,没有枯燥的说教,更容易让人接受和改变,对培养道德素质、树立积极正确的人生信念将起到积极的作用。

3.博物馆是丰富人们精神生活的最佳场所。从马克思主义哲学的角度出发,人的精神享受高于物质享受,在物质生活较为发达的今天,精神生活决定着一个人的生活质量,只有丰富的精神生活才能愉悦心灵、启迪智慧,激发人的创造力和活力。让人民享有健康丰富的精神文化生活,是全面建成小康社会决胜阶段的重要内容。而博物馆作为精神文明宣传的载体,每一件展品从器型、工艺、用色、制作无不代表一个时代的水准和创作水平,能给人美的享受和启迪,极大地丰富人们的精神生活。

4.博物馆是增强文化软实力和竞争力的前沿阵地。习近平总书记指出"提高国家文化软实力,要努力展示中华文化独特魅力……要系统梳理传统文化资源,让收藏在禁宫里的文物、陈列在广阔大地上的遗产、书写在古籍里的文字都活起来……要综合运用大众传播、群体传播、人际传播等多种方式展示中华文化魅力"。[3] 文化软实力集中体现了一个国家基于文化而具有的凝聚力和生命力,以及由此产生的吸引力和影响力。古往今来,任何一个大国的发展进程,既是经济总量、军事力量等硬实力提高的过程,也是价值观念、思想文化等软实力提高的进程。以开封市博物馆为例,自2008年免费开放以后,每年接待本地、外地观众人数众多,是社会公众了解开封乃至河南的窗口,产生了很大的社会效益。近年来国家对博物馆事业的支持力度进一步加大。据统计,截至2016年全国登记注册的博物馆已达到4873家，比2015年度增加了181家。全国共有4246家博物馆向社会免费开放，占全国博物馆总数的87.1%（国家文物局网站）。这都是国家文化整体实力的具体体现。具体到开封市，开封博物馆新馆已于2018年3月5日建成开馆，建筑面积超过老馆近5倍，建筑外观古典，内在时尚，展品丰富、功能完备，成为开封文化建筑新地标，高峰日均接待观众万余人，社会好评如潮，开封市的城市品位亦由之得到提高。博物馆的主要职能要求在传承和弘扬优秀历史文化中，要讲清楚中华优秀传统文化的历史渊源、发展脉络、基本走向，讲清楚中华文化的独特创造、价值理念和鲜明特色。而通过博物馆的陈列展览，又对民族历史文化进行了创造性转化和创新性发展，进一步补充、拓展、丰富了中华优秀传统文化的内涵，从而增强了民族文化的影响力和感召力。同时，博物馆使中华民族最基本的文化基因与当代文化相适应、与现代社会相协调，以人们喜闻乐见、广泛参与的方式，弘扬了民族精神，传播了当代中国文化创新成果，塑造了良好的城市形象甚至国家形象，体现了当代中国文化整体实力和竞争力。

二、博物馆在新时代的使命

对于博物馆职责的认识，在我国有一个逐步深入的过程，对其定义也有过多次修改。但在2015年以前，基本是指"收藏、保护、研究、展示人类活动和自然环境的见证物"的机构。[4] 2015年3月20日施行的《博物馆条例》修改为"以教育、研究和欣赏为目的，收藏、保护并向公众展示人类活动和自然环境的见证物"[5]的机构。二者之间细微的改变实际说明了博物馆办馆理念的转变，即让"文物活起来"。党的十九大精神更为博物馆工作指明了方向，今天的博物馆不再是封闭的、曲高和寡的，而是更加开放、包容和富有活力，是一个致力服务于人的全面发展的公共文化教育机构。

1.博物馆社会教育服务职能

新的历史时期，我馆根据自身特点、条件，以教育推广为重要目标，日益增强社会教育和服务功能，使博物馆在公共文化服务体系中，发挥不可替代的主体作用。我馆发挥青少年教育基地作用，常年对中小学开展各类活动，其中"朱仙镇木版年画进校园"，至今已成为品牌项目，深受师生喜爱；我馆还紧扣时代脉搏，适时举办活动，如2016年举行了"纪念红军长征胜利80周年宣讲"活动，受

到驻军及中小学欢迎，社会反响强烈；加强与高校的联系，如2017年我馆联合高校师生举办了宋代历史辩论会等；对未成年的教育是博物馆工作的重中之重，我馆每年举办暑期夏令营，培养小讲解员，针对未成年人的兴趣爱好，积极探索开发适合未成年人参与的活动项目，激励和培养未成年人的参与意识和探索精神，在传播历史文化知识的同时，潜移默化地进行着爱国主义、集体主义、社会主义、民族自豪感教育；此外还提高服务意识，树立以人为本的观念，从观众的角度出发开展工作，做好场馆各项服务；对于担负向观众传播知识责任的讲解员来说，我们要求其具有良好的职业道德、扎实的专业知识和较好的语言表达能力，要深入了解博物馆陈列的主题、内容、目的，了解展品的特点、历史背景和文化内涵。同时还要了解观众心理，因人施讲，做到深入浅出，从而能吸引观众、启发观众、教育观众；我们还积极参与社区文化建设和对外文化交流与合作，以及博物馆的宣传工作，充分利用媒体、网络，让博物馆的社会教育工作赢得全社会的认知和参与度，发挥博物馆教育最大化功能。

2.博物馆陈列展览职能

陈列展览是博物馆与社会沟通、丰富人民群众精神文化生活的重要渠道。陈列展览的主题和内容应当符合宪法所确定的基本原则和维护国家与民族团结、弘扬爱国主义、倡导科学精神、传播优秀文化、促进社会和谐、推动社会文明进步的要求，要坚持贴近实际、贴近群众、贴近生活的原则；同时博物馆陈列展览与办馆宗旨要相适应，突出藏品特色，运用适当的技术、材料、工艺和表现手法，达到形式与内容的和谐统一；展览还要与社会政治经济文化紧密结合，与社会热点、文化热点、重点节会相结合，以吸引更多观众，激发观众兴趣。在展览布置方面随着高新技术的发展、人们审美水平的提升、个性化需求的增长，展品的布置、陈列的形式、陈展的手段，除了运用传统的文物、图片、文字说明、模型、局部场景复原等来布置展览外，还可通过多媒体技术、数码技术等的应用，能够更加立体多维生动鲜活地展示展品的文化内涵，增强展品与观众的交流互动，也更能激发观众的好奇心和求知欲，更好达到社会教育的目的。我馆新馆根据市委市政府"1234"总体工作思路，认真谋划、积极准备，（下转第101页）

博物馆文创产品开发的现状与前景分析

王金宁

内容摘要：随着我国文化创意产业的迅速发展，文创产品在各地博物馆中也越来越受到重视。然而与人民群众日益增长的市场需求相悖的是，我国博物馆文创产业在现阶段却面临着一系列的困境，并严重制约着我国博物馆文创产业市场的发展。因而，如何对博物馆文创产业当前面临的困境以及发展的前景进行合理的分析，事关整个文创产业的健康发展。

关键词：博物馆　文创产品　创新　前景

博物馆文创产品是博物馆文化传播的载体，它将博物馆馆藏文物所具有的文化资源和历史价值延伸到依据其本身特性和元素而开发的相应文化产品上，赋予该产品以深厚的文化品位与内涵。因而如何做好文创产品的研究与开发，不仅关系到博物馆自身的生存和发展，更关系到我们能否为人民群众日益增长的文化需求提供相应的"文化大餐"。然而，现如今国内的博物馆除故宫、苏州博物馆等少数单位外，绝大多数博物馆的文创产品研发都存在产品趋同、创意不足等问题，文创产品的销量自然也不尽如人意。面对如此严峻的现状与困境，博物馆从业者们该如何去解决问题乃至脱离困境？本文旨在深入分析当前文博界就文创产品研发中面临的困境和问题，对文创产品设计研发的思路提出一些新的见解，以期能对解脱当前的困局有所裨益。

一、问题的提出

最近，一段名叫《第一届文物戏精大会》的抖音短视频火爆朋友圈，一时间有关博物馆文创衍生品的讨论十分热烈。这段短视频不仅在普通民众中间反响强烈，在作者所供职的开封市博物馆甚至我所熟知的文博圈内都掀起了一场热烈的大讨论：博物馆还可以这样做吗？视频中，由国家博物馆、湖南省博物馆等七家大型博物院联合，使用现代化的技术手段，使一大批我们耳熟能详的文物动了起来，参与到了最近很火的视频段子中来，极大地拉近了文物与普通观众的距离，能火爆朋友圈也就不足为奇了。

近些年来，博物馆文创产品逐渐受到社会和博物馆从业人员的重视，各个博物馆闻风而动，纷纷推出了自己研发的文创产品，如三星堆博物馆的面具饼干，陕西省历史博物馆的"唐美丽"和"汉英俊"，上海博物馆的青釉褐彩羊变形枕等。然而，除了这些少数博物馆的少数明星产品外，绝大多数的文创产品都不可避免地走上了"无人问津"的老路。造成这种困境的原因很多，归纳起来主要有以下几点。

首先，产品雷同度高。博物馆文创产业传入中国仅数年时间，很多博物馆都是追赶潮流，仓促上马，并没有根据本博物馆的藏品实际情况进行深入研究和设计开发，多数产品都停留在文物的简单复制或者"贴图标"阶段。以开封市博物馆为例，现在馆文创产品商店的主力产品还是以一些水杯、抱枕、鼠标垫、U盘等为主，层次较低，与大多数博物馆的文创产品并无二致，只是上面印制的图案稍有变化而已，对观众的吸引力极为有限。

其次，缺乏创意和"地域"或"馆域"文化特色。博物馆是一个地区的文化地标和窗口，也是展示该地区文化魅力最直观的所在。文创产品是代表着一个博物馆的名片，它应该承载和展示最能代表该地区和博物馆文化特色的东西，而最能代表这种文化特色的东西非本博物馆典藏的优秀文物不可。藉由馆藏的文物和文化资源所开发的文创产品不仅可以使馆藏的文物以更生活化、功能化、实用化和艺术化的形式与大众的生活紧密相连，以满足大众的文化消费需求，同时也对馆藏文物的文化价值、历史意义和艺术价值等起到一定的传播作用。[1]每个文物都有其背后的故事，我们在设计文创产品时一定要在充分地研究文物的自身特性的基础上来进行开发。文物艺术创作之初，也是代表了当时最先进的技术的，因而我们也要利用现今最先进的技术把每一件文物的内在价值展现出来。譬如,故宫是代表明清皇家文化的,所以它所开发的文创产品都围绕着皇家特色来打造,如故宫开发的《雍正行乐图》《胤禛美人图》《皇帝的一天》和《紫禁城祥瑞》等APP都是这种做法的直接体现,诸如朝珠耳机和一系列的宫廷人物玩偶也都带有浓浓的故宫气息,类似这样的文创产品不胜枚举。而国内大多数的博物馆还都停留在简单的复制文物阶段,或者开发一些市面上已经屡见不鲜的生活用品,完全体现不出本馆的特色,也毫无创意可言,民众自然是不会买账的。

再次,文创产品的开发和运营模式陈旧而死板。现阶段,国内的博物馆大多是公立博物馆,由国家拨发专门的运营经费,因而,在运营上就没有多少压力,去改革运营体制的决心和动力也就显得很不充足。博物馆本身的基本职能在于向公众展示文物、进行公共教育并进行文物研究。对文化创意产品的设计开发以及对市场的把控并非所长,通常也没有足够多的专门人才去做这项工作。因而,很多的中小型博物馆进行文创产品开发的模式通常都是由做陈列展览甚至文物保护工作的人员来兼职进行,可想而知,如此"创作出来"的文创产品既没有文化和技术含量,又不能准确把握市场的流行趋势,自然也就无法受到市场的认可和青睐了。

此外,文创产业高素质从业人员的缺乏也是一大难题。现阶段,博物馆文创产业方兴未艾,相比西方发达国家来说,我们对博物馆文创的重视还远远不够,相关的从业人员还远远达不到要求。博物馆文创开发与一般的文化衍生品存在很大的区别,即它必须建立在对相关文物深入了解的基础上。而我们的文创开发人员大多不具备相关的文物知识,从而也就不能准确把握该文物的独特的特点,想设计出既生动活泼又内涵丰富的文创产品也就难如登天了。

二、博物馆文创的前景分析

在当前日益发达的经济社会中,文化的发展不可避免地受到经济的影响,同时也可以搭乘经济发展的快车,实现博物馆文创的快速甚至超速发展。在不远的将来,艺术衍生品包括博物馆文创产品将会成为未来社会的主流消费和生活模式。国家也在出台一系列的法律法规来鼓励市场元素加入文化产业的开发,因而,博物馆文创开发的前景是乐观和光明的。针对现阶段文创领域存在的问题和乱象,我们也要创新方式方法,祛除这些影响文创产业发展的因素。

第一,针对市场文创产品同质化严重的问题,政府和社会要严肃对待,切实保护原创者的根本利益,对侵犯知识产权的行为进行严厉的打击。各文博单位也要从根本上重视保护自身的合法权益,尊重他人和其他单位的创意成果,做到不剽窃、不侵权。

第二,文创产品的设计和开发最根本和最重要的还在于创意。博物馆的研究人员要立足于本馆本地的实际,从馆藏的文物出发,深入挖掘文物背后的故事和内涵,为文创产品的创意开发打好坚实的基础。做好文创产品的开发,还要把眼光放到更宏观的层次上来。不要仅仅立足于文物自身,还要结合文物产生的时代、背景和功用,把文物所代表的时代精神挖掘出来,再结合我们现代经济社会公众的文化需求进行创意开发,这样创作出来的文创产品才能最大限度地发挥出博物馆文创所应当发挥的功效,也很好地兼顾了社会公众的需求。譬如,苏州市博物馆结合本地的文化特色,充分利用明代的名物学著作《长物志》的相关记载,开发出了一套"花窗系列首饰"。这套首饰造型古朴、典雅,线条简洁、凝练,完全切合江南水乡的那种绵柔、旖旎的文化特性,完美地再现了明代江南仕女那种恬淡、素雅的生活情态。既能实现公众一窥古代生活的好奇心,同时也发挥着现实功效,一举两得,这便实现了文创产品开发的初衷。在这里,苏州市博物馆创造性地将古代典籍记载与现实的文创开发结合起来,很好地实现了文创与地方文化特色相结合,可谓是做到了创意上的出其不意了。[2]我们有数不清的文化资源,还有广泛而迫切的市场需求,因而做好博物馆文创的创意开发也就显得十分的迫切了。

第三,走与市场相结合的创、销道路。众多的中小型博物馆都是具有地方文化特色,藏有丰富的文物资源,而本身却缺乏进行文创开发的人才资源和经济实力,这就与整个社会对于优秀的文创产品的迫切需求形成了矛盾。故而,将社会资源引入博物馆文创的开发势在必行。当前在文创开发方面做得较好的博物馆大都已经采取了与市场相结合的方式,利用社会人才和资金进行文创开发。但是,合作的基础还是在博物馆自身。博物馆是文物资源的拥有者和研究者,文创产品的层次高低还取决于我们对文物的研究程度。以开封市博物馆为例,国家级非物质文化遗产项目"朱仙镇木版年画"是开封本地的文化名片,相关的衍生产品也是开封博物馆主打的文创产品,但是这些文创产品仅仅还停留在简单的印刷、装裱阶段,而且很不成规模,价格成本也是居高不下,从而造成了其市场局限在高档礼品市场,广大消费者却只能是"望而兴叹"。如何打好手中的文化资源这张牌,不是简单地复制活动,创新性地进行再创造才是根本。在合作中,博物馆还要做好监督工作,不能完全放手让合作的工厂或公司主导生产的全过程,以保证我们的文化品牌得到有效的保护。

在人才的培养与引进上,我们要打破过去固有的人才培养政策和模式的限制,创新人才培养方式。由于博物馆文创是一个新兴的行业,高校中还几乎没有相匹配的专业来培养人才。因而,我们要与当地的相关院校展开合作,共同培养博物馆文创方面的人才,并对人才毕业以后的就业进行对口的安排。博物馆单位还可以与各机关展开合作,举办形式各样的博物馆文创方面的竞赛,制定各种激励措施,以吸引社会人才来参与博物馆文创的研发。[3]

在博物馆文创的运营模式上,也要与时俱进,不断革新。淘宝销售早已经在故宫文创的销售中占据了重要的地位,但是新兴的微信二手交易平台等网络平台也越来越受到消费者的重视,[4]合理地开拓销售渠道,对我们传播和销售文创产品也都有很大的促进作用。

三、综述

综上所言,博物馆文创虽然存在着这样那样的问题和困境,但是作为一个受到国家扶持和社会期待的新型产业,其发展的前景还是很明朗的。我们要紧紧抓住现代文化形势下人们对博物馆文创产品迫切需求的大好契机,结合本地本馆的文化资源和优势,创造性地利用好各方面的发展资源,把文创产品的研发工作切实做好,以实现人们对博物馆文化产品的愿望与需求。

注释:

[1] 张尧:《基于博物馆资源的文化创意产品开发设计研究》,硕士学位论文,苏州大学。

[2] 徐凡 钱浩等:《基于长物志造物思想的苏州市博物馆文创产品设计原则》,《设计》2018年第9期。

[3] 贾理智:《博物馆艺术衍生品"创"上下功夫》,《中国商报》,2015年1月29日。

[4] 强波 叶聪等:《博物馆文创产品的创新设计与发展思考》,《轻工科技》,2018年34卷第3期。

(上接第98页) 于2018年在新馆推出了开封历史基本陈列、石刻、佛像、明清皇家用品、宋代科技等展览共计十四个展厅,一经推出,市民普遍反映良好,争相前往观看。

3.博物馆科学研究职能

博物馆的研究成果是专业技术人员对藏品的历史、科学、艺术等领域的价值进行深度挖掘,是提供深层次、高品位陈列展览、社会教育的基础。博物馆应当发挥藏品优势,加强藏品规范科学的管理,加强文物预防性保护工作的进行,开展相关专业领域的理论及应用研究,提高业务水平,促进专业人才的成长,形成博物馆各项职能良性发展的局面。

中国特色社会主义文化,源自于中华五千年文明历史所孕育的中华优秀传统文化。悠久的历史,厚重的文明,是中华民族的伟大创造,也是培育中华民族的精神动力。新时代的博物馆正作为传承中华优秀传统文化的重要载体,以社会文化建设者的姿态传承着优秀文化、传递着人文关怀,用实际行动体现中国社会主义先进文化发展的新内涵,不断满足公众的精神文化需求,从而增强文化自信,推动中华民族的伟大复兴,为实现"两个一百年"奋斗目标、实现中华民族伟大复兴的中国梦做出更大贡献。

参考文献:

[1]《中国共产党第十九次全国代表大会报告》,2018年10月18日。

[2]《习近平致深圳·国际博物馆高级别论坛的贺信》,2016年11月10日。

[3]《习近平在主持中共中央政治局第十二次集体学习时的讲话》,2013年12月30日。

[4]《博物馆管理办法》,2006年1月1日起施行。

[5]《博物馆条例》,2015年3月20日起施行。

"互联网+"背景下的博物馆讲解预约服务新尝试

——"网约"博物馆讲解员平台模式必然性解析及设想

周祥猷

内容摘要:2016 年,国务院连续颁布了《关于进一步加强文物工作的指导意见》以及《"互联网+中华文明"三年行动计划的通知》,要求各类博物馆要立足实际,进行体制机制创新,把互联网的创新成果与中华文化的传承、创新、发展深度融合,让收藏在博物馆里的文物、陈列在广阔大地上的遗产、书写在古籍里的文字都活起来,走有自己特色的博物馆品牌建设之路。博物馆的讲解服务是博物馆的重要组成部分,是直接面向观众一线,与观众沟通交流的重要手段,其服务品质高低直接影响博物馆的传播和形象。但是目前博物馆的讲解服务预约方式呈现碎片化、预约难、反馈改进不及时等让观众不满意的地方,不尽如人意。因此,笔者作为博物馆从业人员,拟撰此文讨论建立博物馆讲解服务"网约"平台的必要性和可行性,与君共商。

关键词:互联网+ 碎片化 博物馆讲解"网约"平台

一、博物馆讲解综述

(一)博物馆概论

1946 年 11 月,国际博物馆协会成立时的章程中提出,博物馆是指为公众开放的美术、工艺、科学、历史以及考古学藏品的机构,也包括动物园和植物园。1951 年、1962 年、1971 年,国际博物馆协会又多次对博物馆定义进行了讨论修改,直到1974 年,国际博物馆协会第十一届大会通过的章程,才明确规定:博物馆是一个不追求营利的、为社会和社会发展服务的、向公众开放的永久性机构,以研究、教育和欣赏为目的,对人类和人类环境的见证物进行搜集、保存、研究、传播和展览。

但是对于国际博物馆协会的定义,各国有不同意义的理解。美国《简明不列颠百科全书》指出:现代的博物馆是征集、保藏、陈列和研究代表自然和人类的实物,并为公众提供知识、教育和欣赏的文化教育机构。美国博物馆协会认为:博物馆是收集、保存最能有效地说明自然现象及人类生活的资料,并使之用于增进人们的知识和启蒙教育的机关。《苏联大百科全书》提出:博物馆是征集、保藏、研究和普及自然历史标本、物质及精神文化珍品的科学研究机构、科学教育机构。日本的博物馆法规定:博物馆是收集、保存、展出有关历史、艺术、民俗、工业、自然科学等资料,供一般民众使用,同时进行教育、调查研究、启蒙教育等所必要

的工作,并对这些资料进行调查研究作为目的的机关。

依据中国国情以及社会群体对博物馆认识的不断加深,中国对于博物馆的定义也有自己的看法和见解。20 世纪 30 年代中期,中国博物馆协会认为:博物馆是一种文化机构,不是专为保管宝物的仓库,是以实物的论证做教育工作的组织及探讨学问的场所。中华人民共和国建立后,对博物馆的定义进行了两次大的讨论和修改。直到 1979 年,全国博物馆工作座谈会通过的《省、市、自治区博物馆工作条例》中才明确规定:博物馆是文物和标本的主要收藏机构、宣传教育机构和科学研究机构,是中国社会主义科学文化事业的重要组成部分。博物馆通过征集收藏文物、标本,进行科学研究;举办陈列展览;传播历史和科学文化知识;对人民群众进行爱国主义教育和社会主义教育,为提高全民族的科学文化水平,为中国社会主义现代化建设做出贡献。因此,在中国博物馆界,对国际博协 1974 年做出的这一定义基本上是肯定的。

根据我国著名搜索网站百度百科的描述,博物馆是征集、典藏、陈列和研究代表自然和人类文化遗产的实物的场所,并对那些有科学性、历史性或者艺术价值的物品进行分类,为公众提供知识、教育和欣赏的文化教育的机构、建筑物、地点或者

社会公共机构。博物馆是非营利的永久性机构,对公众开放,为社会发展提供服务,以学习、教育、娱乐为目的。我国现有的博物馆分为历史类、艺术类、科学与技术类、综合类这四种类型。

（二）博物馆讲解综述

在明确了国际博协及我国对博物馆的准确定义后,在此基础上,我们就能很好地理解博物馆讲解这一定义了。

博物馆讲解是以博物馆陈列为基础,运用科学的语言和其他辅助表达方式,将观念、知识传递给观众的一种社会活动。它是知识和语言的高度综合艺术,其职业特点与组团社导游员有着根本的区别,它综合了教师、播音、演讲、话剧、表演等专业的技术手段,是专业性、知识性和艺术性的综合。博物馆讲解员是博物馆讲解的物质载体,是沟通博物馆、纪念馆与社会的桥梁和纽带,是博物馆、纪念馆的名片。讲解服务的质量和水平直接影响着观众的受教育程度和参观质量,代表着博物馆、纪念馆的窗口形象,甚至在一定程度上还会影响到一个地区和国家的形象。

目前,我国有各类博物馆、纪念馆4000余家,其范围涵盖社会生活的各个领域。有革命遗址、英烈模范人物以及各类学科的专题类博物馆;也有历史跨度较大、研究范围较宽的历史类、自然科学类的综合性博物馆。除此之外,还有各类大大小小的陈列馆。那么,在这些大小不同、类别多样、研究范围有异的博物馆里,都有哪些讲解预约的形式呢?现有的讲解预约服务现状又是怎样的呢?

据统计,目前我国各类博物馆通常使用的讲解服务预约形式有现场预约、网站预约、电话预约、委托代订以及政务接待等形式。我国的讲解预约服务呈现条块分割、各自为政、碎片化、资源整合程度低、管理混乱等现状,难以为观众提供及时、高品质的讲解服务,同时也难以得到观众的反馈,及时统计分析,改进讲解服务工作,造成观众对于讲解服务的期望值和满意度不断下降。因此,建立一个全国、全行业统一的,基于互联网及手机移动支付的博物馆讲解"网约"服务平台,是必要的,也是必须的。

二、博物馆讲解"网约"服务平台建立的必然性分析

（一）符合国家政策

2015年7月4日,国务院发布了《关于积极推进"互联网+"行动的指导意见》。意见指出,"互联网+"是把互联网的创新成果与经济社会各领域深度融合,推动技术进步、效率提升和组织变革,提升实体经济创新力和生产力,形成更广泛的以互联网为基础设施和创新要素的经济社会发展新形态。在全球新一轮科技革命和产业变革中,互联网与各领域的融合发展具有广阔前景和无限潜力,已成为不可阻挡的时代潮流,正对各国经济社会发展产生着战略性和全局性的影响。充分发挥互联网的高效、便捷优势,提高资源利用效率,降低服务消费成本。大力发展以互联网为载体、线上线下互动的新兴消费,加快发展基于互联网的医疗、健康、养老、教育、旅游、社会保障等新兴服务,创新政府服务模式,提升政府科学决策能力和管理水平。要发展基于互联网的文化、媒体和旅游等服务,培育形式多样的新型业态。

2016年3月8日,国务院出台了《关于进一步加强文物工作的指导意见》。文件指出,要全面贯彻落实党的十八大和十八届二中、三中、四中、五中全会精神,按照党中央、国务院决策部署,坚持创新、协调、绿色、开放、共享的发展理念,坚持"保护为主、抢救第一、合理利用、加强管理"的文物工作方针,深入挖掘和系统阐发文物所蕴含的文化内涵和时代价值,切实做到在保护中发展、在发展中保护,努力为建设社会主义文化强国做出更大贡献。要更新观念,协同创新,发挥社会各方面参与文物保护利用的积极性。要推动"主体多元、结构优化、特色鲜明、富有活力"的博物馆体系日臻完善。推动博物馆由数量增长向质量提升转变,完善服务标准,提升基本陈列质量,提高藏品利用效率,促进馆藏资源、展览的共享交流。发挥科技创新的引领作用,充分运用云计算、大数据、"互联网+"等现代信息技术,推动文物与现代科技融合创新。

2016年11月29日,国家文物局等五部委联合印发了《"互联网+中华文明"三年行动计划》。计划指出,要坚持政府积极引导、社会共同参与,充分发挥市场作用,通过观念创新、技术创新和模式创新,推动文物信息资源开放共享,推进文物信息资源、内容、产品、渠道、消费全链条设计,不断丰富文化产品和服务,进一步发挥文物在培育弘扬社会主义核心价值观、构建中华优秀传统文化传承体系和公共文化服务体系中的独特作用。要调动文物博物馆单位用活文物资源的积极性,激发企业创新主体活力,重点开展互联网+文物教

育、文物文创、文物素材再造、文物动漫游戏、文物旅游,以及渠道拓展与聚合等工作,形成一批具有广泛影响和普遍示范效应的优质产品与服务,有力促进大众创新、万众创业。要加强统筹协调,出台相关政策和标准规范,推进文物大数据平台建设,实现优质资源共享。着力打破行业间的"竖井",形成融合互动的"通渠"。

从上述密集出台的各类政策和文件中不难看出国家对于"互联网+文物管理"这一理念的大力推崇,对于各类技术创新、资源共享与协同发展平台的支持和鼓励。因此,创建博物馆讲解"网约"平台符合国家政策和大政方针。

(二)符合时代需求及行业发展趋势

社会发展和科技进步,使得博物馆正在不断被重新定义。博物馆已不仅是收藏、保护、研究、展示文化遗产的机构,还成为服务人的全面发展,面向未来的文化服务和教育机构。2017年,博物馆形态将更加多元化,文化服务和教育功能愈发突出。融入当代生活,在社会发展中扮演更加重要的角色,成为博物馆的主要命题。2017年,博物馆有更多的挑战需要面对,如何重新进行自我定位,如何进行跨界合作,如何利用新技术构筑新型平台,如何重写博物馆人的情怀都需要博物馆人来解答。

在当今时代,博物馆已不仅仅由建筑和藏品定义,博物馆的传播和讲解变得日趋重要。地铁站、社区、商场、户外,都可以成为延伸和实现博物馆功能的重要场所,生态博物馆、社区博物馆、露天博物馆、虚拟博物馆等新型博物馆建设方兴未艾。博物馆必须审视自己的发展战略,应用新技术拓宽受众面,不但惠及当地民众,还想方设法让外地的观众参与其中。博物馆的地域和时空限制被逐渐打破,正在朝着多元化的方向发展。

目前中国博物馆正在经历着"以物为本"向"以人为本"的观念转变,博物馆作为公共文化服务机构的属性不断强化,工作重点不再是博物馆的可及性,而是调整博物馆与公众之间的关系,更好地满足公众教育和文化消费方面的需求。博物馆必须转换角色,以服务者的姿态,为公众提供更加丰富的文化产品。

同时,以云计算、物联网、移动通信、大数据和人工智能为代表的新技术,正驱动着博物馆不断进行创新变革。

近年来,作为传承社会历史文化的重要载体

和创造性表达的风向标,博物馆以增强观众体验为导向,实现了运营模式与移动应用、社交网络的紧密结合,形成了以博物馆业务需求为核心,用创新科技手段整合线上线下活动的新型博物馆生长模式。

因此,推动创建博物馆"网约"讲解服务平台,符合最新的博物馆发展趋势及行业特点,有巨大的生命力和广阔的市场前景。

(三)符合民情民意

当今时代,最能检测和代表一个新生事物是否受到关注、是否具有群众基础,一个行之有效的办法,就是看其在民众心目中的重要性和地位。

基于此,我们不妨做一个测试。在全民搜索引擎"搜狗热搜"中输入"博物馆 & 讲解"一词,共计出现76页,共760条搜索结果。输入"博物馆 & 传播"一词,共计出现90页,共900条搜索结果。输入"传播 & 博物馆讲解"一词,共计出现94页,共940条搜索结果。按照统计惯例及同行做法,凡是在搜狗热搜中超过了热词搜索500词条这一基准线,即属于同行业的热词。以上测试结果,从一个侧面反映出观众对于"博物馆讲解"这一事物的极大热情和关注度,彰显博物馆讲解具有较大的发展潜力和空间。群众的高度关注,民情民意的代表,是打造博物馆讲解"网约"服务平台坚实的群众基础。

同时,基于统计学抽样分析的理论,我们在一级博物馆建设及观众满意度调查的常规问卷调查工作中,刻意掺杂了部分涉及创建资源共享、协同发展的博物馆讲解"网约"服务平台的选项,并平行设置了一系列开放式问题,征询观众对于建立此类平台的建议和意见,让观众参与到平台的建设和设计中来。通过后期的数理统计分析,我们很惊喜地看到,80%以上的观众都是持赞同态度的,并同时提供了一些切实可行的意见和建议。

因此,推动该平台的建立,符合民情民意,是大势所趋。

三、博物馆讲解"网约"服务平台创建设想

彻底打破博物馆讲解预约服务各自为政、碎片化的壁垒,整合全国的博物馆讲解资源,将在编在岗的讲解员按照科学规范的方式悉数录入平台系统中,标明该讲解员的单位、性别、年龄、任职年限、特长以及收费标准等,除了该网站平台外,开发配套的手机APP软件平台,让观众通过网站或是手机APP自由选择、下单、交费。(下转第106页)

纸质文物修复中色彩的运用技巧

谷 莉

内容摘要：随着社会发展，人们对纸质文物修复工作愈加重视。该项工作是一个非常复杂细微的高难度工艺过程，作者就自身的长期从事经验，对纸质文物修复中色彩的运用技巧——全色、接笔、配料三方面浅谈一二。

关键词：纸质文物修复 色彩运用技巧

随着社会的发展，纸质文物修复工作愈来愈受到人们的重视，历代流传下来的古旧字画。是我国传统文化的宝贵遗产，为了更好地保存或完好地展现在世人面前，必须及时修复。本人长期从事此项工作，现就纸质文物修复中色彩的运用技巧方面谈谈自己的体会。

(一)全色

古旧字画的残破画芯，经过挑刮、方裁、清洗、揭芯、精补、托芯等等一系列工作之后，除极个别较完好的画芯外，大部分都需要全色。全色，就是在画芯破残之处补上同原画相同的颜色，全色前应准备好所有工具：大白云，中、小楷狼毫，细勾线笔各一只，调色碟三个，砚台一方，国画颜色花青、藤黄、曙红、赭石、胭脂、石青、石绿等常用矿物质颜料，墨以陈年的松烟墨为佳。

全色前先仔细审视画芯上的颜色，弄明白这颜色是哪几种颜色调出来的。配色时，无论调什么色，均应以一种色为主，再调入其他色，调配好的颜色必须浅于画芯的底色。全色开始时，可先在画芯边角处调试效果，找准色路。如颜色重了，还必须洗掉，越洗破坏越厉害。颜色浅了，可以多次全色，全色必须由浅至深，渐渐加色，不要一次上色过重，以致使颜色死板呆滞，要不断比较所全颜色与洞口周围的颜色和整幅画芯颜色的关系，及时调整，这样全好的颜色才能更接近原画色。全色时画芯残破处的颜色容易漏、渗，必须刷胶矾水，胶矾水要两面刷，背面刷胶矾水浓一些，正面稍淡一些，刷胶矾水最好上墙绷平，然后进行全色。此项工作称为"矾芯"。

矾过的画芯，全色时有的会因为胶矾水不够而漏色，如发现有这种情况应停止全色工作，将画芯再上一次胶矾水，如渗漏地方很少，就在局部漏色处刷胶矾水，刷好胶矾水的画芯应再上墙平整后继续进行全色。全色过程中，如果出现全好色的破洞干后泛出白色或者和原来的色彩产生很大差异，这种情况就是"泛色"。处理泛色的办法是：先在出现白色的地方刷一遍胶矾水，待其干后将全色时用的颜料再盖一层，颜色质地应改换；如全色时用的是石青，即可覆盖花青，石绿的可覆盖绿，朱红的覆盖曙红。这种方法处理后，色光就会转变而达到所要求的颜色。

古旧书画作品，多数因年久长期风光，故画芯纸张的颜色较为复杂，全色时经常出现颜色对了，而色光不符的情况。如出现此类情况，补救的方法是欠色光时，可在色水中加白粉，色光嫌太大，可用瓦灰或香灰调于颜色中以减弱光泽度，此称"闷光"。需要全色的破洞大小不一，一般来说，面积小的破洞，是不易看出所选颜色的准确性的，所以试全颜色时，要逐步从小处到大处进行，不断调整颜色，细心对比，直到对较大的洞全色都满意时，调配的颜色就比较准确了。

(二)接笔

旧字画重新装裱时，原画经常有缺块或断笔处，送裱者提出要求补好的，应将这些缺损地方接好。此称"接笔"。接笔必须按照原画的风格气息和笔意去接，如有大面积的断缺，应该请经验丰富的书画家去添补接笔；小块缺损的可以原画意境自己接笔。接笔用的墨非常讲究。油烟墨是由植物油为燃料燃烧后蒸发的，炭黑含有脂类成分，因此油烟墨有光泽。松烟墨是专用黄山一带的松木做燃料，木料中有一定松脂，所以早年的松烟墨比油烟墨更有另一番味道，乌黑但无光泽。最好选用陈旧的松烟墨，不能用新墨块和墨汁。书法作品接笔时如果没有旧墨，可在新墨里加少量白粉，冲淡亮度,使其发旧,也可添加烟灰,使其变旧。在金笺上接笔,因画面太光滑而不易着墨,可用一块绒布擦抹,即可受墨,接笔时可根据具体情况,作不同处理。

(三)配料

配备古旧书画的镶料,一定注意画芯与镶料的新旧对比,不可太强,掌握新画用新料、旧画用旧料的原则,优质裱件主要体现于色彩的表现。配色是书画装裱中的重中之重,配色的目的在于突出画意,渲染烘托画面的气氛,从而得到艺术上的享受。否则就会冲淡书画作品的感染力,降低作品的观赏价值,镶料色彩是一种画面的陪衬,因此具体决定镶料色彩时,要慎重,要因画而异。

每一幅书画作品,都要先观察整体,找出其核心主色调,书画作品的色调大致分为三类:单色调、冷色调、暖色调。以墨为主的单色调作品,可配浅米色,也可配较深的冷调颜色或中绿灰颜色的镶料。单色调的作品,为使画芯突出和有立体感,可出深色助条配合,如咖啡色、仿古瓷青色。

冷色调作品,可配能和画面色调和谐的冷调色彩镶料,也可配色彩对比不强烈的浅暖色调。局条用白色或仿古瓷青色衬托。用色较为厚重的作品,也可配浅月白色,以达"烘云托月"、突出画意的效果。

暖色调作品可配浅月白色,浅银灰色或浅米色,使整体自然和谐,助条用白色或咖啡色装饰、点缀,会使人感觉清雅脱俗。

二色、三色式卷轴类画件,在选配色彩时,色与色之间的搭配,更需反复审视后再定。如没有把握时,可将画芯放在镶料上比较一下,看实际效果后再定。二色或三色卷轴式的天地头宜选用凝重稳定的深青灰色。三色式的副隔水颜色应深于正隔水(正隔水也就是第一色的框档)。第一色的正隔水如用暖色调的浅米色,副隔水如再用米色,其颜色需深于正隔水。有时副隔水也可选配冷色调的浅色。总之,选配时应尽量做到色彩略有变化,同时也应照顾每幅书画作品在整体色彩上的和谐。

纸质文物修复工作是一个非常复杂细微的高难度工艺过程,它不但要求工作人员有扎实的基本功,还要具备丰富的工作经验,更应该懂得绘画和色彩方面的知识。掌握了修复中色彩的运用技巧,更有利于纸质文物的收藏保存,延长其寿命,以及提高观赏价值,对文化的发扬和传承具有极其重要的意义。

(上接第104页)

观众交的费用,不直接给博物馆或是讲解员本人,而是打入一个公正的第三方服务机构进行统一管理,例如可以和淘宝合作,也可以自行开发研究出一套相应的系统。该第三方服务机构的后台管理人员需要在观众听完讲解,并得到正向反馈时,才将费用打入博物馆或是讲解员的账户内,保证讲解的质量。观众可以通过"网约"平台对本次讲解服务进行评价,并提出自己的改进意见或建议。平台也会在三天内电话或是推送反馈信息,让观众进行点评。观众的点评结果直接影响讲解员的定级以及执业。观众点评或反馈后,会得到平台的奖励分数,这个分数积累后,可以得到体验券或是点数,在满足条件的情况下可以用于抵扣下次的讲解预约费用。分数积累到一定程度后,可以成为"文明观众",享受到联网景区诸如导游车、门票、书刊纪念品等服务的折扣,全面保证观众关注程度和积极性。

同时,在该网约平台上,会自动生成一份讲解员与观众的"讲解服务电子合同",该合同条款会依法约束双方的权利和义务,为优质讲解保驾护航。

另外,观众在该"网约"服务平台选择派遣讲解员,系统将自动生成电子行程单、电子名单表,讲解员按派遣执业。如果需要在平台借调其他博物馆的讲解员,则需在线与借出博物馆签订"讲解员借调协议",由借用单位通过第三方支付方式先行支付服务费到第三方支付机构,讲解结束借用单位对讲解员进行评价后,第三方支付机构实时支付讲解费。这样也可以很好地实现博物馆之间讲解员的交流,更好地为观众服务。

马太元《游汴笔记》评注（续）

范沛潍

（接上期）

特别说明：五月应为小尽，但文中作大尽，多一日。

闰五月初一日，雨止。出街购龟胶二斤，葵扇十柄，黄氏八种医书一部。

[评注]作者一路购买物品，其一，反映出当时商品流通的范围比较狭小，各地商品品种不全，各地差价较大；其二，会试也给举子旅途各地的经济带来生机。

初二日，晴。晚出江岸游，见兵船数十艘抵常德，问之，系张提督领重兵至云南征剿周匪云。

[评注]《德宗实录》：己丑"云贵总督丁振铎等奏，个旧厂匪周云祥聚众起事，窜陷临安府城，派兵堵剿情况。得旨著即督饬各军赶紧收复临安府城，迅将该匪全数殄灭，以靖地方……"庚寅"谕军机大臣等电寄魏光焘，据丁振铎等电奏，临安府城业经克复，毋庸派兵援剿等语，张春发一军。无论行抵何处，着魏光焘电知，即行折回。"此处张提督即张春发。

初三日，晴。午扰静溪膳。静溪约由常德雇船至镇远，余以上水船行缓，至少须一月之久，陆行十六日即抵镇远，兼之云南乱事未卜敉平，须早回以慰亲望。未如约。

初四日，晴。吴良遇邻人黄二于市。回告。余立出寻，借问故乡事，未遇，心歉甚。有感云：

闻道故乡人，如病得良医；
出寻人不见，心忧病益滋；
猖獗周匪乱，真情未得知；
愿祝故乡土，匕鬯无惊移。

初五日，阴。整装起行，出城二里许，大雨倾盆而下，复踅回常德府宿。

初六日，大雨。打住常德。索石安拟补剂药方一帖。

[评注]当年参加科考的士子就年龄而言大抵在三十上下，并且成家，为了家庭生活，或自谋生路，或助前辈料理事业，人际往来也较频繁，知识面也较广，兴趣爱好也是多方面的……有些否定

科举、否定旧教育的人，对此评论尚欠客观、公允。石安颇通医术就应正确评价。

初七日，雨止。起行，宿桃源县城，计程八十里，过渡数次。

初八日，晴。十五里至桃源洞。路遇由桃源回郑家驿文庠郭某，谈及桃源胜境，郭某曰："盍往游乎？"余曰："先生游否？"郭某曰："万里逢君，愿作先导。"于是二人携手同行，至大门，额曰"古桃源洞"。洞二门紧闭，由侧径入，桃树成林，至山顶有一洞，上刻"桃花源潭"四字，山半有一亭，楹联：

无怪倏忽焉而秦，倏忽焉而汉，但与君谈笑移时，便成旦暮。

此间何必有洞，何必有仙，得斯地棲迟毕华世，即是神仙。

与郭某坐谈渔人沿溪入洞事，歆慕不置。郭某曰："地以人傅，使非靖节作记，则此地芜没于空山矣！"予曰："兰亭不遭右军亦然。"少焉，至洞口仰视，一无所见，但见清溪从洞口流出，泉县数丈落石壁下，因有感云：

由晋迄今几度秋，
桃源胜境仕人游；
洞中仙子今何在！
惟有清溪石上流。

门外舆伕催行，郭某曰："幸勿忙，可抵寺顶一游。"至寺，道士迎入茶叙。楹联：

此为天下名山，仙去瞿唐，人同怀葛；
我是道中别派，学宗孔孟，教法老庄。

衔列李贯题。郭某曰："此李某即道士也，系长沙廪生，不乐仕进，隐居于此者。"予心异之，知非俗道，欲与坐谈，而门外舆夫催促不已，乃辞出。至山麓与郭某揖别。窃叹邂逅相遇道途中，亦有奇缘也，十五里至水溪。二十里至郑家驿宿。

[评注]在回家途中作者与郭某游桃源洞感触颇深，而不能与李道士长谈，更觉遗憾。看来人们的游山玩水（即今日所称之旅游），不应该停留在走马观花，看看风景，凑凑热闹……而应该向更高层次发展。关于李道士，其一，隐居山林，原因复

杂;其二,"学宗孔孟,教法老庄",在深入研究中国的宗教时,要特别注意儒、佛、道的关系,对人物的思想、生平经历……认真剖析。

初九日,晴。二十五里至杨俣桥。又三十五里至新店宿。

初十日,晴。四十里至宁口。四十里至马鞍山。又十里至界亭驿宿。

十一日,大雨。打住界亭。至驿号见电载本科状元王寿彭,山东人;榜眼左霈,广东人;探花杨兆麟,贵州人;传胪黎湛枝,广东人。

[评注]有清一代的殿试时间也是经过多次变动才固定下来的。清初,二月会试,则殿试在四月初;后改在三月会试,则殿试在五月初;乾隆十年(1745),改为四月二十六日殿试;乾隆二十六年(1761),定四月二十一日殿试,遂为永制。光绪癸卯恩正并科会试在河南贡院举行,这是清代第一次不在京师举行的会试。开封距北京约一千四百里,四月十二日会试放榜,贡士们能否在殿试前赶到北京?回答是否定的。那么何时殿试?很让当事者费了一番脑筋,最后决定将殿试展期在五月二十四日。这是乾隆二十六年定殿试为四月二十一日以后,首次展期至五月二十四日。又,作者能在回乡途中的一个小地方——界亭,见到"电载"的殿试消息,说明清末的电讯还是较发达的。

十二日,阴。四十里至狮子铺。又四十里至马底驿宿。

十三日,晴。三十里至陶饭。又三十里至辰阳驿。此地每人获伕三名,虽带有空牌,不能多取一名。

十四日,阴。三十里至麻溪,又四十里至傅溪宿。微雨。

十五日,阴。三十里至辰溪。又四十里至山塘驿宿。

十六日,大雨。迅雷。打住山塘。

十七日,阴。三十里至大龙门,舆夫潜逃,命吴良另雇二名。又三十里至怀化驿宿。

[评注]又遭舆夫潜逃。

十八日,晴。宿马公坪。

十九日,晴。宿沅州府城。城外有桥一座,高七丈,不能容船往来,上覆瓦,两廊设有铺面,货物云集,为滇黔进京第一要津。

[评注]沅州府:位于湖南省西部,沅江支流潕水流域,邻接贵州省。明为沅州,隶辰州府。乾隆元年升为府,领芷江、黔阳、麻阳三县,府治芷江。

二十日,晴。四十里至冷水铺。又三十里至便水宿。

二十一日,晴。二十里至波州。又三十里至晃州城宿。城市荒凉。

[评注]晃州,本芷江晃州堡地,属沅州府,嘉庆二十二年析置直隶厅。

二十二日,晴。二十里至鲇鱼堡。又三十里至玉屏县城宿。晚出街,购洞箫三对。

[评注]今日进入贵州境。玉屏县,位于贵州省东部,沅江支流潕水流域,邻接湖南省。清置县。特产"玉屏箫"。

二十三日,晴。三十里至太平堡。又二十五里至清溪县城宿。河南岸有矿务局。

[评注]清溪应为青溪,为思州府属县。

二十四日,晴。八里至鸡鸣关。两面皆河,相传昔年河水盛发,欲通此山,有神效鸡鸣惊人,人起水落,留此古迹。十七里至椒溪。又三十里至镇远府城,宿成大裕栈。

[评注]本月初七日作者由湖南常德起程,本日到达贵州镇远,历时十八日,途中因雨,在界亭打住一日,山塘打住一日,否则十六天即可到达。光绪二十八年十二月十九日,作者从镇远上船,水路到常德,历时二十六日,陆路比水路省时。

二十五日,晴。打住镇远,天久不雨,地方官绅正在设坛祈祷。

[评注]天旱祈雨,在古代乃一件大事,官民均极重视。祈祷方式各地有所不同,惜未记当时情景。

二十六日,晴。雇舆夫二名,驮马一匹,至云南省城,价比上年由云南省雇至镇远者少增。新兴李熙亭资绝告帮,余助以银三钱。

[评注]由于种种原因,旅途中资绝,有人告贷,有人告帮。李某应属家境贫寒者之列?举人阶层的贫富差距较大。

二十七日,晴。闻云南临安周匪肃清,欣慰之至。

[评注]《清史稿·德宗本纪二》载,二十九年四月"己酉,云南匪陷临安城。"闰五月"庚寅,滇军复临安府城,石屏匪首周云祥伏诛。"又《清鉴纲目》二十九年四月条有:"[纲]云南周呈祥滋事,按察使刘春霖讨平之。[目]初,云南个旧地方,为锡矿著名产出地,居民颇众,外国人欲修造铁路,以便交通,地方聚众阻挠,官军往捕,遂揭午起事,推周呈祥为首,陷安宁府(沛潍案:应为临安府)石屏

州，聚众万余人。旋派按察使刘春霖等率兵剿平之。"本文作周云祥。

二十八日，晴。由镇远起行，不数里，拾级而升，至巅有文德关，极高峻，如登大华之巅。晚至施秉县城宿。闻本科云南翰林系李坤、袁嘉谷、顾视高三人。

[评注]据《申报》光绪二十九年四月十七日载《会试全榜题名录》无李坤，而有"张坤云南昆明"。李坤恐误。

二十九日，晴。宿黄平州城。

三十日，晴。起行至城门，门闭不得出，仍踅回店。因昨日某栈烟帮被窃，马哥头受伤死，官闭门搜缉故也。巳刻城开，起行。至大风洞宿，天已黑尽。

[评注]途中又见盗窃伤死事件。作者此行耳闻目睹现实社会，其思想感触会极深刻，对日后也会有所影响。

特别说明：本月为小尽二十九日，笔记却为大尽三十日。至此《笔记》所记日数与《清实录》诸书日数相同。

六月初一日，阴。打住大风洞。距市里许，有洞曰云溪，洞口宏阔，内供娘娘像。开进里许，有石龙抱珠，龙身绵延数丈，颔下有清水长滴，因无火不能前行，退由洞左磴道攀萝而上。洞有架屋三楹，内供佛像，风景清幽，消夏最宜。少憩，由洞右穿林而下，至寓微雨。

[评注]年十二月初九日宿此，未及游大风洞，今日游。

初二日，阴。宿阳老。

初三日，晴。宿黄丝。道遇云南试用知县朱某，送游学生出日本，有感云：

古今时势不相侔，
学在四夷重还游；
安得东风吹嘘力，
扬帆附骥到瀛洲。

[评注]清朝末年是社会大变革的时期，知识分子的出路也不是只有科举这一条道了。其时出国留学已经起步，作者路遇朱某颇多感触，是真实可信的。云南许多士子在放榜后，不留汴参加下次会试，而是选择回乡，另找别途，很有见地。

初四日，晴。宿瓮城桥。未至先七里，有牟朱洞，洞前大寺遮掩，洞口不甚大，洞顶石隙上透天光，中有石鼓、石钟、莲台、千秋田、宝塔寺等，俱系石液结成，亦胜境也。门额"别有天地"。石联：

潭区包八裔；
神宅拥群灵。

[评注]年十二月初七日经过此处，"匆匆不及往观"牟珠洞，今日一游。

初五日，晴。宿观音山。

初六日，晴。宿贵州省城。

初七日，晴。打住贵州，午同仲和游贡院，规模狭长，号舍低矮。到至公堂南望，面山笔架，三峰屹立，高出云表。仲和曰："近年贵州连中二状头，其在斯乎？"余曰："山势磅礴，终不若云南，本年吾滇袁树五考取经济特元，是亦状头先兆也。吾乌知云南将来人材，不较贵州蒸蒸日上乎！"出购雄精数枚。

初八日，晴。宿清镇县城。市中花红，一名文材果。陈列盈街，价极廉，钱一枚可购果一枚或两枚。有感云：

咸清有佳果，厥名曰花红；
形圆苹果似，味甘枣实同。
装载竹舆满，陈列菜市通；
愿随王瑾献，受赐厚恩蒙。

初九日，晴。宿清平县城。

[评注]应为"安平"。

初十日，晴。宿安顺府城，出街购府绸二疋。

十一日，晴。宿镇宁州城。

十二日，阴。宿坡贡。自安顺一带至此，种苗甚多，沿途所遇，花苗着花衣，青苗着青衣，女多赤脚，宽裙大袖，种苗则与汉人同，女皆大足鞋袜。

十三日，晴。宿郎岱厅城。午餐后，出至万寿宫游，宫前隙地，瓦砾满目，询之，则月前祝融为祟也。

[评注]祝融，颛顼氏后，为高辛氏火正，相传死后为火神。此指火灾。

十四日，晴。宿茅口。天热甚，息凉树下，以扇拂之，炎蒸如故。晚购花冈石数块。

十五日，晴。宿花贡。

十六日，晴。宿罐子窑。此地使用铜钱，黑黝不光，且多前明古钱，盖昔兵燹时没土中，近时始披露者。

[评注]清末币制不十分统一，有使用制钱者，有用铜元者，有用银者……此处记使用"前明古钱"。研究清末经济时应注意这一特例。

十七日，晴。舆夫疲倦，打住罐子窑。

[评注]因"舆夫疲倦"而打住，可敬！

十八日，晴。宿杨松。石安腹痛，余送与普济散一包。

十九日,晴。宿两头河。

[评注]前文作两道河。

二十日,晴。宿亦资孔。住行台,屋宇尚觉宽洁。

二十一日,阴。宿平彝县城。

[评注]本日进入云南境。

二十二日,阴。宿白水。接同乡李子珍书,邀过曲一游,商之舆夫,不肯。乃覆子珍书,谓七月兄至省乡试再会云。

二十三日,晴。宿沾益州城。栈门外停有官滇回籍灵柩数口,令人无限悲感。

二十四日,晴。宿马龙州城。节逢滇炬。晚,男女燃烧火把,路送行人,与我邑同,惟我邑节在二十五,未识孰是。继考范蔚《南诏野史》注,当为二十五日。

二十五日,晴。宿易隆。

二十六日,阴。宿杨林。先入里至土主山,疾雪暴雨,满山流水,如行溪涧。

二十七日,阴。宿板桥。午后大雨,虹见。

二十八日,晴。至云南省。宿晋升栈,仲和同寓,石安住永北会馆。

[评注]作者四月二十一日“由汴起程”,本日——六月二十八日回到昆明,历时九十七天(四月九天,五月三十天,闰五月三十天,六月二十八天),整个行程还较完满,而作者等人虽未得考中,但心情也较舒畅。又,清代,在省城设有各县会馆,张石安,永北人,住永北会馆,既增进乡谊,也节省费用。

二十九日,阴。出晤留省同乡,知家中老幼平安,心慰甚。

三十日,晴。出晤蒋鲁永,索取前在常德借伊银元,未见面回寓。清舆夫及马脚银。

[评注]鲁永,前作蒋鲁丞。

七月初一日,晴。具双亲安禀。先令吴良持归,以慰亲望。余住省候领标匾银,及谒本科乡试主考吴雨堂夫子,因中式后未曾晤面也。

[评注]“新科举人,顺天由礼部,各省由布政司颁给牌坊银二十两(亦称旗匾银两),及顶戴、衣帽、匾额。”(商衍鎏《清代科举考试述录》)又,《清秘述闻三种》载光绪二十七年辛丑铺行庚子恩科云南考官:修撰吴鲁字肃堂,福建晋江,与作者所记有个别字不同,待考。

十九日,晴。由省起程,熙文邀午膳,饭毕,至西门上船,日已薄暮。

二十四日,半阴雨。午后四时抵家。省视老幼无恙,甚喜。惟母病在状,容颜枯瘦,询厥病由,曰:“因五月临城周匪作乱受惊,成疾,命危数次,吾恐不得汝见时,默祷祝,苟延性命,幸蒙神佑,今见汝面,虽死亦瞑目矣。”余闻之,忧心如焚,晚取由河南购人参一枝,煎汤侍奉。无何钟鸣十点,母曰:“夜深矣,汝始归,勿久坐。”余奉命就寝,竟夜辗转不成眠。孔子曰:“一则以喜,一则以惧。”余今日是矣!

[评注]作者光绪二十八年十月二十八日“拜别双亲,由家起程,赴河南会试”,至光绪二十九年七月二十四日“午后四时抵家”,圆满完成了此次河南之行,虽有遗憾,但收获多多。该笔记字数虽不多,但给后世留下了珍贵的资料,也给后人很多启示,其价值不允忽视。又,本书所记每月大尽小尽有误,列表可知,但行程总天数与实际一致。

附记:本笔记记日有误,参见下表。

书名	二十八年	十月	十一月	十二月	二十九年	一月	二月	三月	四月	五月	闰五月	六月	七月
游汴笔记	二十八年	三十日	三十日	二十九日	二十九年	三十日	三十日	二十八日	二十九日	三十日	三十日	三十日	
二十史朔同表	二十八年	三十日	三十日	三十日	二十九年	三十日	二十九日	三十日	三十日	二十九日	二十九日	三十日	
清实录	二十八年	三十日	三十日	三十日	二十九年	二十九日	三十日	二十九日	三十日	二十九日	二十九日	三十日	

评《元末开封"五门"形成考论》

汴京土著

内容摘要：唐代以后开封内城的陆行城门，元修《宋史》等只计正门而忽略便门。宋人《东京梦华录》补充了汴河南岸角门子、汴河北岸角门子两座陆行便门。而金元时期城门又无变化，故《元末开封"五门"形成考论》仍只计正门的考论失去意义。本文的考辨与疏证，有助于古城开封研究健康深入发展。

关键词：汴河南岸角门子　汴河北岸角门子　陆行便门

一、引言

2018 年开封市地方史志办公室编辑的《开封地情》第六期，刊有河南大学青年教师吴朋飞《元末开封"五门"形成考论》(以下简称《考论》)一文，其结论是：

> 明清开封城五门格局的形成是至正十七年(1357)元军统帅太不花人为干预的结果，当时留下五座城门，堵塞了五门。[1]

这种说法老开封们很熟悉，因为 30 多年前就有，这只是一种现在已经不再使用的旧的计算方法，不需要大张旗鼓的考论。1988 年，由开封市地方志编委会等编纂、徐伯勇主编的《开封文物胜迹》一书出版，其中《开封城墙》一节记述：

> 里城的十座城门在元代末年为防止农民起义军攻城，堵塞了五座。[2]

限于《考论》客观学术视野的局限性，该文的立论是不成立的，其论述中出现的一些问题，事关开封，很有必要进行考辨与疏证。

二、考辨与疏证

(一)《考论》第一个前后矛盾的论述，表明其"堵塞了五门"的结论漏掉两门。

《考论》有言在先：

> 笔者认为按照文献描述，太不花堵塞和"止留五门"是针对元末开封内城墙上的陆行门而言。[1]

《考论》在记述元代之前开封内城城门的演变时列出了表1《开封城墙城门名称演变一览》，并说：

> 由表1可知，北宋开封内城所设城门共计12座，其中陆路正门10座，汴河角门子2座。[1]

随后又说：

《东京梦华录》中记载的汴河南岸角门子、汴河北岸角门子是"陆行便门，不在正门之列"。[1]

《考论》作者是知道这两座"陆行便门"的，引用并赞同宋史专家周宝珠的观点，是承认这两座陆行便门存在的。但在此后记述金元时期开封城时，却把这两座陆行便门漏掉了：

> 兴定三年(1219)后的开封内城，仍为陆行门10座，但城门的名称出现了变化。

> 元代汴梁城……两次修城活动，都与抵御黄河洪水有关，根本未涉及到内城，故内城城门未发生变化，仍为10座陆行门。[1]

前已有言"北宋开封内城所设城门共计12座"，金元时期又无变化，怎么变成了10座？这是很明显的前后矛盾。

10座正门是陆行门，两座陆行便门也是陆行门，陆行便门同样能够行车走人，元军统帅太不花为防范红巾军，除了留下的5座正门外，这两座陆行便门是一定要堵的，何况有言在先"太不花堵塞和'止留五门'是针对元末开封内城墙上的陆行门而言"[1]的，怎能将其忽略不计？只计算正门而不记便门的计算方法，是一种不准确的陈旧计算方法。2001 年，由 1988 年《开封文物胜迹》一书的同一编者开封市地方史志办公室 (原开封市地方志编委会更名)编纂的《开封市志》第六册出版，当年主编《开封文物胜迹》、至今仍健在的开封资深史学家徐伯勇为其中第三十五卷《文物胜迹》卷主编，在《开封城墙》一节中记述：

> 元世祖至元二十七年(1290)，修汴梁城。至正十七年(1375)，元守将为防红巾军攻城，将汴梁城"四方城门只留五座，以通往来，余八门俱塞"。[3]

《开封市志》对此事记述的修订是正确的,引用光绪《祥符县志》原文,更具史料价值。乾隆四年(1739)《祥符县志》和光绪二十四年(1898)《祥符县志》相距152年,经过几代人的积淀,对记入志书的这段文字,后来的编纂者自然要进行一番甄别和修订,两书对此事的记载虽文字不同却意见一致,说明后者对前者的继承和对此观点认可。

还有几句并非题外的话。宋室南渡后,金人曾利用汴河以舟师尾追。出于军事防御的需要,南宋毁坏汴河水道,南北水运断绝。但位于上游开封境内外的汴河,在金元时期未遭到大的破坏,疏浚后仍能通航,既使"余八门俱塞"后仍就。专写明代开封的《如梦录》中《街市纪第六》记载:"再南是州桥,下即汴河,其桥脚北过县角……桥高水深,舟过皆不去桅。"[4]到明代后期开封学者李濂编撰的《汴京遗迹志》卷七记载蔡河时曰:"洪武三十二年(1399),黄河泛溢,而河及闸俱被湮废。"[5]上游汴河到此时才与蔡河一同被湮、断航。所以,元代开封城与汴河东西水门相配套的两个角门子自然存在并在太不花堵塞的八门之中。

12门留5门余7门俱塞,和"余八门俱塞"仅相差一门,而《考论》的结果是10门留5门余5门俱塞,相差3门,当然前者更符合实际、更接近志书的记载。相差的那一门也是一座不被注意的陆行便门,只是现在还未找到。因为这种情况对于古城开封来说,屡见不鲜,并且历来不是人们关注和研究的重点(笔者另有专文论述)。举一个眼前的例子:开封城西北部的北城墙上,有一座陆行便门,它原是清道光二十二年(1842)开封修城以后,由于自然损坏、战争或水患形成的豁口,80岁以上的老开封说,它至少有70年以上的历史,也可能在民国或清代就有。因开封城西北部无门,豁口两边淤土很高,通行方便,一条翻越城墙直达城西北郊区的土路逐渐形成。现在这座位于万岁山景区南大门外的陆行便门和道路、路灯、绿化,已整修一新,成为开封老城通往城西北新市区的一条快捷通道。然而这座颇有年头的便门至今无名,史书上也无记载,2017年,这座便门在修复北城墙时得到全面整修,但仍无名号,报道称之为"豁口"。元代"余八门俱塞"中现在还不知道的那一门,就是这种无名无载的便门。改朝换代,沧海桑田,后世人自然难寻。《考论》怀疑清人自己修纂的《祥符县志》的可靠性,过于轻率。难道引用《祥符县志》的《开封市志》和众多学者著作的可靠性都

在怀疑之列?显然,从文献到文献的研究方法必然会造成种种不察而出现遗漏,必需结合实际,特别是对于像开封这样古老而又神秘的城市更是如此。说它神秘,是因为还有许多汴京之谜在等待我们去破解。

(二)《考论》第二个前后矛盾的论述,表明其对古代开封水陆城门认识和研究欠缺。

《考论》在记述元代之前开封城门的演变时说:

唐德宗贞元十四年(798),时任宣武军节度使的董晋又在汴州城东、西墙各修建一座汴河水门,韩愈的《汴州东西水门记》记载了此修筑盛况……至此,可以确认唐代汴州城共有城门7座,水门2座。[1]

又说五代:

原唐汴州城的城垣……城门未出现变动。五代时期的开封城门(北["北"应为"后"]周时的内城城门)与唐代相比,城门仍为7座,水门2座,只是城门名称有些改动。[1]

再说宋代:

北宋内城在沿用唐汴州城墙的同时,除继续沿用唐时所形成的7座城门和2座水门外,又在南城墙上增加了东门保康门、西门崇明门以及北墙上的西门天波门,这样北宋开封内城共设城门12座,其中陆路城门10座。[1]

此后又提到杨庆化的《北宋东京城水陆城门考补》[6](以下简称《考补》)一文:

《北宋东京城水陆城门考补》一文提出内城"15座之说",即"东京内城的城门数量不是12座,而应是15座。"他在12座城门的基础上,认为"汴河穿过内城的上、下水门,金水河进入内城的水门,共3座水门被漏掉了。"[1]

这个问题并不是《考论》一文的重点。对于内城"15座之说",《考论》认为城墙上有开口不一定是城门,"汴河穿过内城的上下水门是和其所设角子门一起作为城门系统看待的"[1]。这就出现《考论》的第二个前后矛盾点。前面讲,唐代"在汴州城东、西墙各修建一座汴河水门,韩愈的《汴州东西水门记》记载了此修筑盛况",五代"城门未出现变动……城门仍为7座,水门2座",宋代"沿用唐时所形成的7座城门和2座水门",一直承认这两座水门,为什么到最后这两座有名有号、有文献记载的水门不能叫水门、似乎失去了名字,却是"和其所设角子门一起作为城门系统看待的"、而被统称

为"汴河南岸角门子""汴河北岸角门子"？这种称呼虽然存在但不科学：既然已确认这两座角门子是"陆行便门"，水门怎能包含在内？陆行门和水门是两种性质完全不同的门，与两者为一个系统无关，这是大矛盾中又出现的小矛盾。当《考论》记述，"北宋开封内城共设城门12座，其中陆路城门10座"时，已将自己承认的两座陆行便门排除在陆行门之外，而又将它们当作水门了。所以，水、陆城门必须分别有自己的名字。汴河穿过东京内城上、下水门在唐代就有的原名"西水门""东水门"，后来怎么成了外城上、下水门的名字？这一段公案有必要讲一讲。

唐代修建的汴河东西水门，其"东水门""西水门"之名在学界一直使用到20世纪六七十年代。1958年，开封前辈学者熊伯履和井鸿钧合著的《开封市胜迹志》出版，在其对《宋东京城垣示意图》的解释中，首先称内城东西水门为"东水门""西水门"[7]，这是有充分依据没有异议的，当时都是这样称。1959年，前辈学者邓之诚的《东京梦华录注》出版，因为北宋编修官宋敏求专门记述东京的巨著《东京记》失传，集贤校理王瓘所撰《北道勘误志》15卷只剩1卷，平民孟元老的简约回忆录《东京梦华录》成了专写东京的惟一遗存，其中不少内容确实弥补了正史的不足，所以，《东京梦华录》校注本出现后即被学界关注，但不久被10年"文革"所阻断，直到1982年该书再版后，《东京梦华录》的研究形成热潮，"汴河南岸角门子""汴河北岸角门子"就是在《东京梦华录》中发现的。《东京梦华录》愈来愈被学界重视而被奉为经典，至今，众多专家学者参与研究校注《东京梦华录》的不同版本，已超过10部，成为中国文坛特例。孟元老称东京外城东西水门谓"东水门""西水门"，直接把东京内城东西水门的名字给"抢"了过去。这在当时东京内城东西水门地位下降、日渐被忽视的情况下（正史未提内城水门），应是一种方便的俗称，但现在已被学界广泛使用和认可。为什么会出现这种情况？因为当时东京外城东西水门的"正名"过于复杂、混乱，不便使用，曾给学界造成困扰。《宋史》卷八十五记载：

> 汴河上水门，南曰大通，北曰宣泽。汴河下，南曰上善，北曰通津。[8]

《宋会要辑稿》方域一之一所述较详：

> 东五门，南曰上善，汴河东水门，太平兴国四年九月赐名。

次北曰通津，汴河东水门，太平兴国四年九月赐名通津，天圣初改广津，后复今名……西六门……次北曰大通，汴河南水门，太平兴国四年九月赐名大通，天圣初改顺济，后复今名。次北曰宣泽，汴河北门，熙宁十年赐名。[9]

《宋史》称为"汴河上水门""汴河（下水门）"，各两座。《宋会要辑稿》所记亦各两座，但改称"汴河东水门"，后面还有"汴河南水门""汴河北门"。这使学界在研究北宋东京城的初期，走了一些弯路。我们读一读下面的几句话即可见一斑。这是1979年前辈学者孔宪易刊于《开封市历史学会成立纪念专刊》中的一段话：

> 正因为汴河上下流有四门，近人在绘制东京示意图时，汴河出入东京外城时，皆双股而进，双股而出。今天我们这幅图已把它修改了，皆单股而进，单股而出。（我有专文论及，这里不再多谈）[10]

这是40年前的事情，今天我们对东京城的认知，是在前人探索和研究成果的基础上得来的。元人的《宋史》和清人的《宋会要辑稿》对东京外城水门的记述，完全没有"形制""系统"可言，以至最后被宋人的野史《东京梦华录》的记载所取代，这是少见的学术现象。今天我们所说的所谓"形制""系统"，都是后人总结出来的。东京外城东西水门，均由两个带拐子城陆行门和一个水门组成；内城东西水门，均由一个陆行门和一个水门组成；已人所共知，不存在"搞清当时的水门形制"的问题。《考论》对此认识模糊："不能认为只要城墙上有开口就可以认为有城门。"[1]城墙上开口只有两种可能，不是通水行船的水门，就是走人过车的陆行门。对于东京内城的东西水门，事实上《考论》是一再"水门""水门"的称呼着的。而《考补》将东京内城东西水门命名为"内城东水门""内城西水门"[6]，既恢复其唐代原有、至20世纪80年代之前仍用的名字，加"内城"两字以与外城区别，又照顾到现在人们对外城东西水门称呼的习惯。关于金水河进城水门问题，《宋史》卷八十五记载（此段照抄宋人笔记《枫窗小牍》）：

> 跨城之外浚濠，深者水三尺，东景龙门桥，西天波门桥，二桥之下，垒石为固，引舟相通，而桥上人物外自通行不觉也。[8]

有"天波门桥"，而且"桥上人物外自通行"，足可证明天波门是一座陆行门。在陆行门附近，自然还有一座进城水门，形制当一如内城东西水门，亦从方位上将其命名为"内城北水门"[6]，应是比较准确的。《考补》对北宋东京城四座无名水门的命名(还有皇城北水门[6])，是一种更完备、更清晰的新的"记述方式"，是一种进步，已引起中国社科院历史研究所专家重视、介绍[11]并被不少学者认可。

(三)《考论》其他方面的硬伤。

1.《考论》中"光绪二十四年(1898)《祥符县志》中'元将泰不花等以汴梁四面城门，止留五座，以通往来，余八门俱塞'的记载"[1]一句，其中"四面"应为"四方"，"止留"应为"只留"，所述非光绪《祥符县志》原文。

2.《考论》中"五代时期的开封城门(北周时的内城城门)与唐代相比"[1]，"故北周时的内城墙则为北宋继续使用"[1]，这两句中的"北周"，应为"后周"。前后两次出现开封建都朝代错误，是常识问题。

3.《考论》中"这与外城汴河入城时所设南北角门子加拐子城的水门形制不同"一句，其中"角门子"是与内城水门配套的陆行便门的名称，与外城水门配套的陆行门各有命名，不称"角门子"。

4.《考论》中的《开封城墙城门名称演变一览》，东城墙仁和门(曹门)和西城墙大梁门(西门)分别被排列为东西城墙的北部。第一，与实际情况不符。《开封市志》第二册第八卷载有带经纬度线的《祥符县城图》[12]，可一目了然，开封东西城墙北部无门，仁和门和大梁门分别位于开封东西城墙的中部还偏南一点。第二，与学界正确而习惯的排列相违。刘春迎《考古开封》第六章载有《开封城墙城门名称演变表》[13]、王育亮《北宋东京城城门研究》第四章载有《内城城门名称演变表》[14]等，均将开封东西城墙设为南、中、北3格，并将仁和门和大梁门排列为东西城墙的中部。从学术意义上讲，对一座城门的标注，应定位在它在这座城的准确方位上，不能简单的以墙上只有两门就可以一南一北的标注。如果需要将当代开封城的城门排入，而现东西墙的北部均开有城门，将怎样排法？第三，不符合开封人代代相传的认知和习惯指认，对外地人来说是一种误导。

三、结语

理论与实践相结合是所有科学研究必需遵循的法则，《考论》从文献到文献的研究方法，使其失去了观察、捕捉和应用鲜活客观事实的灵活性。通过本文的考辨和疏证可知，对于唐代以后开封内城城门的记载，历代史籍文献如元修《宋史》等只计正门而忽略便门，习以为常。宋人《东京梦华录》补正史之不足，披露了东京内城东西水门的岸边还有两座陆行便门。在金元时期开封城城门无变化的情况下，当代《开封市志》对此事记载的修正，是符合客观事实的科学的进步。《考论》无意间走了一条老路，故其一系列考论亦失去意义。

《考论》出现的几处前后矛盾的论述以及一些不该有的硬伤，说明作者还需要加强对古代开封历史、地理的学习和研究。显然，研究任何一个地方的历史、地理，都要结合实际而不能死扣古籍文献，顾此失彼。也不能只看当代中青年学人的书，还要找一些前辈学者的书来看，以开阔学术视野。因为，任何一个事物都有它的前世今生，人们对这些事物的认识更是一个漫长的过程。这是所有青年学人都需要注意的问题。

参考文献：

[1] 吴朋飞：《元末开封"五门"形成考论》，《开封地情(第六期)》，开封地方史志办公室，2018年。
[2] 徐伯勇：《开封文物胜迹》，中州古籍出版社，1988年。
[3] 孙富山、吴治安、曹景宪：《开封市志第六册》，北京燕山出版社，2001年。
[4] [清]佚名：《如梦录》，中州古籍出版社，1984年。
[5] [明]李濂：《汴京遗迹志》，中华书局，1999年。
[6] 杨庆化：《北宋东京城水陆城门考补》，《开封大学学报》，2010(3)。
[7] 熊伯履、井鸿钧：《开封市胜迹志》，河南人民出版社，1958年。
[8] [元]脱脱：《宋史》，中华书局，1977年。
[9] [清]徐松：《宋会要辑稿》，中华书局，1957年。
[10] 开封市历史学会编：《开封市历史学会成立纪念专刊》，1979年。
[11] 梁建国：《2010年宋史研究综述》，中国史研究动态，2011(5)。
[12] 沙旭升、郭书学：《开封市志第二册》，北京燕山出版社，1999年。
[13] 刘春迎：《考古开封》，河南大学出版社，2006年。
[14] 王育亮：《北宋东京城城门研究》，硕士论文.河南大学，2012年。

"五四"在开封

沛 潍

中华民国八年(1919年)五月四日,北京十几所学校的数千名爱国青年学生在天安门集会、游行,火烧赵家楼曹汝霖住宅。北京政府逮捕学生的消息传到河南省会开封后,开封的爱国青年学生和城市民众,纷纷起而响应。他们采取了适合自己的斗争方式,开展了各项活动,成为"五四"激流中一朵鲜艳的浪花。现据个人所有资料简介如下,以使这一历史事件能够全面、正确地呈现在世人面前,遗漏、不当之处,敬请读者补充、指正。

一 开封青年学生的活动

五月四日北京学生要求"外争国权,内惩国贼""收回山东权利""拒绝在巴黎和会上签字""抵制日货"等爱国运动的消息传到开封后,开封学界便积极行动了起来。九日,位于老府门(今中山路北段)的女子师范学校,即在本校召开了省垣女界国耻纪念大会,到会者有千余人,大会研究了抵制日货的办法及女子爱国的紧要性。"有张女子者,对于国家事宜,极报热忱,当即登台演说,至痛快淋漓之际,竟将中指咬破,以血大书'坚持到底'四字,足证爱国情深,一时满座顿现悲状,甚有忧愤泣下者。"[1]

十日,河南学界全体即向北京大总统、国务院发出电报:"北京大总统、国务院钧鉴:山东问题,外交失败,关系存亡,危险万状,恳电饬巴黎专使据理力争,即脱会亦所不惜。全豫人民,誓为后盾,沥血陈词,无任迫切。河南学界全体公叩。蒸。"表现出以河南学界为代表的河南人民对山东问题的关切,并与全国各界人民目标一致、团结斗争的决心。

紧接着,即由法政专门学校发起,联合开封各学校召开学生联合大会。五月十二日,法政专门学校首先召开全体学生会议,会上表决联合各校共同进行爱国活动。会后即由各班代表分赴市区各学校联络商讨。其时各学校中亦有接到北京学生有关"五四"活动情况的通信者,大家相互传阅,佥以外交失败如此,对于法政学校的发起均一致表示赞成,遂决定以法政专门学校大讲堂为会场,于十三日开会。

是日午后一时会议开始,到会者有:第一师范、农业专门、矿务、第一中学、第二中学、甲种农业、甲种工业、甲种商业、留美预备、女子师范、济汴、育才馆、监狱、军士和法政专门等省会中学以上十五学校学生千余人。女师校长李梦莲率学生到会,在会上有二中许逢熙等二十多人相继演说,有的慷慨激昂,声泪俱下,表现出极大的爱国热忱。五时左右讨论办法,通过开封学生联合会成立,会址在法政学校;并决定发电三通:"(一)巴黎中国使馆转陆、王、顾、施专使公鉴:青岛问题存亡所关,生等誓死为外交后援,务恳力争,万勿自屈签字;(二)北京大总统、国务总理钧鉴:青岛问题存亡所关,生等誓死为外交后援,务恳电饬专使力争,万勿自屈签字;(三)上海和会唐、朱各代表公鉴:外交失败,半由内讧,除电专使力争外,诸公主持和议,万恳早日解决时局,一致对外,沥血陈词,毋任迫切;河南省会中学以上十五学校全体学生同叩。"[2]电文指出"外交失败,半由内讧"极为正确。

从此开封学生的爱国活动积极开展起来,露天演说、集会、游街活动不断出现,并发生了罢课活动。

五月十八日,各界在一师召开的国民大会上,河南学生联合会成立,设总会于开封。

开封学生的罢课在五月三十一日。[3]"当未罢课之前一夕,赵督召集军警、教育官长及各校校长,计议防止方法。大骂教育长不能事前维持。某军人并谓,办了几个,自然容易解决。后卒决议以军警监视学生。然各校依然照期罢课,惟讲演、集会胥失自由,即宣言书亦未得发出。"[4]六月一日,学生派代表多人前往省议会晤议长唐先生,说明此次罢课的理由及所要求之条件,并恳请议长转告河南督军赵,请允许将电文和宣言书发出。唐议长当即前往督军府拜见赵督军,未得要领而返。然绝大多数学生并不因此而气馁,影响斗争情绪,内中有学生潜赴郑州将电发出。

开封学联为声援山东人民反帝正义斗争,九月二十七日组织各校学生游行示威,遭到军警围赶,有一人身死,多人受伤。十月十日三千多学生再次游行,迫使当局答应为死者开追悼会、为伤者治疗、惩办凶手三项条件。斗争取得一定胜利。

当时的中国是一个弱国,先觉的中国人早已认识到对日本的办法之一,就是抵制日货。五月四日北京的游行队伍中,就有人打出"抵制日货"的标语。五月十八日,开封学界联络各界在师范学校操场召开的国民大会,也提出了"抵制日货"。开封青年学生同全国爱国青年学生、商人、民众一样,积极开展起了较为全面、深入的抵制日货活动。曹靖华先生在《五四琐忆》中说:

> 同学们以前凡购有日货的,都纷纷交出,当众烧毁。当时最普遍的是操衣领内的硬领,洁白、光亮,是化学制品,全是日货,同学们争先恐后地取下,当众投入火中烧了。

当时把日货也称作仇货。学生们不但参加学生会,到商店检查日货,还从早到晚在宋门等城门守候,检查日货,凡是货物入城,先贴上封条,进行登记,过后,学生会按登记表前往启封。检查,不允许商人私自启封,否则以盗运"仇货"论处。商界也积极配合,开封抵制日货的活动取得一定成效。

同全国各地一样,开封学生为了统一行动,对问题进行民主协商,有条不紊地开展,"痛外交失败,思谋挽救成立学生联合会"以为后盾。为使读者对河南省会学校联合会有一个了解,特录其简章如下:

(一)本会由河南省会学校学生组织而成,定名为河南省会学校联合会。(二)本会以联络感情,交换知识,克尽学生之天职为宗旨。(三)凡赞助本会者,得公推为维持员。(四)本会设评议员,由与会各校,每校代表二人组织之,议决本会一切事项。(五)参与本会之各校学生,每校组织一学生理事会,其组织细则,各校自定之。(六)本会评议会议决事项,其执行之方法如左:(甲)性质上不适于分理者,由评议会议决,委托某校学生理事会执行之。(乙)性质上适于分理者,由各校代表传达各校学生理事会执行之。(七)本会由评议会指定会计一人,掌管本会一切款项;凡各校学生理事会执行评议会议决事项之用款,均得由会议支出。(八)本会评议会开会,须经两校以上之代表署名召集之;其时期与地点,由召集人酌定。(九)本会经费分为三项:常年捐:由各校学生平均负担,按期缴纳;临时捐:遇有特别事项,由各校学生平均负担,

随时交纳;特别捐:由维护员或各校学生,特别捐助。(十)本简章有未尽妥善之处,得由各校代表之提议,经出席代表三分之二以上之同意,修正之。(十一)本简章自本会评议会议决日起实行之。[5]

五四期间,开封青年学生也自筹资金,积极创办报刊,亲自动手写文章,宣传新思想、新文化,并亲自上街叫卖。开封爱国青年学生在五四期间的表现,是应肯定的、赞扬的。

二 开封社会各界的活动

河南省会开封各群众团体、民众得到北京学生爱国活动及要求后,也纷纷行动起来,采取各种实际行动表示支援。

河南省农会于14日致电北京众议院曰:"北京众议院诸公钧鉴:真电敬悉,青岛交涉失败,举国愤慨,诸公登高一呼,群声响应。请缨当局,誓作后盾。除联合本会各团体取一致行动外,谨电奉复。河南省农会韩东岱等叩。寒。"[6]

河南省议会也于14日致电留东学生救国团,对其爱国行动表示支持。

五月十八日,省会学界联络各界在师范学校操场召开一国民大会。是日,从黎明开始,各界群众便开始陆续到会,"男东女西,鱼贯而入,秩序极严。会场之内会有日本欺压中国人民及亡国奴之惨状"。在会场四周,并树立各种旗帜。八时左右宣布大会开始,公推省议员杨子猷为主席,报告开会宗旨。次由大同日报经理张干臣、省议员王侨及学生、教员、工人、农民、职员、省议员三十余人相继登台演说,"痛快淋漓,声泪俱下",使到会各界群众一万一千余人及外省学界代表大受感动。最后仍由"主席杨子猷君提出办法四条:(一)由河南公民名义,电向政府,请电饬巴黎专使,如日本不交还青岛,应即退出和会;(二)联络省会中学以上十五学校设联合会,以为外交后盾。因学生无政治的臭味,无党派的作用,无权利的思想,纯以爱国为前提也;(三)由商务总会通知各县商会,勿再贩运日货,如有犯者,定以相当处罚;(四)于每学期放假后,编成白话小说,请学生尽讲演之责,鼓吹民主,使人民皆知有爱国思想"。[7]此四项意见得到了与会的赞同,当即摇铃散会。第一次国民大会,不但发动了省会的广大群众,而且对全省也产生了一定的影响,特别是抵制日货一事,对全省商界产生了相当大的促进和推动。维持国货,抵制仇货,对运动的发展起了较为重要的作用。

商学两界也于师范学堂操场开会,省城各校

学生、教员及公民等数千人参加,决议与各省一致抵制日货。演说者皆激昂慷慨,决议赞助他省学生之态度,"通过办法三条:(一)电请北京政府勿签字于巴黎和约;(二)组织学生大团体争回青岛;(三)组织公众讲演团,唤醒人民,排斥日货"。此外又刊印日货名目清单,分送各界。此次运动系学生为首,社会优秀分子赞成并积极加入。决议组织一委员会,专从事于鼓吹。

对于抵制日货,当时有多种意见,学生中比较激进者主张,凡日货一律烧毁之。但从事洋货,特别是与日商有业务关系者,却持反对意见(对"抵制日货"行动随时设阻等)。主营国货的商家,则能从商家利益和当前形势提出合理易行的意见。在一次讨论抵制日货的会议上,晋豫合资的"永泰顺绸缎庄"部门经理范友蕙在会上发表了自己的看法:"商家现存日货,是商家用现钱购买来的。如若烧毁,则是烧掉了我们中国人自己的钱;对日本人来说,他们已经赚了钱,对其不会造成什么影响,而我们则受了损失。鉴于当前全国形势,目下应该是,各商店现有日货全部封存,不再出售;今后也不与日商交易,购买日货。这样我们既不受损失,却给日货造成极大影响(大意如此)。"[8] 这一意见得到了绝大多数商家的赞成,并被采纳。此后由商会公议维持国货办法九条,通函各处商会遵照办理。其内容如下:

(一)由总会转致各分会,将国货出品类详细报告,并广为劝导,以利销场;(二)各商帮贩运国货,务予精美,自可抵制外来;(三)永远不再向某国贩货;(四)凡在会各帮,有在某国设庄贩货者,即行去函停止收买,并撤庄回国;(五)各商号现有之货,系以将金钱输出换回者,应准其以售完为止,不得再行贩卖;(六)各转运公司此后不再代运某国货入豫境;(七)由本会通函全省商会,一律分担责任;(八)自议决宣布之日起,如再有违犯者,一经查出,除将货物充公外,并严重议罚;(九)议决宣布后,由本会派员分往各税局转运公司及城内外各商号严密调查,随时报告,以防输运(日期不详)。[9]

五四以来,在爱国青年学生的积极鼓吹和先进商人、市民的努力行动下,民众更视日货如仇。"由学界发起,分送传单,劝商界勿进日货之后,而商人亦力加互助,各号店自经理以至铺伙,概不许一丝一物购自日本云。"[10] 开封市面上的日货非常滞销,国货销路大为畅开。河南国货维持会也于九月二十一日在开封丰乐园召开了成立大会。十月二十四日,开封商帮成立了商业自治团,抵制日货。

开封社会大众是积极参与巴黎和会中国专使最后不签字的一大援助力量和后盾。开封大众,特别是商界在五四中的表现应予肯定和赞扬。

三 当局的表现

五四运动发生后,京外学潮渐形扩大,沪宁罢市,武汉影响。惩办国贼、提倡国货之声浪传遍全国,河南开封的学生及爱国民众在河南督军赵惕的严酷统治和压迫下,紧跟全国形势,积极开展了各项爱国活动,而政府却采用了各种方式,对学生及民众的爱国活动进行阻止、破坏、镇压,现就其卑劣手段介绍一二。

自五月十三日学生联合会开会发起后,开封警界有鉴于北京学生之斗争方式,于是在文庙街一带加添岗哨,对学生将进行之游街大会、露天演说诸活动,更加严密防范。赵督军除严密防范学生的爱国活动外,并贿属开封各报纸勿为爱国活动鼓吹,使市人消息闭塞,耳路不通,既不能知各地活动情况,更不能使开封学界、民众有力地配合全国活动。

"各校罢课之先,教职员若劝无效,于是引咎请示,赵督闻之,赫然震怒,立派军警围守。各校门学生之出入既不自由,演讲一层反不如以前活动矣。然市面因此顿现兀捏不安之状云。"[11] 学生罢课后,军警巡逻往来如织,见有举动稍有可疑者,立遭拘捕。

赵督军对付爱国学生活动的某些手法,与其各地同行如出一辙,其中之一即是"解散学校"。"当汴垣学潮之初起也,赵督问教育厅长吴某曰:'各校学生若干?'吴曰:'三千有奇。'赵曰:'是易招耳。我所办之育才馆(或作豫菜馆)一招数,何患无学生乎!'为此赵督解散各校之心已决矣。"[12] 由于形势的发展变化,赵督的这一恶毒计划未能实施,未给运动和开封教育造成太坏影响。

"北大学生张介休等应留学试返汴,各校开欢迎会,休适在座,有谓中学生联合会解散者。张赴而言曰:'无其事。余适从彼到,所眼见其照常办事,外闻谣传全属子虚'等语。不料恶探报告赵督,以其淆乱众听也,欲处以死刑,幸警厅长龙君尽力辩护,幸免。然而此间危不敢久留也,休等当脱离汴云。"[13]

在豫省反动当局的镇压下,开封城内几乎没有学生、市民开会的地方。"无已相约城南十里外之森林中商议罢课后之进行办法。学生爱国热心百折不回,大有白刃蹈,国不可不爱之概。"[14] 反动政府的任何伎俩都阻挡不了滚滚前进的革命潮流。五四的光芒永照史册。

四 结语

(一)在五四运动中,河南省垣开封的爱国女学生起了先锋、带头作用。这在全国来说是比较突出的。北京"五四"的消息传到开封后,是女子师范学校的学生于九日在本校操场召开了千余人参加的女界国耻大会,并研究了抵制日货的办法及女子爱国之紧要性。张女子登台演说,至痛快淋漓之际,将中指咬破血书"坚持到底"四字,极大地鼓舞了人们的斗争士气。当斗争处于一般情况,男生行动有所消极的时刻,又是女子师范学生任女士,"当仁不让,致函各校,大骂特骂,函中有'寇深矣!国危矣!示罪男子犹伏案呻吟毫无所觉。尔辈欲做亡国奴乎!抑神经麻木,良心丧尽,如彼凉血动物乎'等语,更送女裤一条与法校以辱之。""女校送裤之次日,各校又开大会于师范学校,痛陈时局之危急,非群策群力作最后之争。而显著之表示厥为提倡国货,罢课演讲,以期唤起民气一致对外。"[15]三十一日开封学生一律罢课的主期事者,就是为女师送"女裤"之法校。由此可见开封女学生在五四时期所起的作用。

(二)中国的商人阶层是一个庞大、复杂的群体。从其人员组成来讲,有官行资本家、买办资本家、民族资本家、中小资本、小业主及雇员等;从工作人员分工来说,除股东外,有高级管理人员总经理、部分经理,有一般职工、店员和学徒工等;其出身也多不同,有的来自官僚买办家庭,有的来自大资产者、大地主家庭,也有来自城市平民或农民家庭,甚至贫苦家庭出身的人。他们虽然来自四面八方,但有一个共同点,即其中绝大多数人均不同程度地上过几天"学",认字、打算盘是一定会的,到了工作单位,更专心学习业务知识,平时读书报(据笔者所知,相当比例的商店都订有报纸),他们对国内外大事是有所了解的,对政治也比较敏感,有比较强的分析判断能力,接触面也较广而复杂……从某个方面来说,商人阶层是一个较为活跃的有一定思想境界的群体。一直到近现代中国各地商店依旧存在着封建的家族关系、封建的师徒关系等,商店的职工、学徒,大多是东家、掌柜的比较贫穷的亲属(多为远亲)或乡邻,也有朋友介绍的……思想比较接近,尖锐矛盾少有,大多遵守入店或拜师时所制定的条款……有友善心和正义感。

正因为如此,五四时期,开封商界与全国商界一样表现出了强烈的爱国热情,积极支持学生的爱国行动,开封抵制日货,提倡国货,搞得有声有色,即应给予肯定。但开封商界没有像京、津、沪及东南地区一些市县的商家掀起罢市高潮,提出政府如果不答应要求,即拒绝纳税等,则显得有点"保守"。

商人阶层中的绝大部分,特别是广大下层群众,是工人阶级的成员。五四时期中国商人的爱国表现应大加赞扬。

(三)河南当时正是张镇芳、赵倜等人主政时期,其政治上的倒行逆施,使得河南死气沉沉,更加之对爱国运动的恐惧和害怕,民国八年(1919)的河南当局,对爱国运动极尽破坏、阻挠、镇压之能事。赵督除用军警严密监视外,"并贿属汴垣各报勿为鼓吹",用政治、经济的手段控制开封舆论,使汴垣消息闭塞,耳路不通,不能紧跟全国形势与之进行斗争。"控制舆论"是这一时期开封当局破坏运动的重要手段之一,为京、津、沪、宁等地所无。舆论的重要作用,应为我们研究的一个重点。

当赵督得到恶探报告,对北大学生张介休"以其淆乱众听也,欲处以死刑",而警厅长龙某敢于尽力辩护,使其幸免一死的表现,与五四时期北京、上海等地某些长官和普通兵警对待学生爱国行动的友好态度及表现,也很值得研究,这是新时代的新因素。

通过以上两点,我建议在"五四"运动发生百周年纪念,学术界应对五四时期方方面面的情况,做出客观、公允的评价,使读者能全面、正确地认识"五四",而不是停留在几个问题的研究和认知上。

注释:

[1][5][6][7][10]《青岛潮》,刊《五四爱国运动资料》,科学出版社,1959 年 4 月。

[2]《申报》5 月 18 日。

[3]《青岛潮》《晨钟报》等作"五月三十日罢课",待考。本文暂用"三十一日罢课"。

[4]《申报》6 月 8 日。

[8] 20 世纪 80 年代,笔者搜集晋商在河南省城的资料,曾到山西省清徐县访问了原开封西大街永泰顺绸缎庄(主营苏杭绸缎)部门掌柜王怀祖老先生。他曾谈及此事。范友蕙(1876~1959)字芳轩,又名保安。山西清徐人,光绪年间入开封永泰顺绸缎庄为学徒,由普通职员升至总经理,直至四代停止。

[9]《时报》5 月 30 日。

[11][12][13][14][15]《晨钟报》,6 月 13 日。

民国八年"五四"日录

苏晋豫

1月

1日 十一月三十日 星期三

《国民》杂志创刊号今日出版。

《新潮》创刊。

5日 十二月初四日 星期日

《每周评论》刊载李大钊执笔的《新纪元》一文。

6日 十二月初五日 星期一

外交委员会一致决议通过汪大燮、熊希龄联合提出的对巴黎和会的提案。

10日 十二月初九日 星期五

《通俗周报》出版。

11日 十二月初十日 星期六

陆征祥外交总长到达巴黎，下午召开首次会议。

15日 十二月十四日 星期三

《新青年》六卷一号发表《本志罪案之答辩书》，以反击旧势力对新思想的攻击和非难。

湖南湘雅医学院的《新湖南》创刊号出版。

18日 十二月十七日 星期六

陆总长召集中国代表团开会，决定中国参加和会的正式代表。

巴黎和会在凡尔赛宫开幕。

28日 十二月廿七日 星期二

中国代表在"十人会"上阐明中国立场。

是月

《国故》月刊创刊。

2月

2日 正月初二日 星期日

日本公使小幡因中国代表在巴黎要发表包括西原借款合同的中日秘密协定，到外交部抗议；日人所办《顺天时报》发表反对铁路统一的社论。

5日 正月初五日 星期三

北京大学等校的爱国学生在北大三院礼堂集会，声讨日本帝国主义的侵略。

9日 正月初九日 星期日

北京大学学生集会，专电中国出席和会代表不要退让。

14日 正月十四日 星期五

《晨报副刊》发表李大钊的《劳动教育问题》，文章抨击了当时不良的社会制度。

15日 正月十五日 星期六

中国代表团预备山东问题说帖，送交大会，要求在山东之原德国权利，直接交还中国。

16日 正月十六日 星期日

山东省议会致电北京政府，"恳即向日本政府提出抗议"，要求撤换日使小幡，取消"所有与日人各种密约"，"理必求伸，勿稍退让"。

20日 正月二十日 星期四

南北和议本日上午九时在上海德国总会举行开幕式。

23日 正月廿三日 星期日

国民外交协会下午在中央公园社稷前殿开讲演会，熊秉三、蔡元培等出席。

25日 正月廿五日 星期二

顾维钧谒美国总统。

28日 正月廿八日 星期五

巴黎和会上讨论远东太平洋非洲德国殖民地事，次及山东，我国顾维钧、王正廷两代表，与日代表力争，各国对我颇表同情。

3月

1日 正月廿九日 星期六

《晨报》副刊发表了《俄罗斯之研究》一文。

7日 二月初六日 星期五

鉴于巴黎和会的情况，我国代表遂于本日提出详细说帖，并向各国陈说利害。

上海人力车公司车夫举行罢工。

8日 二月初七日 星期六

中国议和专使在巴黎宣布中日间某些条约和合同。

安福俱乐部本日上午在北京宣武门内开周年纪念会，宴请本派议员 140 余人。

9日　二月初八日　星期日

《每周评论》转载林纾用古文写的小说《荆生》。小说对新文化运动进行了诬蔑。

13日　二月十二日　星期四

上海宁波邦油纸伞厂工人罢工,要求增加工资。

14日　二月十三日　星期五

《晨报》副刊发表了李大钊的《现代青年活动的方向》一文。

15日　二月十四日　星期六

上海装订业约两千工人举行罢工,要求增加工资。

16日　二月十五日　星期日

《每周评论》发表《评林㺄庐最近所撰〈荆生〉短篇小说》的文章,接着陆续发表《就林琴南才尽答二古疑》、《林纾可怜,莫与之辩》等文。

18日　二月十七日　星期二

蔡元培发表《致〈公言报〉函并附答林琴南君》,给新派以有力支持和鼓舞。

21日　二月二十日　星期五

我国代表致书巴黎和会:我国对于青岛问题之声明。

是月

北京大学学生组织的"平民教育讲演团"成立,邓中夏为总务干事。

《劳动》月刊在上海创刊,该刊主张"无政府主义"。

上海西式木器厂工人罢工,要求增加工资。

山东济南《昌言报》本月创刊。

4月

1日　三月初一日　星期二

《晨报》副刊载《近世社会主义鼻祖——马克思之奋斗生涯》一文。

6日　三月初六日　星期日

《每周评论》刊载《共产党的宣言》一书节译。此即为马克思、恩格斯合著的《共产党宣言》一书节译。

山东各团体公推省议会前议长孔祥柯和许宗汉二人为公民代表,于是日前往巴黎,晋谒我国专使。

8日　三月初八日　星期二

陆征祥总长访意首相奥龙特。

12日　三月十二日　星期六

山东省城各校学生代表集议成立山东学生外交后援会(即山东学生联合会)。

13日　三月十三日　星期日

本日下午一时,北京中国大学举行成立周年纪念大会,商科大学本科第一次毕业式。

由山东省议会、农会、商会、教育会(包括学生界)等团体发起组织的山东国民请愿团,议决于二十日召开成立大会。

15日　三月十五日　星期二

《新青年》六卷四号刊载胡适《实验主义》一文。

17日　三月十七日　星期四

"五国会议,首由美代表提议,由德声明抛弃,俟我国宣布开放为万国商埠后,即直接交还。日本极力反对。因英法守缄默,致未解决。"(《青岛潮》)

上海三新纱厂工人罢工,要求增加工资。

19日　三月十九日　星期六

美国代表提德国属地,均应先交五强国接管,并称中国问题,不能由一国专管。英法赞成。日使当场声明。

20日　三月二十日　星期日

和会议定条约中之山东条款,威尔逊因日本之要挟让步。

山东济南举行十万多人的国民请愿大会,并再次致电巴黎和会中国专使。

22日　三月廿二日　星期二

威尔逊、劳合·乔治和克里孟梭约见中国代表团,谈解决"山东问题"的方案。

午后二时,山东外交商榷会代表房金镳、刘志和同众议员山东外交调查会主任王讷赴外交部见陈次长,问山东青岛问题政府采取如何办法。

23日　三月廿三日　星期三

本日,遂由和会将"山东问题"付三国远东专门家会议研究,但无结果。

24日　三月廿四日　星期四

梁任公自巴黎致电国民外交协会,林长民就此发表评论。

26日　三月廿六日　星期六

美国总统威尔逊就中国问题,于26、27两天与日本代表牧野、珍田两人激烈辩论。

27日　三月廿七日　星期日

四大国会议讨论山东问题,中国代表陆征祥、顾维钧出席,顾使进行抗辩。

29日　三月廿九日　星期二

和会通告,山东统治权仍归中国,经济权归日本。我专使接此通告,晚间开会讨论,关于山东之决议案,提出严重抗议。

章宗祥奉召回国,留日学生聚集车站,高呼"打倒卖国贼章宗祥!"为其送行。

30日　四月初一日　星期三

章宗祥入京,进谒总统。(案:时间有疑。)

英、美、法三巨头决定,将德在山东所夺取之权利都让与日本。我专使持抗议书交和会。

是月

四月间,中国代表团提出声请废除"二十一条"之说帖。

5月

1日　四月初二日　星期四

中国专使陆征祥来电主张和约签字;外交委员会紧急会议决定不签字。

北京政府接欧洲和会专使陆征祥急电,报告日本专使对山东问题提出三项要求。

英、法、美三国委员协定山东问题后,召见我顾、王二代表曰:此项问题,只有中日两国自行解决。

中国在巴黎和会上外交失败的消息传到国内。

中国在巴黎和会上外交失败的消息传到北京大学,国民杂志社的各校学生代表,在北大开紧急会议,讨论办法。

《晨报》副刊出版"劳动节纪念专号",刊有李大钊的《五一杂感》一文。

2日　四月初三日　星期五

国务院密电专使签约。

外交委员会委员林长民2日在《晨报》、《国民公报》等报上有"外交警报敬告国民"一文披露,结果被迫辞职。

少年中国学会、爱国会、国民杂志社少数成员,是日召开秘密会议。

《新青年》六卷五号为"马克思主义研究专号",刊有李大钊《我的马克思主义观》等多篇宣传马克思主义的文章。

天津北洋大学学生电巴黎的中国代表,对其"在和会上所采取的态度,表示全力支持"。

山东济南三千多名工人集会,喊出保卫国土的呼声。

3日　四月初四日　星期六

北京报纸刊载巴黎和会上中国合理要求被拒绝的消息。

北京国民外交协会是日下午召开全体职员会筹议种种办法。

北京国民外交协会为青岛问题向各省商会、省议会、教育会,暨各团体、各报馆,上海、汉口商会、各报馆、各团体发出电报,定于五月七日在北京中央公园召开国民大会,望各地方同日开会,以示举国一致。

北京商会通电各商会,请共争山东问题。

是日下午,蔡元培在一个会议上谈巴黎和会的情势。散会后,北大学生商议今晚在法科礼堂召集大会。

北京十三所中等以上学校学生代表,是日晚在北大三院礼堂举行大会,并议决今后行动;内有五月四日举行群众大规模游行示威等四项。

是日夜,各校学生为明日的活动紧张而有序地忙碌着。

当晚九时左右,蔡元培召集北大学生代表段锡朋、罗家伦、傅斯年、康白情等谈论目前有关形势问题。

外交委员会自行结束会务。

山东众议院议员谢鸿涛、沙明远等,提出查办卖国大吏案,将交通总长曹汝霖、币制局总裁陆宗舆、驻日公使章宗祥等褫职,交法庭严讯办理。

4日　四月初五日　星期日

上午,在堂子胡同法政专门学校召开各校学生代表会。

北京十多所学校学生数千人,在天安门集会,要求"外争国权,内惩国贼"……会后,游行示威,火烧赵家楼曹汝霖宅,怒打章宗祥,学生被拘。五四爱国运动爆发。

"民国大学赵珍于四日被曹贼家人毒打,受伤颇剧,恐有性命之虞云。"(沛潍案:该事仅见《自彊轩五四日记》。侍考。)

北京欧美留学生召开紧急会议,并议决多项意见。

是夜,在北大三院礼堂开会,商讨营救被捕同学,决定从明日起总罢课;大会上成立了北京大学学生干事会。

北京各校因学生被捕事召开会议。

北京女高师学生当晚集聚步军统领衙门门口,"要进来一同坐牢"。

是日晚,国务总理钱能训在其私宅召开紧急会议,警察总监吴炳湘、警备司令段芝贵、步军统领李长泰均出席。会上群责教育总长傅增湘不应不干涉北京大学之新潮,不应不撤换蔡元培,以致酿成今日之祸,主张解散大学。傅增湘力争。

陆征祥总长访比国代表与法国外长。

上海旅沪鲁商电大总统国务院力争青岛。

5日 四月初六日 星期一

早九时,北京专门以上学校代表在北大开会,相约罢课并发表通电。

北京各专门以上学校的学生开始罢课,并召开会议磋商进行方法。

北京营救四日被捕学生。

被捕学生之状况。

北京法专召开全体大会,正式成立学生会,并推举刘琪、黄炳蔚为代表,参加北京学生联合会。

教育部发出咨第八五七号令,严禁学生游行集会,通令各校"对于学生,当严尽管理之责,其有不遵约束者,应即立予开除"。

傅增湘教育总长提出辞职书。

教育部召集校长会议,傅增湘责北京大学校长蔡元培。

曹汝霖上辞呈,晚车潜行出京。

币制局总裁陆宗舆上辞呈,并将家眷送入日本公使馆。

天津《益世报》、《大公报》等报纸刊载五月四日北京学生游行及被捕的消息。

天津北洋大学致电北京大学转各学校,声援学生爱国行动。

天津北洋大学致电北京政府,要求释放被捕学生。(沛潍案:电文作"拘十九人"。误。)

天津北洋大学致电上海南北和议代表,"乞速电请"政府释放被拘学生。

郭隆真、邓颖超等倡议筹备成立天津女界爱国同志会。

直隶省长曹锐命教育厅长王章祜转令各校校长,对学生运动"务各暗自留心防范,无形消弭"。

五日夜,邵力子电话向复旦大学报告北京学生四日壮烈举动。

常州商业工团联合会召开紧急干事会,公同集议解决青岛问题的办法。

山东省议会两议长及山东外交协进会二代表与参众两院山东议员在山东水灾赈济会开会,讨论营救被捕学生及山东诸问题。

济南人民为山东问题举行数千人大会。

五月四日北京学生活动的情况,今日传到安徽省会安庆,各校学生立刻响应。

北京五月四日集会和游行示威的消息传到成都高等师范,学生立即行动,拍成电报,聚会商量对策……

全国各界营救被捕北京学生。

6日 四月初七日 星期二

中国代表团在巴黎和会上提出关于山东条文保留的提议。

大总统下令惩戒警官,镇压学生爱国活动。

北京中等以上学校学生联合会(简称北京学联)宣告成立,会址设在马神庙北京大学二院。(沛潍案:《许德珩回忆录》作5月16日。)

北京专门以上十三校校长开会,午后同至教育部、警厅,要求释放被捕学生。

熊希龄、王家襄、范源濂、张一尘、高而谦等联名呈请保释四日被拘学生。

北京大学等校校长为营救被捕学生到处奔走;学生答应明日复课。

北京女子师范学生发起各女校一致罢课,因该校校长干预,行动受阻。

北京商会开会讨论,支援学界活动。

政府决定释放被捕学生。

天津北洋大学致电巴黎和会中国专使"务望诸公力持到底,不获所愿,不签和约"。

天津十校校长致电大总统国务院请释放四日被捕学生。

天津学生代表和北洋大学全体学生集会,声援北京学生;当场决议组织"天津学生临时联合会"。

天津直隶北洋第一女子师范学校举行各班代表会议,决定进行"天津女界爱国同志会"的筹备工作。

顺直省议会致电大总统、国务院、外交部,青岛问题"誓不达还我目的不止"。

直隶教育厅王章祜为防止学生的爱国行动,今日午后召开紧急会议。

北京内务部警政司电令"特别保护"天津曹汝霖公馆。

天津官立、私立中学以上十校代表二十九人集会,议决声援北京四项办法。

邵力子到复旦报告4日北京学生示威游行和政府逮捕学生经过。报告毕,全体同学当场议决两案。三十余校联名通电全国。

全国和平期成会联合会致电大总统、国务院、外交部、教育部。

上海南北和平会议开大会讨论山东问题,会后双方总代表致电巴黎和会中国专使。

上海商业公团联合会、中华学界联合会、江苏省教育会、各学校、日报公会、对日外交后援会、留日学生救国团、同济会、上海律师公会、学术研究会、旅沪公民俱电北京大总统、国务院、教育部、大学校长并巴黎专使。

江苏常州省立五中、武进县女师、县立三师,成立三校联合会,推举蒋瑞麟、史良为正副会长,酝酿声援北京学生的斗争。

江苏扬州省立八中宣布即日罢课,紧接着,省立第五师范、江都劝学所等联合集会,并发通电,抗议政府镇压学生运动。

上海日商纺织公司第二厂摇纱间女工,要求增加工资,举行罢工。

唐、朱总代表致电北京救护学生。

安徽安庆各校学生代表在法政专门学校开会,决议八日示威游行。(沛潍案:李云鹤等《五四与安徽学生运动》作"九日"。待考。)

《申报》载:"六日香港电:贵州省议会电请置卖国贼于极刑。"

中国留日学生在东京神田区中国青年会召开全体学生大会,决定九日下午全体在虎之门公园集合,然后结队到中国驻日公使馆请愿,并分赴各国驻日使馆请愿。

7日 四月初八日 星期三

北京协和女医学校等十余所女校代表,在哈达门大街185号洋楼开会,议商救国方法,并致电、发通知,呼吁全国女界同胞奋起救国。

北京政府迫于群众压力,今日释放4日被捕学生。

北京大学文预科学生郭钦光在法国医院逝世,享年二十四。

北京国民外交协会原定是日在中央公园开国民大会,因政府横加干涉,与会人员到处奔波,最终在石虎胡同召开。

国民外交协会致电巴黎各专使及各省商会、省议会、教育会、各团体、各报馆,上海、汉口商会、各团体、各报馆。

京师总商会开临时大会,讨论外交并营救学生等问题。

北京长辛店铁路工厂工人罢工,烧坏副厂长曹汝霖女婿刘家骧的房子。

北京高师学生会评议部召集评议员开会,建

议组织成立北京各界抵制日货联合委员会。

北京高等师范学校附属中学组织学生会。

北京大学傅孟真、许德珩、周炳琳、周长宪、罗家伦等几人商议"要在五月七日国耻纪念日,由北大学生在天安门外率领一班群众暴动"。(罗家伦《我所参与的五四运动》)

章宗祥命夫人具书呈请国务院释放学生。

《五七周刊》出版。

天津各校学生举行"五七"国耻纪念大会。

天津学生临时联合会成立。公推北洋大学张鉴暄、南开中学马骏等为正副会长。

警察总监吴炳湘七日致直隶军务帮办王怀庆密电,谈五月四日事。

天津总商会致电巴黎和会中国专使。

中国留日学生代表陈定远、庄善昶归国至津,致电大总统、国务院、各部院,请释被捕学生。

山西太原学生集会游行。

上海各团体、各学校及旅沪各商帮因青岛问题及北京学生被拘事,假西门外公共体育场开国民大会。会后向欧洲和会、中国专使及各省各界、南北代表致电函。

上海神州女校参加国民大会,会后又随大众游行街市。

上海国民大会筹备处,是晚召开紧急会议,讨论日间未尽事宜及以后对付方法。

上海商业公团联合会六十一公团致电北京大总统、国务院。

上海杨树浦恒丰纱厂于七日在厂大门贴白纸墨字条幅,左曰"国耻纪念日",右曰"禁止日本人进厂"。

江苏南京国民大会是日在鸡鸣寺开会。

江苏省议员储南强、郑立三、徐瀛等致电北京大总统、国务院。"速释学生"、"保全大学,免摇教育根本"。

江苏苏州各学校分别建立学生自治会。

江苏无锡县教育会通电省教育会,声援北京学生斗争;是日停课,纪念国耻,师生执旗游行街头。

山东济南各界三万余人假省议会举行国耻纪念大会。

因北京学生四日被捕事,山东济南是日召开各校代表会。

江西南昌召开全市中等以上学校学生代表大会。

是日，湖北武昌中华大学开运动会，"论者谓暗中有所拟议，特假此以示威耳"（《青岛潮》）。

湖南长沙各校学生是日举行"五七"国耻纪念游行会。

陕西西安学界国耻日停课一天，并组织学生会、通电诸活动；三原、渭北等处亦有同样举动。

《时报》十八日载："吉林学生罢课，各校多相率罢课，开会纪念。"

中国留日学生开会演说，结果有三十六人被捕。

我国留学生在日本大阪开国耻纪念会。

8日 四月初九日 星期日

北京各中学校，一律加入学生联合会。

北京高师开各班代表会议，研究日后诸问题，并讨论学生团组织大纲等。

北京政府发布"大总统严禁学生干政，并将被捕学生送交法庭令"。

大总统发布慰留交通总长曹汝霖指令，称曹"从政有年，体国公诚"，要其"务以国家为重，照常供职，共济艰难"。

上海各校召集代表开会讨论当前任务，并举代表晋谒南北和议代表唐绍仪（南方政府），朱启钤（北京政府）。

上海数十所学校代表八十一人，假复旦大学开会，筹议组织学生联合会事。

上海恒丰纱厂召开全体大会，研究抵制日货办法。

全浙旅沪同乡会电浙江各法团，请驱章宗祥、陆宗舆家族。

江苏苏州东吴大学、省立一师分别致函苏州总商会，要求商界和学生会联合行动，提倡国货、抵制日货；医专、省一师、二农校、二工校、第二中学等校联合致电督军、省长，要求北京政府"释放学生，维持学校，以保元气，而定民心"。

苏州商会开临时紧急大会，议决抵制日货诸事。

江苏松江各校学生游行城内外，同时由学界朱九望等，联合分电总统及大学各一。

江西九江总商会电北京大总统、国务院、参众两院；广东军政府，参众院"乞速电欧会代表抗争，为国家争生存，为人民免奴隶"。

安徽安庆学生举行游行示威。（沛潍案：日期待考。见前。）

广东中华民国策进永久和平会致电各省省议会、教育会、上海南北和平会议唐朱两总代表、孙中山、孙伯兰、章太炎诸先生，各和平会、各报馆。（沛潍案：原电文有多处失误，见笔者专文考。）

9日 四月初十日 星期五

北京大学校长蔡元培辞职，并离京去杭州。此后即开展了挽留蔡校长的活动。

北京大学开一教职员会议，推举代表赴教育部设法挽留蔡校长。

北京廿八校联合会代表往谒傅总长，力请其挽留蔡校长。

北大学生议决"停课待罪"，表示坚决挽留蔡校长。

蔡元培出走后，北京学界通电全国，并呈文于教育部，又举代表谒见教育总长。

北京政府传讯被捕学生，追问五月四日运动的"主使人"。

上海四十四校代表九十六人在复旦大学开会，并议决六项事宜。（沛潍案：朱仲华《五四运动在上海》作"代表九十八人"。）

五月九日为国耻纪念日，上海各学校停课一天，并开国耻纪念会。书业、洋货业、糖业、北货业、五金业，停业一天。是日起，各界一致抵制日货。

上海民生女校开国耻纪念会。

上海寰球中国学生会开国耻大会，讲演二十一条之经过，日校学生游行街市，并讲演，分发传单。（夜校未参加）

上海三友实业社全体工人停工一天，开会讨论，并议决多项事务。

旅沪商帮协会开紧急会议，拟定办法三条，请商业公团表决。

江北旅沪同乡会是日开紧急会议，决议四项，并函山东同乡会联络进行。

上海总商会为青岛问题电政府，请任命大使赴日，径与日廷磋商和平解决。佳电发表之后，舆论大华。

上海洋货业抵制日货。

上海花界数十名歌妓发起于国耻纪念日，停止歌宴一日，妙莲发《敬告花界同胞书》。

江苏南京学界数千人齐集小营操场开国耻纪念大会，并游行街市。

苏州学生是日游行。

松江召开国民大会，学界举行游行；耶教中教友邀集非教友开国耻纪念会。

无锡开国民大会，到者约万人。

常州城乡广泛开展反日救国活动。

国耻纪念日，扬州各校均集生徒，讲演国耻。第八中学并茹素一日。

南通学界举行国耻纪念会。

兰陵组织国民大会。

嘉定各学校开国耻纪念会讲演，会后列队游行街市。

山东学生代表抵津，联络力争青岛等问题。

山东"济南商会通电全国商会，抵制日货，为政府后盾"。

浙江杭州之江大学开国耻纪念大会。

浙江吴兴中等各学校于是日齐赴老城隍庙，开国耻纪念大会。

浙江嘉兴各校开会，会后游行并沿途讲演。

绍兴各校于是日开大会演说，并电北京，请释学生，力争青岛。

安徽安庆各校学生，国耻日开紧急代表会议，通电全国，死争青岛，求释学生。

江西南昌学生、市民集会，会后游行。

河南开封女界在女子师范学校召开国耻大会，并研究抵制日货等问题。

湖南长沙各校国耻纪念日停课一天。

法国巴黎中国公使馆通电《申报》《民国日报》等报，"胶事失败，以去年自愿断送胶济、济顺、高徐等七路为要困，我代表已抗议，望舆论后援"。

巴黎华人国耻日开大会。

留日学生在虎之门公园集合，列队往中国驻日公使馆请愿，日本警察、宪兵拦阻，赵云章、刘国树、杜中、黄杰、刘某、雷某和胡俊七人被捕入狱。

10日　四月十一日　星期六

北京检察厅今日开厅，第一次预审曾被逮捕的三十二名学生。学生经此审讯后，向检察厅正式提出声明状。

北京中等以上学校学生联合会会议，呈大总统、教育总长力请挽留蔡元培。

北京十二校教职员在北京大学开联合会议，决定上书政府，务请挽留蔡校长。由各校教职员签字后呈递。

蔡元培校长出京，北京学界通电全国，上海唐少川及各报馆、教育会、各团体，继又呈教育部，谒总长。

蔡元培出走天津，行前有呈文二及启事。

蔡元培南走途中，十日，寄北京大学同学诸君一书。

北京学生代表来津，并往天津各校宣传，"借资联合"，颇受天津学生欢迎。(沛潍案：马惠卿《五四运动在天津》作"5月9日有代表团二十七人，到津市各中等以上学校进行宣传……"时间不同；又《大公报》作"北京学生代表三十人来津"，人数不同。待考。)

绥远总商会致电大总统、总理、外交部，"务恳速电驻法各专使，坚持到底，以保国土，而顺舆情"。

上海国民大会事务所成立。

上海大团镇祥大木行自十日起停售日货，所有存积材料尽数煮饭烧茶。

江苏省议会致电巴黎和会中国专使，"联合友邦，坚持到底，不达目的，誓不签字"。

苏州学生联合会今日成立。

山东济南学生一万余人在省议会开会，并派代表谒见督军、省长，请求转电北京三事，会后分赴各街演说。

安徽安庆学生接到上海传单，立即开会，组织安徽学生团，公举代表到省长署，请求援救。

江西南昌总商会致电大总统、国务院、参众两院。某日又发出通告。

江西省农会电大总统、国务院、参众两院、教育部，"青岛归日管理，誓不承认。并请将被捕学生开释"。

河南学界致电大总统、国务院，"山东问题，外交失败，关系存亡，危险万状，恳电饬巴黎专使据理力争，即脱会亦所不惜。全豫人民，誓为后盾"。

湖北武汉中等以上学校代表数十人在中华大学开会，讨论响应北京学生爱国运动诸问题，并成立了武昌学生团，推选林育南等人为代表，分赴武汉各大、中学联络。

和平共进会代表徐绍桢、丁象谦、焦易堂致电广州世界和平共进会诸公。

奉天总商会、工务总会、农务总会致函和平联合会。

11日　四月十二日　星期日

北京学生呈文大总统，请组织义勇队。

北京专门以上学校教职员联合会于今日成立，并当场推举代表九人，往谒东海与钱内阁，请对三事表态。并致电蔡元培。

北京学生联合会所组织之讲演团，在各处讲演。

教育总长傅增湘晚间离京。

北大学生接蔡元培途中来函。

旅居北京的山东劳动者数万人因山东问题，在彰仪门外旷野开恳亲会，要求政府拒绝在和约上签字，并上书公府。

北京学生联合会抵制日货。

北京高师学生团《救国日刊》发行。

天津代表与北京代表召开学界联合会议，讨论共同进行斗争等事。

天津直隶第一女子师范学校举行追悼郭钦光大会。

上海全国报界联合会十一日第七次常会议决"自五月十四日起，停登日商广告并日本船期、汇市、商情等"。

上海学生联合会今日成立，并发表有宣言。

旅沪公民孙宝辉等十人，发起救国十人持久团，并发宣言。

上海商业公团联合会致书总商会责问，并电北京大总统、国务院外交部、农商部否认佳电。

上海寰球中国学生会会员邵伸辉致书该会会长董事，请除曹汝霖名。

上海一工界团体印发传单。

旅沪山东同乡会十一日在山东会馆开会，当场议决抵制日货，并通电政府，筹备组织山东协会等事宜。

江苏南京商界抵制日货。

无锡各界代表召开国民大会。

江苏淮安教育会暨各学校致各报馆、各省会农商教育会电。

山东济南律师公会致电大总统、国务院、司法部。(沛潍案：电文所说郭钦光、彭云峰及曹宅起火事，与事实有出入。)

山东旅济全体学生致电府院。

安徽安庆午前召开学生联合会筹备大会。

江西南昌学生三千余人游行。

湖北武汉学生联合会列名者十八校，学生4376人。

武汉十五校二千余名学生假文华大学集会，支援北京学生的爱国行动。

武汉两总商会各有电报致京，并密议数种办法。

从今日起湖南督军张敬尧封锁新闻，并发布防范"过激党"的命令。

广州各界约十万人在东堤东园广场开国民大会。会后举定代表赴军政府，与会群众列队而行，沿街演说。

美国濮洛维登斯华人联合会电："吁请政府与国民，对于山东之解决奋力抗议。"

12日　四月十三日　星期一

教育总长傅增湘赴西山，决计引退。

北京学校代表九人谒总统、总理，请留蔡元培校长。总统谕教育次长袁希涛留蔡元培，并派人寻总长傅增湘。

教育部批示挽留蔡元培校长。

北京大学今日以教育总长出走罢课。法政专门亦有罢课之说。

北京高师召开代表会议，设法募捐。

北京学生提出自行检举之呈文，全体"自首"。言五月四日之事，"焉能加罪于少数之人"。

北京高师职教员联合会今日成立。

天津中等以上学校学生在河北公园举行追悼北大学生郭钦光大会。

天津南开学校以电报局不为打电报，"拟率往捣毁"，警察将该校包围，禁止出入。

天津中等以上各校代表十二日联袂晋京。

天津、北京学生代表赴南京、上海进行联络，并报告北京爱国运动情况。

顺直省议会召开学、教、绅、商、报各界代表会议，发起成立直隶各界公民联合会，并致北京政府及巴黎和会中国专使电。

上海国民大会今日正式成立国民大会上海事务所干事部。

江苏南通商校等学校学生发出公开信，要求与上海学生团体联系，效法京沪，一致行动。

无锡报界致电上海和会并南北当道各法团，"力争取消中日协约，直接收回青岛，并罢黜媚外诸人，以平众怒而绝祸根"。

山东济南"学界联合会"组建。

山东济宁学界联合会成立，会址假第七中学校友会办事处。

浙江杭州各校学生三千余人游行。

广东高等学校同学会电各省教育会转各校员工。

吉林国民大会在省议会召开，会后游行。

13日　四月十四日　星期二

北京各专门学校校长上辞呈，医工等校长即出京，教育部派员赴津挽留。

北京大学学生在文科大操场焚毁日货。

北京学界开大会，有主张罢课者，但表决照常上课。

北京政府企图"依法制裁"爱国学生的计划破产。

天津二百一十所公、私立小学，代表教职员一千余人，学生一万六千五百余人，致电北京政府，要求公布青岛问题真相。

北京、天津学生欲赴济南，十三日，津浦路开往山东之客车忽然停运。

上海商业公团联合会为总商会佳电开临时谈话会。总商会电北京大总统、国务院、外交部、农商部取消佳电。

江苏太仓开国民大会。

浙江海宁峡石镇是日开国民大会。会后次日特致电："公决以后不认陆宗舆为海宁人。"

安徽合肥群众捣坏拒绝检查店内所存日货的两家商店。

江西全省女学界致北京函电。

河南开封中等以上学校学生千余人在法校大讲堂集合，议决发电数通。

14 日 四月十五日 星期三

北京政府下令挽留蔡元培。

北京政府大总统下禁止学生干预政治诸令，令京内外长官弹压学生爱国运动。

北京政府发布慰留币制局总裁陆宗舆指令，称陆"办事有年，勋勤凤著"。

陆征祥致电徐总统，请示究竟签字与否。

北京政府接陆征祥、顾维钧、王正廷、施肇基、魏宸组电，鲁案失败，请罢黜。

北京学生联合会对于青岛问题议决二事，并致电全国各公团和巴黎各专使。

北京国务会议，决定签字欧洲和会草约。

天津学生联合会十四日下午在直隶水产学校内开成立大会，选举谌志笃、马骏为正、副会长。（沛潍案：天津学生联合会成立时间有多种说法，见笔者专文考。）

天津水产学校学生开会议定抵制日货办法十条。

天津学生代表报告晋京联络情况。

直隶各界公民联合会总干事会议假省议会召开，议决事件六项。

上海学生联合会在静安寺路办事处召开各校代表大会。

上海《新闻报》、《申报》、《时报》、《神州日报》、《时事新报》、《中华新报》、《民国日报》等公决，自

是日起不收日商广告，并拒载日本船期、汇市、商情等消息。《新申报》亦于是日起，采取上决办法。

上海商业公团联合会发布宣言书，反对总商会元电。

上海总商会开会，正副会长朱佩珍、沈镛向全董辞职，会董代表虞和德挽留。

上海中华工商研究会是日晚假先施公司乐园开临时紧急会议，议决"提倡试办工厂"等三项事宜。

上海沪杭甬转运公会议决，从十五日起，停装日货，不代为转运。

上海南市麸业公会因青岛问题，是日开特别会议，议决"不买某国货物"等五条。

江苏南京学界致北京学界电，表示"协力进行，同申正谊"。

南通专门甲科各校联合会暨全体通电大总统、国务院，"抗议政府逮捕学生，要求力争青岛"。

江西南昌基督教会豫章中学青年会学生，十四日假葆灵书院开爱国大会。

河南省议会致电留东学生救国团。

河南省农会致电北京众议院。

湖北武汉学生联合会成立。

15 日 四月十六日 星期四

大总统批蔡元培辞职呈，整学风，筹善后，解职之请应毋庸议。

大总统下免教育总长傅增湘职令。

安福俱乐部提出田应璜长教育。

北京大学学生会筹组国货维持会。

天津各学校联合设立国货维持股，是日开成立大会。

直隶各界公民联合会开会研究筹备召开公民大会。

上海学生联合会召集紧急会议，决议发宣言书，宣告政府暨全国同胞，要求一周内维持蔡校长之地位。（沛潍案：吴中弼《上海罢市救亡史》将此事系于 16 日，不妥。）

国民大会上海事务所开会欢迎京、津学生代表。

上海货商杂粮公会是日致全国各团体通知，对日抵御。

商帮协会开会讨论保全国土。

上海南市钱业公所议决，不用日币。

东庄洋货公所议决，停办日货。

（待续）

图书在版编目(CIP)数据

开封文博. 2019:总第 41 辑 / 开封市博物馆编. --
北京:文物出版社，2019.12
ISBN 978-7-5010-6627-8

Ⅰ. ①开… Ⅱ. ①开… Ⅲ. ①文物工作-开封-文集
②博物馆-工作-开封-文集 Ⅳ. ①G269.276.13-53

中国版本图书馆 CIP 数据核字(2020)第 008229 号

开封文博 2019(总第 41 辑)

开封市博物馆　编

主　　编：曾广庆
编　　辑：史爱君
责任编辑：张小舟　于炳文
责任印制：梁秋卉
出版发行：文物出版社
社　　址：北京市东直门内北小街 2 号楼
邮　　编：100007
网　　址：http://www.wenwu.com
邮　　箱：web@wenwu.com
经　　销：新华书店
印　　刷：开封日报社印务中心
开　　本：889×1194mm　1/16
印　　张：8
版　　次：2019 年 12 月第 1 版
印　　次：2019 年 12 月第 1 次印刷
书　　号：ISBN 978-7-5010-6627-8
定　　价：28.00 元